RANKING

랭킹

Ranking

사회적 순위 매기기 게임의 비밀

피터 에르디 지음

김동규 옮김

목차

랭킹 월드에서 살아남기

우리는 '랭킹'으로 둘러싸인 세상에 살고 있다. 너무나 익숙해서 당연한 이 사실을 피터 에르디는 '순위와 등급 매기기'라는 현상으로 접근해 그 의미를 깊게 파헤친다. 물건을 사러 대형마트에 가면 우리는 심심찮게 '1등급, 최고의, No.1' 등의 표현들과 마주한다. 온라인에서는 어떤 쇼핑몰에서든 베스트셀러 목록을 갖추고 있다. 이 목록에 오른 상품들은 사람들의 높은 구매율이 반영된 걸 수도 있지만 광고비에 따라 우선 노출되었을 수도 있다. 대부분의 사람들은 이런 순위 목록을 지나치게 신뢰하면서 이 모든 정보들을 무심코 처리한다. 하지만 더욱 곤란한 문제가 있다. 이 순위와 등급에 주관적인 요소, 즉 조작과 편향이 들어갈 수 있음을 안다고 해도 결국 스스로 속아 넘어간다는 것이다. 피터 에르디는 이런 '순위 매기기 게임'으로 바라본 세상의 이면을 추적하며 우리를 새로운 깨달음으로 인도한다.

순위에 얽힌 이런 현상들은 사회와 기술이라는 양 측면에서 바라보아야 한다. 사회적 현상을 꿰뚫는 데 일가견을 보여 준 피터 에르디는 이 분야에서 다수의 상을 수상한 학자이자 교수로서 이 책 『랭킹』을 통해 광범위한 식견을 보여 준다. 방대한 정보와 지식을 담은 이 책에서 일관된 논조를 유지하는 그의 메시지는 단순하고 강력하다. '신뢰하되, 조심하라'는 것이다. 특정 언론이 보도하는 순위나 등급에 섣불리 믿음을 주지 말고, 그렇다고 무조건 회의하지도 말아야 한다는 뜻이다. 순위와 등급을 매기는 일은 주로 특정 기관과 주류 언론이 수행한다. 이때 측정하기와 알고리즘 설계가 필요한데, 일반 시민들은 이런 일을 직접 할 수가 없기 때문에 기관과 언론이 대신 하도록 맡기지만, 이에 대한 감시와 경계가 필요하다고 말한다. 그렇지 않을 때 어떤 사태가 발생하는지, 피터 에르디는 다양한 연구와 사례를 들어 설명한다.

객관적인 기준에 따라 매겨진 순위는 믿을 수 있다고 흔히들 생각한다. 가장 높은 건물, 가장 큰 노던 파이크(Northern Pike, 북미산 어류 – 옮긴이) 그리고 가장 빠른 모터사이클 등은 액면 가치를 그대로 드러낸다고 볼 수 있다. 그러나 그 어떤 객관적인 기준이라도 자세히 들여다 보면 주관적인 요소가 발견된다. 예시로, 한 빌딩의 공식적인 높이를 수치로 표현할 때 옥상에 설치된 첨탑의 높이를 포함해야 하는지의 판단이 있다. 뉴욕 자유의 여신상의 첨탑은 포함하지만, 시카고 윌리스 타워에 솟아 있는 두 개의 안테나는 포함하지 않는다. 빌딩에 포함된 부분이 어디까지인지는 보는 사람에 따라 다르기 때문이다. 그리고 바로 여기서 문제가 시작된다. 주관성이 개입되기 때문이다.

주관성의 기준은 개개인이 가진 편견과 선입견을 통해 나타난다. 토마스 울프Thomas Wolfe의 소설 『필사의 도전The Right Stuff』을 원작으로 한 영화에서 관련 사례가 나온다. 한 기자가 고든 쿠퍼에게 지금까지 만나 본 최고의 우주 비행사가 누구인지 묻는 장면이다. 쿠퍼는 주변을 둘러보다가 고심한 끝에 척 예거라는 이름을 거명한다. 하지만 쿠퍼는 기자가 원하는 것이 누구나 인정하는 사실이 아니라 그저 극적인 퍼포먼스라는 걸 알아차리고 얼굴에 웃음을 띠며 이렇게 말한다. "내가 만나 본 최고의 우주 비행사요? 지금 당신 눈앞에 있는 사람이죠."

《에어 앤 스페이스 매거진Air & Space Magazine》 사람들이라면 생각이 좀 다를 수 있다. 그들은 고든 쿠퍼를 10대 비행사에서 제외했지만 척 예거는 포함했다. 피터 에르디였다면 쿠퍼가 꼽은 순위나 이 잡지의 순위 모두, 우리가 인터넷의 어디서나 마주치는 순위(10대 해변, 8대 벨기에 맥주, 7대 견종 등)와 마찬가지로 주관적이라는 점을 서슴없이 지적했을 것이다. 어떤 사람들은 먼저 순위를 만든 다음, 사실에서 비롯된 기준을 끌어들여 그것을 정당화한다. 그런데도 이런 순위가 상당한 권위를 지니는 경우가 있다. 역시 순위 매기기의 힘은 대단하다!

그러나 이 책에서 알 수 있듯이 객관적인 순위라는 건 대부분 거짓이다. 책에서 다뤄질 내용을 간략하게 살펴보자. 형식적으로 보면 순위는 완전하고 비대칭적이며 전이적인 관계다. '완전하다'라는 말은 모든 항목을 둘씩 서로 비교한다는 뜻이다. '비대칭적'이란 모든 항목에 각각 선후 관계를 부여한다는 의미다. 소고기를 당근보다 좋아하거나, 당근이 소고기보다 더 좋거나 둘 중 하나다. '전이적'이라는 말은 A가 B보다 좋고, B가 C보다 더 좋으면, A는 반드시 C보다 더 좋아야 한다는 뜻이다. 즉, 우열 관계가 끊어지지 않고 관련 대상으로 계속 전이되는 성질을 말한다.

전이성은 꽤 논리적으로 보이지만, 여러 순위를 하나로 묶으면 이 특성이 무너질 수도 있다. 콩도르세의 역설에서 세 사람의 선호도는 모두 전이성이 있는데도 다수결 투표를 한 결과는 A가 B를, B가 C를 그리고 C는 A를 이기는 것으로 나타났다. 여기서 다수결 투표의 사례로 가위바위보 게임을 들 수 있다. 다시 말해 각자가 매긴 순위는 일관성을 보이지만, 그 사실이 반드시 집단적 순위를 뒷받침하지는 않는다.

순위를 매기려는 대상에 여러 요소를 고려할 때에도 이와 유사한 문제가 발생한다. 잡지는 식당의 순위를 매길 때 음식의 품질, 분위기, 직원의 서비스 등을 평가한다. 그리고 각 식당에 다양한 요소별로 점수를 매긴 다음 이를 합산하여 순위를 산출한다. 만점이 30점이라면 어떤 식당은 28점, 또 다른 식당은 27점을 얻는 식이다. 피터 에르디는 이 숫자들이 주관적이라고 지적한다. 똑같은 특성을 보면서도 어떤 사람은 5점 만점에 5점을 줄 수 있고, 또 다른 사람은 4점을 줄 수 있다. 과학적인 통계로 보이는 많은 수치가 사실은 그저 만들어 낸 것에 불과하다.

점수에는 객관성과 주관성의 요소가 섞여 있는 경우가 많다. 대표적인 사례로 《US뉴스 앤 월드 리포트》가 발표하는 대학 순위를 들 수 있다. 그 순위에는 대학이 개설하는 강좌 중 정원이 19명 미만인 강좌의 수나 학교의 교수 대 학생 비율(객관적)이 반영되지만 동시에 학장들이 매긴 대학 순위(주관적)도 함께 고려된다. 그리고 US뉴스는 등급을 부여하기 위해(등급은 결국 순위로 바꿀 수 있다) 각각의 기준에 가중치를 부여한다. 이 가중치는 어떻게 산출된 걸까? 그냥 상식에 따라 지어낸 것이다. 이 순위도 과학적으로 보이지만 사실은 주관적인 평가에 불과하다.

이런 방식으로 순위를 매길 때 발생하는 문제는, 대학이 일부 강좌의 등록 정원을 19명으로 제한하는 것만으로도 순위를 올릴 수 있다는 것이다. 정원이 20명 이상이 되면 수업의 질이 떨어진다는 아무 실험적 근거가 없는데도 말이다. US뉴스가 굳이 19명이라는 숫자를 선택한 것은 실로 아무 근거가 없다. 이 한 가지 순위 기준이 과연 어떤 한심한 결과를 불러왔는지 보려면 대학의 홈페이지를 방문해 보면 된다. 요즘 대부분의 대학은 정원 19명 이하의 강좌 수를 자랑스럽게 내세우고 있다. 열아홉 명이 가득찬 강좌에는 학생들이 등록하지 못하도록 했다. 대학 순위에 영향을 받지 않기 위해서다.

따라서 순위를 매겨 무엇이 가장 좋은지를 파악하려던 의도는 역설적으로 최악의 결과를 만들어 낸다. 우리는 순위를 끌어올리려 현실을 왜곡하는 존재다. 그러므로 기껏해야 주관적인 평가에 불과한 이 순위를 떠받들수록 우리의 행동은 점점 더 비뚤어진다. 피터 에르디 교수는 이 책을 씀으로써 한 가지 중요한 공헌을 했다. 익숙해서 당연한 현상에 대해 깊이 사고하는 법을 우리에게 알려줬다. 양질의 정보와 유려한 글솜씨는 덤이다.

스콧 E. 페이지

미시간 대학교 정치경제학과 복잡계 과학 특훈 교수

산타페 연구소 초빙 교수

1

프롤로그 :
랭킹과의 첫 만남

어떻게 하면 인기투표 1위가 될까?

1950년대 초, 헝가리 축구 대표팀은 세계 최고의 팀이었다. 당시 왼발잡이 공격수 페렌츠 푸스카스(Ferenc Puskás, 1927-2006)는 역사상 가장 위대한 선수로 꼽힌다. 헝가리팀은 1950년부터 1954년까지 33게임 연속 무패 기록을 이어가다, 1954년 월드컵에서 서독 대표팀을 상대로 역사적인 패배를 기록했다(반면 독일은 처음으로 승리를 맛봤다). 이때의 분위기를 직접 체험한 나는 당시 초등학생이었다.

내가 다녔던 초등학교의 학생들은 옹엘푈트(Angyalföld, 지금은 사라진 근로 계층 거주 구역, '천사들의 도시')와 위리포트바로스(Újlipótváros, 유태계 중산층 지식인들이 사는 '뉴레오폴트타운')에 살았다. 비록 부모님의 사회적 배경은 서로 달랐지만(물론 뉴레오폴트타운 아이들의 부모님에게도 슬픈 가족사가 있었다), 우리는 축구를 좋아한다는 공통점이 있었다. 당시 공이 없었으면 축구를 할 수 없었겠지만, 다행히 우리에게는 축구공이 있었다.

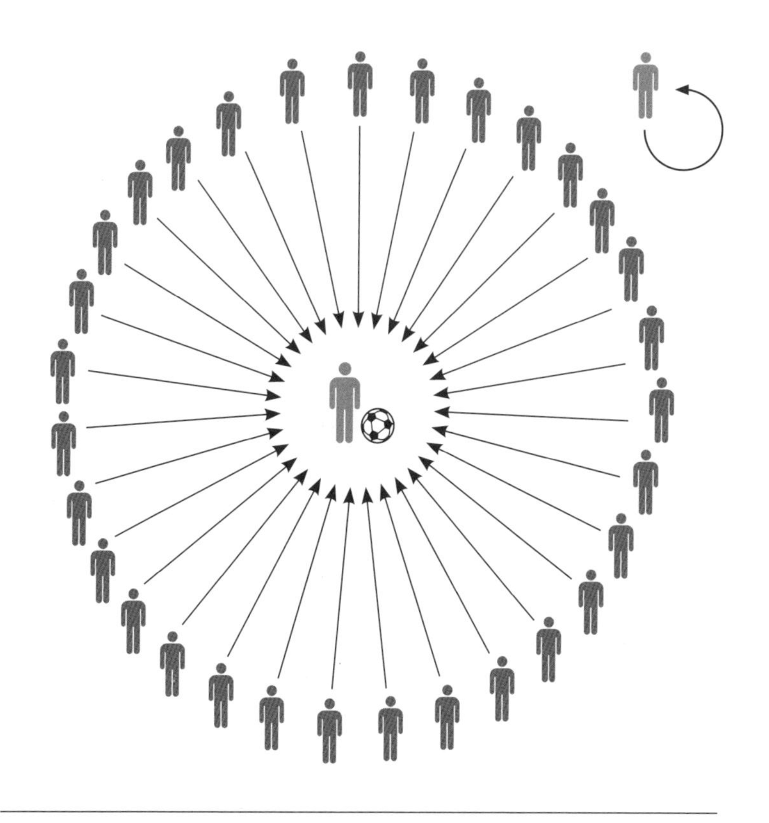

| **그림 1.1** | 스타형 조직 : 축구공을 가지고 있던 소년은 가장 친한 친구가 될 수 있었다. 물론 그렇지 않은 아이도 한 명 있었다(그의 이름은 알지만 말하지 않겠다. 단, 토론토에서 오랫동안 살았던 친구라는 사실만 밝혀 둔다).

어느 날 선생님은 우리 반 학생 40명 모두에게 "제일 친한 친구는 누구입니까?"라는 익명 투표를 진행했다. 그 결과, 37명이라는 압도적인 수로 피터 에르디가 뽑혔다. 피터는 유머 감각이 뛰어났지만 친구들은 다른 이유로 피터를 뽑았다. 그의 아버지는 비싼 축구공을 취급하는

국영 기업의 임원이었다. 당시 헝가리는 가난한 나라였으므로 상점에서 파는 물건은 모두 비쌌다. 따라서 피터야말로 우리 반에서 진짜 축구공을 살 수 있는 유일한 아이였다. 우리는 진짜 축구공을 가지고 놀 수 있다는 사실에 진심으로 감사했으므로, 피터를 가장 친한 친구라고 생각했다. 그가 일 년 내내 인기 1위를 유지한 건 너무 당연한 일이었다. (나는 네트워크 이론 입문 수업에서 그림 1.1과 같은 스타형 조직을 설명할 때 이 내용을 여러 번 이야기했다.)

이 사례는 우리가 인기투표를 통해 1위를 뽑는 과정 속에서 집단 지성이 실세로 작동함을 보여 주는 객관적인 증거다. 하지만 이 이야기를 생각해 보면 피터가 특권층 가정의 자녀라는 사실을 알 수 있다. 1950년대 부다페스트에서 특권층 자녀라는 말은 곧 축구공을 가질 수 있다는 뜻이었다. 이런 특별한 조건과 착한 성격이 합해져서 그는 가장 인기 있는 아이가 될 수 있었다.

축구 선수의 등급과 순위 : 객관성이라는 환상

십 대 초반이었을 때 "객관적인 숫자에 주목하라!"라는 제목의 잡지 기사를 읽었던 기억이 지금도 뚜렷하다. 축구 시즌이 끝날 때가 되면 스포츠 신문들은 어김없이 골키퍼에서 레프트 윙어까지 11명의 플레이

우측 수비수 순위		
1.	카보스타 (U. 도자)	7.13
2.	바코스 (버셔시)	7.06
3.	헤르나디 (페치)	6.99
4.	바헬리 3세 (세게드)	6.88
5.	카르파티 (에게르)	6.77
6.	케글로비치 (죄르)	6.76
7.	벨라이 (치펠)	6.71
8.	노박 (페렌츠바로시)	6.68
9.	레바이 (터터바녀)	6.59
	껠레멘 (콤로)	6.59
11.	마로시 (부다페스트 혼베드)	6.52
12.	크메티 (셜고터리안)	6.42
13.	포르마기니 (두너우이바로시)	6.41
15.	케세이 (부다페스트 MTK)	6.30
16.	서보 B. (솜버트헤이)	5.51

| **그림 1.2** | 1967년 헝가리 축구 리그에서 시즌 점수에 따라 매겨진 우측 수비수 순위. 언론인들의 (주관적인) 평가를 나중에 (객관적으로) 평균한 값.

어의 한 해 성적을 평가했다. 그 기사는 역량 평가뿐만 아니라 11명 각각에 순위를 제시했고, 시즌 성적에 따른 각 팀 선수의 순위도 발표했다(그림 1.2). 이 점수는 어떻게 도출되었을까? 축구에는 야구처럼 선수의 성적을 매기는 객관적인 지표가 존재하지 않는다(물론 최근에 와서는 일련의 성적 지표가 도입되었다). 대신에 모든 경기에는 신입 기자가 한 명씩 배정되어 경기가 끝나면 모든 선수에 대한 점수를 매긴다. 경기를

뛴 선수라면 누구나 최소한 1점을 얻는다. 그리고 해당 시즌 내내 뛰어난 성적을 올린 극소수의 선수만 10점이라는 점수를 받는다. 대부분의 선수가 얻는 점수는 5점에서 8점 사이, 즉 '평균 이하'에서 '우수(하지만 탁월하지는 않은)' 사이이다. 경기장은 위페스트라는 교외 지역에 있었다. 경기가 끝나고 집까지 가는 전차를 타기 위해 역으로 걸어가면서, 아버지와 나는 우리 팀 선수들에게 나름대로 점수를 매기곤 했다. 그리고는 다음 날 아침 신문에 점수가 어떻게 나왔는지 비교해 보고 싶어 안달을 냈다. 시즌 말에 발표된 '객관적 숫자'를 읽을 때마다 나는 그것이 신문사가 매긴 '주관적' 점수의 '객관적' 평균에 지나지 않는다는 것을 잘 알고 있었다. 애초에 주관적인 점수에 근거해서 매겨진 순위가 객관성이라는 환상을 자아낸 것이다. 물론 점수가 무작위로 부여되지는 않고 언론인들도 최선을 다한 추정치겠지만, 그것이 주관적인 평가임에는 틀림없었다.

고의적 편견이 담긴 순위의 사례

라슬로 오로니(László Arany, 1844-1898)는 "발라드의 셰익스피어"라고 불렸던 유명한 시인 야노시 오로니(János Arany, 1817-1882)의 아들로, 헝가리 설화를 수집한 인물이다. 설화 중에는 한 집단에서 가장 큰 영향력을 가진 개체가 집단의 의사 결정을 어떻게 좌지우지하는지를 보여 주는 이야기가 있다.

> 동물 몇 마리가 덫에 걸렸다. 꼼짝없이 잡혀 있던 그들은 금세 배가 고파졌다. 주변에 먹이라곤 찾아볼 수 없게 되자, 무리 중의 늑대가 제안을 했다. "친구들! 이제 어떻게 할까? 빨리 뭐라도 먹지 않으면 우리는 굶어 죽고 말 거야. 좋은 생각이 있어! 우리들의 이름을 하나하나 불러 보면서 그중에 가장 흉측한 자를 잡아먹는 게 어때?" 모두 이 말에 동의했다(왜 그랬는지는 도무지 이해가 안 되지만). 늑대는 스스로 판관 노릇을 자처하며, 이름을 부르기 시작했다. "늑대 아저씨, 오, 훌륭한 이름이야! 여우 청년, 역시 좋은데? 사슴 친구, 아주 좋아! 토끼 아기, 역시 좋고, 수탉 소년, 마찬가지야, 암탉 아가씨, 넌, 별로인데?" 그래서 그들은 암탉을 잡아먹었다. 그 다음은 수탉, 그 다음은 또 다른 동물의 차례가 되었다. (헝가리어를 번역해 준 유디트 제르코비츠Judit Zerkowitz에게 감사드린다.)

이 설화는 힘을 가진 한 명이 선거를 좌지우지할 때 객관성이 어떻게 조작될 수 있는지를 보여 주는, 작지만 뚜렷한 사례다. 아울러 견제받지 않은 전제 권력이 한 사람에게 주어지면 그 통치 구조는 폭정으로 변한다는 것을 시사한다.

객관성에 관한 현실과 환상 그리고 조작

스포츠 영역에서 가장 오래되고 객관적인 순위 매기기는 육상 경기에서 찾을 수 있다. 육상 경기는 고대 그리스의 올림픽에 뿌리를 두고 있다. 예를 들어 평범한 요리사였던 엘리스 출신의 코로이보스Koroibos가 첫 올림픽 경기의 스타디온 달리기에서 1위를 한 기록이 있다. 그러나 우리 주변에 흔히 보이는 각종 10대 순위는 객관성이라는 환상을 심어줄 뿐 실제로는 주관적인 분류에 의존한다. 사실 우리가 꼭 객관성을 선호하는 건 아니다. 우리의 성적이나 웹 사이트, 사업, 또는 조직에 실제보다 더 나은 이미지, 점수, 순위가 매겨지는 것을 은근히 즐기기 때문이다. 우리는 편향된 자기 인식의 피해자가 되기도 하고(새끼 고양이가 거울 속에 사자로 비친 자신의 모습을 들여다보는 그림처럼[1]), 자신을 실제보다 더 나은 사람으로 여기거나 남들이 그렇게 생각해 주기를 바라고 스스로를 속이기도 한다. 후자의 경우, 우리는 이른바 '평판 관리'라는 목적으로 객관성을 조작하기도 한다.

평판에 대한 우리의 집착은 7장에서 다시 다루겠지만, 다음 장에서는 먼저 이 책에 등장하는 여러 개념을 소개하고자 한다.

2 비교, 순위, 등급 그리고 목록

비교하기 : 인생의 기쁨을 뺏는 도둑인가, 성공을 향한 원동력인가

우리는 살아가면서 끊임없이 남과 나를 비교한다. 많은 문화권의 아이들이 경쟁에서 이겨 자신이 다른 사람보다 더 잘나고 힘도 세며 성공한 사람임을 보여 줘야 한다고 배운다. 고교 동창회는 외모와 직장, 학력, 결혼 등 동기들과 나의 처지를 비교할 수 있는 가장 좋은 기회다. 비교하기는 일상생활에서도 우리의 태도와 능력, 신념에 영향을 끼친다. 이 점에 주목하여 1954년에 레온 페스팅거(Leon Festinger, 1919-1989)가 주창한 유명한 사회 심리학 이론이 바로 '사회 비교 이론social comparison theory'이다. 미국 대통령 시어도어 루즈벨트가 "비교는 인생의 기쁨을 뺏는 도둑"이라고 했다지만, 우리는 어쩔 수 없이 남과 나를 비교하며 살아간다. 우리는 옛 친구에 비해 살이 쪄 보이는 것은 싫지만, 대체로(모두 그렇다고 볼 수는 없으므로 '대체로'라고 했다) 질투심을 내비치지 않을 정도의 사회성은 가지고 살아간다.

상향 및 하향 비교

상향(또는 하향) 비교란, 자신보다 나은(또는 못한) 처지에 있는 사람과 스스로를 비교하는 것이다. 이에 대한 개인적인 일화를 소개해 볼까 한다. 1970년대부터 80년대 초반까지 헝가리 부다페스트에서는 자동차를 소유한 사람이 흔치 않았다. 그리고 자동차를 가지고 있다면 그것은 십중팔구 '동유럽산'일 가능성이 컸다. 그중에서도 가장 흔히 볼 수 있는 자동차는 동독제 트라반트Travant였다. 그 차는 그때도 이미 구식으로 치부되던 2행정 엔진을 달고 있었다. 당시 트라반트는 두 사람만 있으면 만들 수 있는 자동차라는 농담이 있었다. 한 사람은 부품을 재단하고 또 한 사람은 풀로 붙이면 된다는 것이었다. 차체 소재가 플라스틱이어서 나온 조롱이었다. 이 밖에도 형편없는 품질을 조롱하는 농담이 많이 있었는데, 그중 하나는 다음과 같다.

> 튀링거 발트(Thuringer Wald, 독일 중부의 산악 지대 – 옮긴이)에서 당나귀 한 마리와 트라반트 자동차가 만났다.
> "안녕, 자동차!" 당나귀가 인사를 건넸다.
> "안녕, 당나귀!(이 말은 서양의 대표적인 욕설이다 – 옮긴이)" 자동차도 답례를 했다.
> 모욕을 받았다고 느낀 당나귀는 이렇게 대꾸했다. "나는 당신을 자동차라고 불렀는데 그렇게 말하면 쓰나. 최소한 말이라고는 불러 줘야지!"

당시 트라반트는 그만큼 얕보이는 대상의 상징이었다. 나에게는 존John과 조Joe라는 두 명의 친한 친구가 있다. 나는 30대 중반의 나이에 생산된 지 6년이 지난 트라반트를 첫 차로 샀다. 결코 성공의 상징이라고는 할 수 없었지만 어쨌든 네 바퀴가 달린 것만으로도 그저 감사할 따름이었다. 반면 존에게는 자동차가 없었다(수학자 수입에 자동차를 살 형편이 안 되기도 했지만, 도수 높은 두꺼운 안경을 쓴 처지라 운전면허를 딸 수도 없었다). 하향 비교의 좋은 점은 남과 비교해 감사한 마음을 가질 수 있다는 것이다. 나 역시 자동차가 없는 존에 비하면 내 처지가 낫다고 생각하며 감사했다. 이에 따르는 전형적인 부작용(경멸)을 믿지는 않지만, 어느 정도 우월감을 느꼈을지도 모른다. 또 다른 친구 조는 프랑스 회사에 다녔고, 얼마 안 가 '서유럽산' 르노 자동차를 샀다. 이 사실을 알았을 때, 그렇다고 내가 교과서에 나온 대로 상향 비교의 긍정적인 면에 힘입어 희망이나 영감을 얻었을까? 어쩌면 조처럼 '서유럽산' 자동차를 살 정도의 경제력을 갖춰야겠다는(물론 먼 장래에) 생각이 커졌을지도 모른다. 그러나 실제로는 질투심이 싹텄다. 반면 나의 트라반트를 보며 차가 없는 존은 좌절하거나 기분이 나빴을까? 전혀 그렇지 않았다! 사회 비교의 필수 조건이 바로 관련성인데, 존은 자동차를 소유하는 데 전혀 관심이 없었으므로 기분 나쁠 이유가 전혀 없었다!

사람들이 서로를 비교하고자 하는 동기를 사회심리학자들은 분석했다. 그중 애덤 갤린스키(컬럼비아 대학교 사회심리학 교수)와 모리스 슈바이처(펜실베이니아 대학교 와튼경영 대학원 교수)[1]의 책, 『관계를 깨뜨리지 않고 원하는 것을 얻는 기술』에는 다음과 같은 내용이 나온다. "사회 비교를 통해 동기를 부여받고 싶다면 먼저 명심할 점이 있다. 마음의 평안을 얻으려면 하향 비교를, 분발의 의지를 다지려면 상향 비교를 해야 한다는 사실이다. 사회 비교의 습관을 없앨 수 없다면, 그것을 나에게 유리하게 이용하는 법을 배워야 한다."

나의 목표와 비교하기

내가 비교를 주제로 한 초고를 블로그에 올렸을 때, 영국 킬 대학교University of Keele의 피터 언드라시Peter Andras라는 컴퓨터공학 교수 한 분이 다음과 같은 댓글을 달아 주었다.

> 제 생각에 비교하기는 당사자의 의사 결정 스타일이 외부 지향이냐 아니면 내부 지향이냐에 달린 문제라고 봅니다. 즉, 자신이 얼마나 자율적으로 의사 결정권을 행사하느냐는 거죠. 교육학 이론이나 교육심리학 분야에서는 개인의 성격 발달 과정에서 자율권의 역할이 얼마나 중요한지에 관한 연구 결과가 많이 나와 있습니다. 자율성이 강한 사람일수록 자기 자신과 자신의 업적 및 소유물을 스스로의 목표와 비교하는 경향이 있습니다. 그러나 세상에는 대체로 외부의 영향을 받는 사람들이 더 많습니다. 수많은 사례에서 알 수 있듯이, 대다수 사람은 주변 사람들과의 비교에 근거해 결정을 내립니다.

언드라시 교수가 지적한 내용은 수많은 논쟁을 불러온 책 『보상과 처벌Punished by Rewards』[2]에 더 자세히 설명되어 있다. 이 책에서 저자 알피 콘Alfie Kohn은 우리가 다른 사람에게 동기를 주기 위해 흔히 사용하는 "이걸 하면 저걸 줄게"라는 보상 전략에 의문을 제기한다. 보상과 처벌은 행동을 조작하는 두 가지 수단인데, 콘 같은 사람들은 보상이 훨씬 더 위험한 요소라고 생각한다. 가령 성공을 향한 동기가 가득한 학생이나 운동선수, 직원의 경우에 보상 전략은 적절한 수단이 아니라고 말한다. 크리스티나 힌튼(Christina Hinton, 하버드 교육대학원 교수이자 하버드 국제 연구 대학원의 설립자이며 상임이사)이 발표한 최근 데이터나 이론을 봐도, 학생들의 동기 유발을 위해 돈과 같은 외적 보상을 동원하는 것은 그들의 학습 의욕을 유지하는 데에 별 도움이 되지 않는다고 말했다.[3] 보상이 주어지지 않더라도 학습을 향한 내적 동기를 가진 학생들은 자신이 하는 일에 깊이 몰두하고, 배움의 길에 어려움이 닥쳐와도 이겨 내며, 새로운 주제를 추구하고 찾아내려고 한다.

단 이런 차이가 있어도 우리가 성취하거나 낙담할 때 마주하는 감정들을 처리하는 데 직접적인 비교가 중요하다는 걸 부인할 수는 없다. 직접적인 비교 중에서도 가장 많이 쓰이는 방법이 바로 쌍별 비교다. 쌍별 비교란, 정량적 특성(예컨대 누가 더 키가 큰가, 힘이 센가 등)이나 정성적 특성(예를 들면 개인의 선호나 태도 등)을 기준으로 사람이나 사물, 또는 기타 실체를 한 쌍씩 서로 비교하는 것이다. 복싱은 쌍별 비교의 가장 대표적인 사례다.

비교는 언제나 우리 주변에 있었다

우월감 대 열등감

직접 비교는 다양한 감정으로 표출된다. 무하마드 알리(1942-2016)가 말한 유명한 "내가 가장 위대하다"에서 "남의 집 잔디가 항상 더 푸르다"라는 서글픈 속담에 이르기까지 말이다. 사실 알리는 이보다 훨씬 더 대담하게 말했다. "나는 가장 위대한 사람이 아니다. 나는 두 배로 더 위대한 사람이다. 나는 그를 눕혔을 뿐 아니라 몇 라운드에 눕힐지 선택하기까지 했다. 나는 오늘날 링 위에서 가장 용감하고, 가장 아름다우며, 가장 강하고, 가장 과학적이며, 가장 정교한 파이터다."

우리는 일반적으로 자신을 치켜세우는 사람의 말은 믿지 않으며, 그의 말만 듣고 순위를 매기면 결국 편향된 결과를 낳는다고 생각하지만 알리는 그 시대 '집단 지성'으로부터 인정을 받았다. 당시 그가 경기하는 모습을 지켜본 모든 사람은 실제로 알리가 가장 위대한 선수라고 생각했다. 알리의 자기 성찰은 다른 상황에서도 드러났다. 미 육군이 알리의 지능 지수를 측정하여 78이라고 발표했을 때 알리는, "나는 내가 가장 위대하다고 했지 가장 똑똑하다고 하지는 않았습니다"라고 초연하게 말했다. 그가 자신의 업적에 대해 말하는 걸 보면 그저 놀랍다. "그건 그냥 내가 하는 일이에요. 잔디가 자라고, 새가 하늘을 날며, 파도가 모래를 치는 것과 같은 거죠. 나는 그저 상대를 때려눕힐 뿐입니다."

알리는 남과의 비교에서 우월감을 얻었지만, 반대로 비교를 통해 오히려 열등감이 증폭되는 경우도 있다. "남의 집 잔디가 항상 더 푸르다"라는 속담의 기원은 아마도 로마의 시인 오비디우스가 『사랑의 기술』에 쓴 시의 내용, "이웃집 밭의 수확물이 항상 더 풍성하다"일 것이다. 이와 비슷한 정서가 담긴 속담은 여러 가지가 있다. 즉, "남의 집 사과가 가장 달콤하다", "이웃집 암탉은 거위로 보인다", 또는 "남의 깨진 주전자가 나의 성한 주전자보다 나아 보인다"와 같은 말이다. 독일 속담에도 "이웃집 마당의 체리가 항상 더 맛있다"라는 말이 있다. 이 모두는 항상 다른 사람이 우리보다 더 잘 살고 운이 좋아 보인다는 심리에서 비롯된다. 만약 이런 생각만을 갖고 산다면 인생이 비참해질 것이다. 질투심은 걱정을 비롯한 정신 건강상의 여러 문제를 낳는다. 베스트셀러 『내가 정말 알아야 할 모든 것은 유치원에서 배웠다』[4]의 저자 로버트 풀검은 좀 더 객관적이면서도 성공 가능한 전략을 제시했다. "알고 보면 남의 집 잔디가 항상 더 푸르지는 않다. 그것은 사실이 아니다. 어느 집의 잔디든 제때 물을 뿌려준 잔디가 가장 푸른 법이다. 우리 집의 잔디도 물을 뿌리고 보살펴 주면 푸르게 유지할 수 있다." 우리는 현실을 받아들이는 것과 성공을 위해 현실을 바꾸고자 하는 노력 사이에서 균형을 이뤄야 한다.

역사와 문학에서 알 수 있듯이, 비교는 언제나 우리 주변에 있었다. 다음 사례를 살펴보자.

이민자 집단 사이의 비교

지난 150년간 미국의 역사는 이민자를 둘러싼 상향 및 하향 비교의 역사라고 해도 과언이 아니다. 미국으로 새로 이주해 온 사람들은 언제나 저임금 일자리를 놓고 흑인을 비롯한 소수 인종과 경쟁해야 했다. 특히 19세기 중반 아일랜드 사람들이 이민을 왔을 때가 대표적인 예다. 그들은 저임금 일자리를 차지하기 위해 흑인을 향해 인종차별적 언사를 서슴지 않았고, 백인으로부터 받은 모욕을 다른 인종을 향해 고스란히 가함으로써 하향 비교를 일삼았다. 이후 이탈리아 이민자들이 들어오기 시작하자 아일랜드인은 교회에서 그들을 무시하면서 사회적 서열의 우세를 점하고자 했다. 서로가 가톨릭교도라는 같은 종교를 지녔음에도 말이다(사회 서열이라는 개념의 기원은 3장에서 다룬다). 역사적으로 새로운 이민자에게 부여되는 사회적 계급은 언제나 이들에 대한 대다수의 고정 관념과 그들이 가진 경제적 영향력에 따라 결정되었다. 이런 고정 관념은 비교 특성(예를 들면 지능, 술 취하지 않는 정도, 외모 단정, 일하는 태도 등)을 기준으로 위계질서를 만들어 냈기 때문에 상향 및 하향 비교가 가능했고, 나아가 사회적 계급을 정당화하는 도구가 되었다.

미국 문학 속의 비교

저명한 소설가이자 영문학 교수인 앤디 모지나Andy Mozina 박사에게 미국 문학과 영국 문학에서 드러난 가장 뚜렷한 비교하기 사례가 있는지 물어봤다. 그의 지식과 취향을 존중하여 그의 의견을 아래에 인용한다.

- 제인 오스틴의 소설 『오만과 편견』에서 부유하고 거만한 귀족 다아시는 엘리자베스 베넷을 업신여긴다. 베넷 역시 귀족 출신이지만 다아시에 비해 훨씬 가난하며 성격도 다소 거친 편이다. 이처럼 (돈과 성격 같은) 특성에 의한 비교가 나타나지만, 이 소설은 서로가 처음에 생각했던 것보다 훨씬 더 동등하다는 사실은 깨닫는 과정을 담고 있다.
- 토니 모리슨의 『가장 푸른 눈』에서 한 흑인 소녀는 금발과 푸른 눈동자를 가진 귀여운 소녀 셜리 템플과 자신의 외모를 비교하면서, 셜리의 외모는 소중하고 자신은 그렇지 않다고 생각한다. 자신은 흑인인데다 세상 사람들로부터 자신의 외모가 보잘것없다는 소리를 수없이 들어왔던 그녀는 푸른 눈을 가지면 어느 정도 셜리와 동등한 대우를 받을 거라는 희망을 품는다. 그녀는 결국 한 사람으로서 내면의 가치를 발견할 기회를 완전히 잃어버린 채 외적 동기에만 매달리게 된다. 그녀가 푸른 눈을 갈망하는 마음은 다른 사람들의 태도와 맞물려 자기 스스로 완전히 파괴하는 결과를 초래한다.

사회 비교와 우리의 두뇌

현대 신경과학은 두뇌 영상법brain imaging method을 도입하여 두뇌에서 상향 및 하향 비교를 담당하는 영역이 어디인지, 또 그와 관련된 신경 메커니즘이 무엇인지 밝혀내고 있다.[5] 하향 비교를 할 때 두뇌의 복내측 전전두엽 피질이라는 영역이 활성화되는데, 이 영역은 금전적인 보상에 관한 일을 할 때도 활성화된다. 상향 비교는 배전측 대상피질의 활성화와 관련이 있다. 흥미로운 점은 이 영역이 고통이나 금전적 손실과 같은 부정적 사건의 신호와도 관련이 있다는 사실이다. 이를 통해 연구자들은 사회 비교의 신경 심리학적 과정을 보상과 손실이라는 보다 일반적인 틀 안에서 이해해야 한다고 조심스럽게 제안한다. 우리 인간이 그것을 추구하는 방향으로 진화해 왔기 때문이라는 것이다. 아울러 우리는 1등이 아니라 2등에 머물렀을 때 특히나 비교에 민감해진다.

2등의 비극

베른의 비극

독일(당시는 서독이었다)이 헝가리를 3 대 2로 이겼던 1954년 월드컵 결승전 때 일이다. 내 또래의 서독과 헝가리 남성들은 이 월드컵에 너무나 강렬한 추억이 있다. 당시 헝가리는 조별 경기에서 독일을 8 대 3으로 이겼다. 그러나 팀의 주장과 최고의 선수, 페렌츠 푸스카스가 부상을 당했다. 하지만 헝가리는 브라질, 우루과이와 맞붙었던 그다음 경기들을 승리로 장식하며 결승에 진출했다. 페렌츠 푸스카스는 제대로 회복되지 않은 몸을 이끌고 팀에 복귀해 최종전에 나섰다. 그리고 경기 시작 6분 만에 팀에 리드를 안기는 골을 작렬했다. 곧이어 2분 후 졸탄 치보르Zoltán Czibor가 두 번째 골을 넣자, 모든 사람은 다시 한번 독일을 이길 기회가 왔다고 생각했다. 그러나 독일팀은 빠르게 경기를 만회했고 결국 승리를 거두었다. 경기가 끝나고 누군가는 이렇게 말했다. "독일팀 선수 일부가 페르비틴(pervitin, 각성제인 메스암페타민의 독일 상품명) 주사를 맞았다는 강력한 의혹이 있다. 당사자들은 단지 비타민 C였다고 주장하지만 말이다."[6, 7]

당시 헝가리가 겪은 패배는 후유증이 남아 정치적 사건으로 번졌고, 이는 스포츠 이벤트가 한 나라에 미치는 영향력이 어느 정도인지 극명하게 보여 줬다. 헝가리 사람들에게 패배는 엄청난 충격이었고, 그 결과 부다페스트에서 전후 최초로 자발적 시위가 일어났다. 시위대의 분노는 축구팀과 코치진뿐 아니라 당시 헝가리의 독재 정권에까지 향했다.

2등은 1등이 아니다

베스트셀러 아동문학 작가 레이첼 르네 러셀(Rachel Renée Russell, 그녀는 작가이자 변호사이다. 참으로 멋진 직업의 조합이다)의 작품 『도크 다이어리Dork Diaries』에는 2등의 감정이 잘 드러나 있다. "저는 항상 2등이라는 생각이 들어요. 있으나 마나 한 '대타'에 불과하죠. 선생님이 둘씩 짝지어 보라고 하실 때마다 늘 외톨이가 돼요. 친구들은 다들 짝을 찾는데 저만 혼자 엉거주춤 서 있어요. 애들이 모두 저를 대타로 여기는 게 너무 싫어요. 전 아무리 노력해도 좋은 아이가 못 되는 것 같아요. 어쩌면 좋아요!" 주인공인 여중생의 호소에 작중 화자는 이렇게 대답한다. "그럼 기다리지 말고 네가 먼저 친구를 고르는 게 어떻겠니? 풀죽은 모습 대신 억지로라도 크게 웃으며 친구에게 곧장 다가가서 '너 나랑 짝 할래?'라고 말하는 거야. 그 애가 다른 사람을 선택하기 전에 말이야."

작중 인물만 이런 문제를 안고 있는 건 아니다. "2등은 가장 먼저 진 사람이다." 이것은 스포츠 역사상 가장 큰 영향력을 발휘했던 포뮬러 원 경주 선수 아일톤 세나(Ayrton Senna, 1960-1994)가 한 말이다. 올림픽 은메달리스트 아벨 키비아트(Abel Kiviat, 1892-1991) 역시 91세의 나이에 이렇게 고백했다. "가끔 아침에 눈을 뜨면 이런 생각을 할 때가 있습니다. '도대체 무슨 일이 일어난 거지? 마치 악몽을 꾸는 것 같아'라고 말입니다." 그는 1912년 스웨덴 스톡홀름 올림픽 1,500미터 육상 경기의 유력한 금메달 후보였지만, '갑자기 나타난' 아놀드 잭슨에게 불과 0.1초 차이로 지고 말았다.

무슨 일이 일어났나

'무슨 일이 일어났나'라는 제목은 힐러리 클린턴이 2016년 미국 대선 패배를 설명한 책(2017년에 출간된 『What happened』를 말함 -옮긴이)을 암시하지만, 여기서는 올림픽 경기 이야기를 하고자 한다. 헝가리의 전설적인 펜싱 선수 제자 임레Geza Imre는 1996년 애틀랜타 올림픽에서 남자 에페 개인전 동메달을 수상했다. 이후 2015년 세계 선수권 대회에서 우승한 후, 2016년에 다시 한 번 올림픽 결승전에 진출했다. 당시 스코어는 14 대 10으로, 금메달을 위해 필요한 15점까지 단 한 점을 남겨두고 있었다. 상대 선수인 대한민국의 박상영은 임레가 애틀랜타에서 동메달을 딸 때 겨우 한 살이었다. 그러나 그가 임레의 위대해질 수 있었던 스토리를 바꿔 놓았다. "그 시합을 8분 30초간이나 이기고 있었는데 마지막 20초 동안 그에게 지고 말았습니다. 그가 마지막 네 차례의 공격에서 전략을 바꾸는 동안 저는 아무것도 하지 못했지요."

올림픽 금메달 같은 엄청난 목표에 아주 아주 근접했다가 실패했다는 사실이 갑자기 온몸에 전해질 때, 그 사실을 받아들이는 것은 심리적으로 너무나 힘든 일이다. 자주 인용되는 심리학 연구에 따르면 올림픽 메달리스트 중 은메달 수상자들이 금메달 수상자와 비교되는 자신의 모습 때문에 가장 깊은 절망에 빠진다고 한다. 반면 동메달 수상자들은 자신의 성과를 4위 이하의 선수들과 비교하므로, 경기력이 은메달 수상자보다 부족했음에도 오히려 그들보다 기뻐한다고 한다.

비교를 통해 순위가 매겨지다

'사과와 오렌지를 비교하기'라는 속담이 있다. 사실상 서로 비교할 수 없는 것을 놓고 비교하는 태도를 일컫는 말이다. 유럽에서는 '사과와

배를 비교하기'라는 표현을 쓴다. 오렌지든 배든, 만약 과일의 순위를 매기려고 한다면 가장 먼저 비교를 해야 한다. 또한, 비교는 의사 결정 과정에서 매우 중요한 역할을 맡고 있다.

순위를 매기려고 할 때 쌍별 비교를 한다면 그 대상이 되는 일군의 집단이 있어야 하지만, 점수 또는 등급은 최소한 이론적으로는 각 개체에 개별적으로 부여될 수 있다. 지금부터 순위와 등급이 매겨지는 과정을 알아보자.

순위와 등급

순위 목록을 작성하려면 무엇부터 해야 할까? 먼저 순위의 대상을 정해야 한다(예를 들면 사람, 대학, 영화, 국가, 풋볼팀 등). 그런 다음 비교 기준을 설정해야 한다(예를 들어 인구 규모, 키, 몸무게, 연간 수입 등). 비교 기준은 대상 A와 B 사이의 관계를 분명하게 말할 수 있어야 한다. 즉 A가 B보다 '순위가 높다', '순위가 낮다', 또는 둘의 '순위가 같다'고 말할 수 있어야 한다. 특정 집단 내의 모든 대상으로 비교를 반복하면 그 집단의 순위 목록이 도출된다. 사람과 사물, 상품 등에는 여러 가지 특징이 있으므로 다양한 기준으로 순위를 매길 수 있다. 그런데 여러 기준이 서로 충돌을 일으킬 때가 있다. 예컨대 가격(또는 비용)은 품질과 상충 관계에 있다. 가령 더 싸면서 '동시에' 더 안락하기도 한 자동차를 구입하기는 현실적으로 불가능하다.

'다기준 의사 결정multiple-criteria decision making'은 수학적 기법을 도입하여 여러 선택지 사이에 질서 정연한 순위를 부여한다. 예를 들어 대학 입시생이 있다고 할 때, 의사 결정자(그 학생과 부모)는 여러 대안(대학들) 사이에 순위를 부여해야 한다. 후보에 오른 대학은 복수의 기준(수업료, 학교의 위상, 집에서의 거리, 학교 시설 등)에 따라 순위가 매겨진다. 보다 전문적으로 순위를 매기기 위해서는 알고리즘이 필요하다. 알고리즘이란 마치 요리를 할 때 필요한 레시피 같은 것으로, 제한된 재료를 어떻게 사용할지의 지침 목록과 같다. 여기서 한 가지 중요한 사항이 있다. 알고리즘이 제대로 작동하려면 각각의 기준에 상대적인 중요성을 숫자로 표현한 가중치가 적용되어야 한다는 점이다. 가중치를 정하는 과정은 주관적일 수밖에 없다. 이 점은 앞으로 다루는 내용을 통해 분명히 드러날 것이다. 우리의 의사 결정 속에는 주관적인 요소와 객관적인 요소가 뒤섞여 있다.[8]

이와 달리, '등급'은 개별 대상에 점수를 부여한다. 점수는 말 그대로 주로 숫자로 표현된다. 예를 들어 엘로 등급(Elo rating)은 체스 선수들의 순위를 매길 때 널리 사용되는 등급 체계다. 엘로 등급은 각 선수의 강점과 특징을 숫자로 표현한다. 그리고 이 숫자는 경기가 끝날 때마다 업데이트된다. 자신보다 더 높은 등급의 선수를 상대로 거두는 승리는 낮은 등급의 선수를 이겼을 때보다 더 중요하다.

우리는 언제 순위와 등급을 사용할까? 순위를 매기라는 질문은 서로 다른 대상을 직접 비교해 보라는 의미다. (예를 들면, '다음의 각 항목을 중요도에 따라 1등에서 10등까지 순위를 매기시오' 같은 식이다.) 반면 등급을 매기라는 질문은 서로 다른 대상을 공통의 척도에 따라 비교하라는 의미이다. (예를 들면, '다음의 각 항목에 1에서 10까지 척도로 등급을 매겨 보세요. 1은 매우 나쁨, 10은 탁월함에 해당합니다'와 같다.) 두 가지 질문 모두 나름대로 쓰임새가 있고, 일리가 있다.

등급을 매길 때 기준으로 삼는 척도에는 여러 종류가 있다. 언어(예를 들면, '나쁨에서 탁월함까지', '싫다-보통-좋다' 등)로 표현할 수 있고, 그림(진료실의 자가 보고형 고통 지수 그래픽 등)도 있으며, 숫자(학교 성적, SAT 점수 등)도 있다. 1940년대에 하버드 대학교 심리학자 스티븐스S. S. Stevens는 명목 척도와 서열 척도, 등간 척도, 비율 척도 등의 용어로 척도의 층위를 설명했다.[9] 스티븐스는 모든 학문에서 사용되는 측정은 이 네 가지 척도로 이루어진다고 주장했다.

'명목 척도'는 단순히 말로 표현한다.

'서열 척도'에서는 1등, 2등과 같은 '순위'가 부여된다. 이 척도를 채택하더라도 '상대적인 차이의 정도'를 알 수는 없다.

'등간 척도'는 측정 대상 사이에 '차이의 정도'를 부여한다. 섭씨온도가 좋은 예다. 20도가 10도보다 두 배로 따뜻하다고 말할 수 있을까? 당연히 그렇지 않다.

> 질량, 길이, 지속 기간 등과 같은 전통적인 물리량은 모두 비율 척도에 속한다. 숫자 0과 비율은 모두 의미가 있다. 어떤 사건의 지속 시간은 다른 것보다 '두 배 더 길다.'(이에 대한 비판은 주석을 참조하라.[10])

우리는 언제나 주관적인 양을 객관적인 것처럼 보이는 숫자로 바꾸는 문제와 씨름할 수밖에 없다.

고통에 어떻게 등급을 매길 것인가?

등급 척도 중에는 다양한 유형을 결합한 것도 있다. 혹시 병원을 방문했을 때 고통 척도를 매겨본 경험이 있는가? 웡-베이커 표정 고통 등급 척도Wong-Baker Faces Pain Rating Scale는 어린이들이 스스로 고통의 정도를 파악할 수 있도록 돕기 위해 만들어졌다. 이것은 고통 등급의 척도를 0에서 10까지의 숫자로 표시한다. 즉 0은 전혀 고통이 없는 상태, 10은 최악의 고통 상태로 설정된다. 또 사람의 표정과 기록된 설명 그리고 숫자가 모두 포함된다. 웡-베이커 척도에 나타난 표정의 종류는 여섯 가지다. 가장 먼저 나오는 표정은 고통 점수 0, 즉 전혀 고통이 없는 상태를 나타낸다. 두 번째 표정은 고통 점수 2점으로 '약간 고통스러운' 단계다. 세 번째, 네 번째, 다섯 번째 표정은 각각 고통 점수 4, 6, 8점에 해당하며 '조금 더 고통스러운' 상태 등으로 정도가 높아진다. 마지막 여섯 번째 표정의 고통 점수는 10점으로, '최악의 고통'을 표현한다.

고통에 어떻게 등급을 매겨야 하는가라는 질문은 결코 사소한 질문이 아니다. '다차원적인' 성격을 가진 고통의 정도를 0에서 9까지의 정수로 표현하는 것은 정보를 압축하는 행위이다. 나는 매년 봄이 되면 목 동작을 원활하게 하고자 물리치료를 받는다. 치료는 큰 도움이 되지만 그때마다 고통을 숫자로 표현하는 데 곤란을 겪는다. 고통이 0이라는 것은 어떤 의미일까? 물리치료가 얼마나 효과가 있는지를 도대체 어떻게 묘사해야 할까?

세상에는 다섯 가지 종류, 즉 육체적, 감정적, 영적, 사회적 그리고 경제적 고통이 있다고 말한 작가 율라 비스Eula Biss의 탁월한 통찰에 어느 정도 공감한다. 또한 고통을 다스리는 법에 관한 웹 사이트에는 다음과 같은 글이 있다. "숫자만으로는 전체 그림을 볼 수 없다. 고통을 진단하는 더 나은 방법이 필요하다고 전문가들은 말한다."[11] 그럼에도 나는 물리치료사 샌디에게 이렇게 말한다. "아마 3 정도 되는 것 같아요." 그러면 그는 내가 말한 함축적인 의미를 알아듣고 "훨씬 더 심하지 않아 다행이네요"라고 말한다. 가끔 아주 기분이 좋은 날이면 나는 이렇게 말한다. "오늘은 정말 0인 것 같군." 고통이 0이라는 말이 과연 무슨 뜻일까?

역사, 철학, 인지과학으로 본 0

역사적으로 인류는 0을 항상 숫자로 표현한 척도로만 사용했던 건 아니다. 개념으로서의 0은 불교에서 공(空)을 명상하는 과정에서 나온 것이다. 서양 심리학에서 공허함이라는 개념은 부정적인 뜻을 내포하지만, 불교에서 말하는 공허함은 아무것도 없다는 뜻이 아니다.[12, 13, 14]

숫자 0은 인도에서 발견(또는 발명)되었다. ('발견'이란 그것이 인간의 활동과 무관하게 원래 존재했는데 우리가 나름대로 의미를 부여했다는 뜻이며, '발명'이란 0이라는 개념 자체를 인간이 만들어 냈다는 것을 말한다.) 0은 바크샬리 사본(Bakhshali Manuscript, 고대 인도 상인들의 거래 내역을 적은 장부 －옮긴이)에 출현하는데, 여기서는 점(.)으로 표시되어 있다. 이보다 앞선 시대의 바빌로니아나 마야 사람들도 기호를 사용하여 어떤 대상을 설명했지만, 이 사본이야말로 '무'를 표현한 기호가 나타난 첫 번째 사례다. 현재 바크샬리 사본은 옥스퍼드 대학교 보들리언 도서관Bodleian Libraries에 소장되어 있다.

그런데 2017년, 이 사본으로 인해 수학사학자들은 엄청난 흥분에 휩싸였다. 문서를 방사성 탄소 연대 측정법으로 조사해 보니 이미 3, 4세기에 0이 출현했다는 사실이 드러났기 때문이다. 이는 종전까지 알려졌던 것보다 4, 5백 년이나 앞선 시점이다.[15] 과거 유럽에서는 이탈리아 수학자 피보나치가 북아프리카에서 돌아왔던 서기 1200년경이 되기 전까지만 해도 0의 존재가 알려지지 않았었다.

인지과학 분야에서 발달심리학과 동물의 인지 그리고 신경심리학 등을 결합한 통합 연구를 수행한 결과, 0의 출현에는 네 가지 단계가 존재한다는 사실을 밝혔다. 첫째, 감각적인 '무'(즉, 어떠한 자극도 없는 상태), 둘째, 아직 정성적이지만 범주화된 '유', 셋째, 공집합을 통해 도달한 정량적 범주화 그리고 넷째, 공집합에서 숫자 0으로의 이행이다.[16] 현대 인지 신경과학은 공집합과 0을 표현하는 두뇌의 신경 작용을 파헤친다. 공집합과 0을 감각하는 일은 본래 인간의 두뇌로 하기에는 벅찬 일이다. 인간의 감각기관을 구성하는 신경은 외부 자극에 반응하도록 진화되었다. 자극이 없다면 두뇌 작용은 멈출 수밖에 없다. 그러나 현대 신경심리학의 실험 결과는 전전두엽 피질 속의 신경이 '무'의 존재를 적극적으로 감지할 수 있음을 보여 준다. 또한 오늘날 우리는 '무'와 '유'의 차이를 바탕으로 성립된 디지털 시대에 살고 있다.

0과 0이 아닌 수, 즉 무와 유는 우리가 살아가는 디지털 시대의 기초적인 범주이다. 따라서 우리가 '내가 느끼는 고통은 0이다'라고 말하기 위해서는 최소한 세 번(또 다른 마술의 숫자다) 생각해야 한다(0이 어떤 의미인지, 그 의미를 어떻게 말로 표현하는지, 그 표현을 어떻게 고통으로 전환하는지). 그러나 율라 비스가 말했듯이, "나는 수학자가 아니다. 나는 병원 진료실에 앉아 내가 느끼는 고통의 척도를 0에서 10까지 숫자로 측정하려 애쓰고 있을 뿐이다. 그러기 위해 0이 필요한 것이다."

보다시피 순위나 등급을 매길 때 공통적으로 되풀이되는 질문이 하나 있다. 순위와 등급을 매기는 절차를 어떻게 객관적으로 수행할 것인가? 객관적이라는 것은 외부 세계를 편향이나 선입견 없이 표현하는 것이고, 주관적이라 함은 개인적 편견에서 나온 판단이나 결정을 말한다. 그러나 다음의 예에서 알 수 있듯, 우리는 이 두 가지 방식을 섞어서 사용한다.

대학원 응시자 등급 부여

대학교수로서 12월이 되면 늘 하는 일이 있다. 학생들의 대학원 진학을 위해 추천서를 작성해 주고 몇 가지 기준에 따라 등급을 매기는 일이다. 대학원을 준비하는 학생들은 교수에게 자신을 평가해 달라고 요청한다. 그런데 가끔 학생에게 적극적인 추천서를 써줄 수 없으니 나를 지목하지 않는 편이 낫다고 솔직히 말할 때가 있다. 평가를 맡은 교수는 표면상 객관적으로 보이는 데이터(예를 들면 성적)와 주관적인 인상을 합해 등급 점수를 산출해야 한다. 이 평가 작업은 일부 주관적이기는 하지만 결코 임의로 수행하는 일이 아니므로, 대학교수는 학생과 대학원 모두가 서로 원하는 결과를 얻도록 도움을 주는 데 최선을 다한다. 대학원 입학 위원회의 목표는 성숙하고 예의 바르며 믿음직하고 안정적인 학생을 선발하는 것이므로, 그들의 이런 목표를 달성하도록 도움을 주는 일이 대학교수가 지닌 직업상 의무라 할 수 있다.

칼리지넷CollegeNET은 대학을 비롯한 여러 기관의 입학 및 응시자 평가용 소프트웨어를 제공하는 기업이다. 그 소프트웨어는 다음의 여섯 가지 기준으로 등급을 매긴다.

- 해당 분야의 지식
- 목표를 향한 동기와 인내심

- 독립적인 학문 수행 능력
- 자신의 생각을 말과 글로 표현하는 능력
- 대학 교육을 받기 위한 능력과 잠재력
- 연구를 계획하고 수행하는 능력

각 기준으로 매긴 학생 등급은 다음의 다섯 가지로 나뉜다. 특출함(상위 5퍼센트), 뛰어남(다음 15퍼센트), 매우 좋음(그 다음 15퍼센트), 좋음(그 다음 15퍼센트), 괜찮음(그 다음 50퍼센트). (특출함으로 분류되는 학생의 비율이 2퍼센트인 소프트웨어도 있다. 나는 상위 5퍼센트에 드는 학생이라면 서슴없이 이 범주에 포함시키지만, 이따금 2퍼센트에 들어야 특출함이라는 평가를 줄 때도 있다.)

우리는 등급을 매길 때 어떻게 적절한 기준을 세우고 숫자를 정하는가? 원칙적으로는 세세한 기준을 합리적으로 나누는 접근법이 효과적이다. 교수들은 수십 년에 걸쳐 학생들의 데이터를 수집하고 축적해왔기 때문에 각 등급의 비율을 계산할 정형화된 알고리즘을 가지고 있을 것이다. 그러나 나는 하향식 전략을 채택하는 교수들이 더 많을 것으로 생각한다. 나 또한 등급을 매겨야 할 때 다음과 같은 자문을 한다. 나는 과연 모든 학생에게 '특출함'이라는 성적을 줄 수 있는가? 응시생들에게 뚜렷한 약점이 있어서 그들을 세 번째, 또는 네 번째 범주에 포함해야 하는가? 네 명은 뛰어남, 두 명은 특출함이라고 성적을 매기면 어떻게 될까? 이런 고민과 함께 대학교수들은 성적을 합산하고 성적의 분포를 분석한 다음, 추천서를 어떻게 써야 할지 주관적인 분석을 하게 된다. 처칠이 했던 말처럼, 정량화는 다른 모든 것 중에서도 가장 최악의 평가 방법이다.

하지만 정량화가 효과를 발휘하는 두 가지 유명한 사례가 있다. 수학자와 체스 선수들에 관한 순위와 등급 체계는 널리 인정되는 평가 방식이다.

수학자의 순위에서 체스 선수의 순위까지

에르되시의 수

미시간주 캘러머주Kalamazoo에 있는 인도 식당 사프론에서 친한 친구들과 함께 저녁 식사를 한 적이 있다. 나는 식당에 들어서자마자 친구 톰에게 이렇게 물었다. "아마도 자네와 같은 수학과 교수를 여기서 본 것 같네. 그 사람 자동차에 달린 장식 문구가 '에르되시의 수 1번'이었거든. 혹시 아는 사람인가?" 아니나 다를까 자동차 주인은 앨런 슈웽크Allen Schwenk라는 인물로, 폴 에르되시(Paul Erdös, 1913-1996)와 공동 저자로 논문을 펴낸 512명의 수학자 중 한 명이었다. 슈웽크와 에르되시는 그래프 이론에 관한 네 편의 논문을 함께 썼다. 이 이론은 캘러머주에 위치한 웨스턴미시간 대학교에서 널리 알려졌고, 에르되시는 이곳을 자주 방문했다. 그들이 공동 연구를 한 지 30년이 지난 지금까지도 슈웽크는 에르되시가 미친 영향을 역설하고 있는데, 이는 그의 자동차 장식 문구만 봐도 알 수 있었다.

에르되시는 평생에 걸쳐 약 1,500편의 수학 논문을 발표했고(사실 마지막 논문은 그의 사후 20여 년이 지난 2015년에 발표되었다), 그 대부분은 다른 학자들과 함께 집필했다. 그와 직접 공동 연구에 참여한 학자는 모두 512명이었다. 이들을 에르되시의 수 1에 해당하는 사람이라고 부른다. 그 512명과 함께 연구한 사람(그러나 에르되시와는 직접 연결되지 않은 사람들)을 에르되시의 수 2에 속한다고 한다(약 1만 명). 그리고 에르되시의 수 2에 속하는 사람들과 공동 연구한 사람(그러면서 에르되시의 수 1에 속하지 않은 사람)은 에르되시의 수 3에 속한다(나 같은 사람이다).

어떻게 수학자의 순위를 매길지 고민한다면 에르되시의 수가 유용한 사례다. 수학자들은 에르되시의 수를 진지하게 받아들이는 정도를 넘어서 수학자의 지위를 가늠하는 척도로 인식한다. 그뿐만 아니라 수학자들의 관계망에서 현명하고 민주적인 자기 조직화 과정을 보여 주는 독특한 사례이기도 하다.

수학자와 신경 생물학자, 경제학자, 심지어 철학자 사이를 연결하는 다리?

20세기의 가장 뛰어난 신경 해부학자 중 한 명인 야노시 스젠타고타이(János Szentágothai, 1912-1994)의 에르되시의 수는 2다. 왜냐하면 1956년에 출판된 그의 논문이 알프레드 레니Alfréd Rényi와 공동으로 집필한 것이었기 때문이다(논문의 주제는 클라크 열 내에서의 시냅스 전달 확률에 관한 내용이었다). 이처럼 공동 집필에 참여함으로써 스젠타고타이는 수학자와 신경 생물학자, 철학자 사이를 잇는 다리가 되었다. 또한 스젠타고타이는 다른 두 명의 저명한 과학자와 함께 책을 집필했다. 그들은 바로 노벨 수상자 존 에클스 경(Sir John Eccles, 1903-2018)과 신경 생리학자 이토 마사오(1928-2018)였다. (흥미로운 사실은 스젠타고타이 자신이 오늘날 '소우주'라고 불리는 개념으로 대뇌피질 연결망을 묘사하려고 생각했다는 사실이다. 그는 대뇌피질망의 구성은 무작위와 정상 구조 사이의 어떤 지점에 놓여 있을 것이라고 봤다. 또한 신피질 내의 신경세포들은 서로 평균 약 다섯 개의 사슬 내에서 모두 연결된다고 추정했다.) 에클스는 칼 포퍼 경(Sir Karl Popper, 1902-1994)[17]과 공동 저자 관계에 있으므로, 바야흐로 수학-신경 생리학-철학 사이에 직접적인 사슬 관계가 맺어졌다고 볼 수 있다.

알프레드 레니를 통해 에르되시의 수 2를 획득한 또 다른 인물로 헝가리 경제학자 언드라시 브뢰디(András Bródy, 1924-2010)가 있다. 그들이 함께 논문을 낸 시점도 1956년이라는 기념비적인 해였다(논문 주제는 가격 규제에 관한 것이었다)(그림 2.1). 여기서 또 다른 궁금증이 떠오른다. 에르되시의 수 1에 속한 사람들이 모두 수학자일 가능성이 높다면, 에르되시의 수 2에 속한 사람 중 수학자가 아닌 사람은 몇 명이며, 공동 연구에 참여한 사람들의 과학 분야는 몇 가지나 될까?

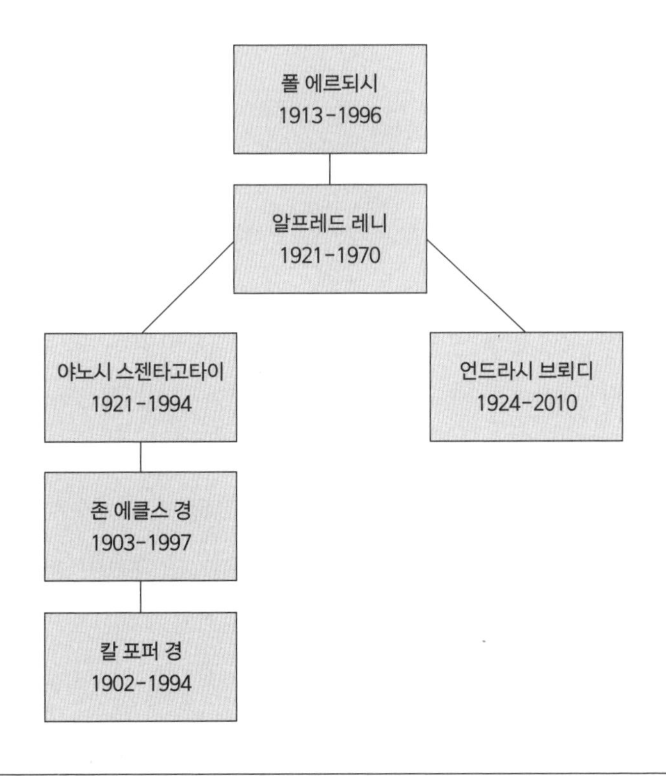

| **그림 2.1** | 위 도식은 레니와 스젠타고타이의 관계가 어떻게 수학자와 신경과학자들 사이를 잇는 다리의 역할을 했는지, 또 레니와 언드라시 브뢰디의 관계가 어떻게 수학자와 경제학자 사이를 이어주었는지를 보여 준다. 만약 여기에 이 책의 저자가 포함되었다면, 그는 스젠타고타이와의 접점을 대변하는 역할을 했을 것이다.

체스 선수의 등급 : 성공 스토리

아르파드 엘로Arpad Elo는 헝가리에서 태어나 열 살이 되던 해에 부모를 따라 미국으로 이주했다. 그는 위스콘신주 밀워키의 마케트 대학교Marquette University에서 물리학 교수를 지냈고, 동시에 미국체스연맹을 창립하기도 했다. 이 장의 앞에서 언급했듯이, 엘로는 체스 선수들의 상대적 우열을 나타내는 등급 체계를 고안해 냈다. 엘로 등급 체계에서는 체스 경기가 벌어질 때마다 승리와 패배에 따른 예상 점수가 매겨진다. 그리고 두 선수 간의 등급 격차가 클수록, 상대적으로 약한 선수가 이길 가능성은 희박하다. 하지만 강한 선수가 아주 낮은 등급의 선수에게 진다면, 그 선수는 심각할 정도로 점수가 떨어진다. 복잡한 수학적 표현을 삼가고자 여기서는 '강한 선수', '약한 선수' 정도로만 표현했지만, 엘로 등급 체계는 이런 용어에 정확한 정의를 내리고 있다.

엘로 등급 체계는 1970년 세계체스연맹(World Chess Federation, FIDE)의 공식 인정을 받은 이후 널리 퍼졌다. 이 등급 체계에 따르면 두 선수 간의 점수 차가 100점일 경우, 높은 등급의 선수가 이길 가능성은 64퍼센트이며 낮은 등급의 선수가 이길 확률은 36퍼센트라고 설명한다. 2017년 9월 6일자 엘로 등급을 확인해 본 결과, 노르웨이의 세계 챔피언 마그누스 칼센Magnus Carlsen은 2,827점으로 수위를 달렸으며, 우크라이나 체스 그랜드마스터이자 세계 속기 체스 챔피언을 지낸

바 있는 바실리 이반추크Vassily Ivanchuk는 2,727점으로 32위에 올라 있었다.

2015년을 기준으로 엘로 등급 2,200점 이상을 기록한 선수는 전 세계에 걸쳐 약 1만 명 정도가 있었다. 이는 '마스터 후보' 수준의 선수 수와 일치한다. 따라서 이 정도는 프로 체스 선수로서 지녀야 할 최소한의 수준으로 여겨진다. 세계체스연맹은 이 등급 목록을 매달 갱신해서 발표하므로, 마스터 후보자 명단도 비교적 자주 바뀐다.

이제는 체스 이외에도 다양한 게임(스크래블, 배거몬 주사위 놀이, 야구, 럭비, 온라인 게임 등) 대회에서 엘로 등급 체계를 도입하여 선수들의 등급을 매긴다. 아울러 3장에서는 중요한 적용 사례(즉, 사회적 권위를 측정하는 용도)를 한 가지 살펴볼 것이다.

엘로 등급은 유용한 등급 체계지만, 여전히 개선의 여지는 있다. 하버드 대학교 수학자 마크 글리크먼Mark Glickman은 특정 등급의 신뢰성을 측정하는 방법을 제시했다. 어떤 선수가 오랫동안 경기에 나서지 않았다면, 그의 등급은 신뢰할 만하다고 볼 수 없다. 그는 엘로 체계를 확장하여 등급뿐만 아니라 등급을 매기는 과정에 숨어 있는 불확실성을 측정하는 '등급 편차(Rating Deviation, RD, 어떤 등급의 RD값이 높으면 신뢰도는 낮아진다)'까지 컴퓨터로 연산해 냈고 이를 글리코 체계라고 불렀다.

십계명에서 톱 10 마니아까지

목록

오늘날은 무엇이든 순서를 매겨 목록으로 만드는 시대지만, 목록 작성은 생각보다 오랜 역사를 지녔다. 십계명이 처음 등장했을 때는 일정한 순위가 없는 '목록'처럼 여겨졌다. 하지만 랍비 문서 중 몇 개는 십계명의 목록에 서로 다른 해석을 보인다. 예를 들면 랍비 여후다 하나시Rabbi Yehudah ha-Nassi[18]는 이렇게 말했다. "소계명을 볼 때에도 대계명을 대하듯이 세심함을 잃지 말라. 우리는 각 계명의 귀중함을 미처 알지 못하느니라." (피르케이 아보트Pirkei Avot, 유태교의 구전 율법 중 한 편으로, 대체로 '아버지가 지켜야 할 윤리' 정도로 번역할 수 있는 말이다.) 반면 상황이 그리 간단하지 않다고 여기는 사람들도 있었다. 랍비 유태교에서는 시나이산에서 받은 토라에 613개의 계명(미츠바mitzvah)이 있었고, 나중에 일곱 개의 랍비 계명이 더해져 계명은 총 620개라고 말한다. 또 이런 말도 있었다. "모든 계명에는 저마다 소중한 가치가 있다. 단지 우리가 그것을 모를 뿐이다. 어떤 계명은 다른 계명 수십 개보다 더 가치가 있을 수도 있다. 오직 현자만이 죄와 미덕의 차이를 구분할 수 있다." (람밤Rambam, 미쉬네 토라Mishneh Torah, 힐초트 테슈바Hilchot Teshuvah 3장, 1-2절) 오늘날 순위나 톱 텐 리스트Top10 list 등에 집착하는 우리의 심리는 뿌리 깊은 신앙심의 세속적인 발현이라고 볼 수도 있다.

이로부터 먼 훗날인 1517년 10월 31일, 마틴 루터(Martin Luther, 1483-1546)가 독일 비텐베르크Wittenberg 성곽 교회 대문에 95개의 논제를 내걸면서 종교 개혁이 시작되었다. 당시에는 면죄부의 남발이 심각한 문제였고, 가톨릭 교회가 이를 인지하고도 제대로 바로잡지 못하면서 결국 서구 기독교 역사의 가장 큰 위기로 이어졌다. 처음에 라틴어로 쓰인 루터의 95개조 논제는 곧 독일어로 번역되어 인쇄되었다. 그 문서가 대량 인쇄되어 전파될 수 있었던 데에는 무엇보다 인쇄기가 큰 역할을 했다. '미디어가 곧 메시지'라는 마샬 맥루한(Marshall McLuhan, 1911-1980)의 유명한 말처럼, 인쇄기 덕분에 95개 조항의 논제는 순식간에 종교 개혁의 상징이 되었다.

종교의 역사에서 목록이 차지하는 역할을 언급하는 것 외에, 우리가 순서 목록을 좋아한다는 걸 보여 주는 현상을 살펴보자. BBC가 운영하는 전자 백과사전(E-cyclopedia)은 목록광listmania을 '음악가, 스포츠의 중요한 순간, 인용문, 올해의 단어 등과 같이, 어떤 대상이든 목록으로 만드는 미디어 중독 현상'이라고 정의한다. 우리의 두뇌와 정신은 목록을 선호하며, 인터넷 어디서나 목록이 넘쳐나는 현상이 이를 보여 준다. 예시로 cnn.com 사이트에 6분만 투자하면 클릭 한 번만으로 다음과 같은 여러 가지 목록을 찾아볼 수 있다.

- 이스탄불 최고 호텔 8선
- 미처 알아차리기도 전에 돈을 잃는 다섯 가지 방법

- 나파밸리에서 지낼 만한 7대 명소
- 동물 애호가에게 딱 맞는 12개 호텔
- 최고의 일식 사진들
- 공항 인근에 자리한 최고의 10대 해변
- 장거리 비행을 견디는 여덟 가지 방법
- 은퇴하기 전에 자신에게 물어야 할 네 가지 질문

두뇌 게임에서의 목록

두뇌가 하는 일은 감각기관을 통해 인식한 외부 정보를 처리하는 것이다. 새로운 정보는 두뇌가 이해할 수 있어야 소용이 있으며, 그런 면에서 목록은 새 정보와 기존 정보를 체계적으로 관리하는 데 큰 도움이 된다. 우리는 간혹 상황을 신속히 파악하고 결정해서 적절한 행동을 취해야 하는, 복잡하고 역동적인 환경에 처할 때가 있다. 이처럼 '상황 인식'에 관한 이론과 실전이 적용되었던 건 군대의 지휘와 통제 분야였다. 반면 항공 교통통제나 소방 관리 또는 보다 일반적인 자동차 운전이나 자전거 타기에도 급변하는 환경을 재빨리 이해하고 제때 반응하는 능력이 필요하다. 상황 인식은 시간과 공간을 기준으로 환경적 요소와 사건을 '인식'한 후, 그 의미를 '이해'하고, 다음에 일어날 일을 미리 '상상'하는 과정이다.

따라서 목록은 새로 들어온 정보를 이해하는 데 도움이 된다. 킴즈 게임Kim's Game은 복잡한 환경을 목록으로 정리하여 어떻게 하면 좀 더 효율적으로 이해하고 기억할 수 있는지를 보여 준다. 남성 건강 잡지, 《아트 오브 맨리니스Art of Manliness》[19]를 창간한 버트 맥케이Bert McKay와 케이트 맥케이Kate McKay 부부가 킴즈 게임에 대해 요약한 내용은 다음과 같다. 러디어드 키플링의 유명한 소설 『킴』에는 아일랜드의 십대 소년 킴벌 오하라가 영국 첩보 기관의 스파이가 되기 위해 훈련받는 장면이 나온다. 그 과정에서 루르간 사히브라는 사람이 소년의 멘토 역할을 하게 되는데, 그는 겉으로는 영국령 인도에서 보석상을 운영하는 사람이지만, 실제로는 스파이다.

사히브는 자신의 어린 하인과 킴을 데리고 '보석 놀이'를 했다. 그가 쟁반 위에 보석을 열다섯 개 올려놓고 두 아이에게 1분 정도 관찰하게 한 다음, 신문지로 보석을 덮는다. 어린 하인은 이미 이 놀이를 여러 번 해 봤기 때문에 신문지로 덮어놓은 보석의 이름을 하나하나 기억하면서 상세히 설명할 뿐만 아니라, 각각의 무게까지 정확히 알아맞힌다. 그러나 킴은 종이로 덮어놓은 보석들을 제대로 기억하지 못하고, 결국 설명하는 데 실패한다. (이는 목록 작성에 실패한 것이다!)

킴은 애초에 하인이 자신보다 보석을 더 잘 알았기 때문이었다면서 게임을 다시 하자고 조른다. 이번에는 그 쟁반 위에 가게와 주방에 있는 온갖 물건들이 오른다. 하지만 하인의 기억력은 킴보다 훨씬 뛰어났다. 심지어 물건을 종이로 덮기 전에 눈을 가리고 손으로 만져보기만 한 게임에서조차 하인이 이겨 버린다.

자신의 패배를 인정하면서도 호기심이 발동한 킴은 그 소년이 어떻게 그렇게 잘할 수 있는지 물어본다. 사히브는 이렇게 대답했다. "완벽해질 때까지 몇 번이나 반복했기 때문이지. 그럴 만한 가치가 있는 일이거든."

이후 열흘 동안, 킴과 하인은 온갖 종류의 물건을 가지고 함께 연습을 거듭했다. 보석, 단검, 사진 등 닥치는 대로 가리지 않았다. 그리고 머지않아 킴의 관찰력은 멘토와 견줄 정도로 성장했다.

오늘날 '킴즈 게임'이라고 알려진 이 게임은 보이 스카우트에서 군대의 저격수 훈련까지 널리 보급되어, 사람들의 관찰력과 기억력을 증진하는 수단으로 활용된다. 게임은 생각보다 훨씬 쉽다. 한 사람이 테이블 위에 여러 가지 물건을 올려놓으면(24가지가 적당하다), 나머지 사람들이 1분간 자세히 살펴본 다음, 천으로 물건을 덮는다. 그런 다음 기억나는 대로 물건의 이름을 적는다. 이때 최소한 16가지 이상을 기억해 내야 한다.

목록 기억하기

일반적으로 우리의 두뇌는 체계화되지 않은 긴 목록을 기억하지 못한다. 우리는 많은 수의 숫자나 의미 없는 단어, 때로는 수퍼마켓에서 사야 할 물건을 자주 잊는다. 기억 연구의 선구자 헤르만 에빙하우스(Hermann Ebbinghaus, 1850-1909)는 1885년 자신의 기억을 시험해 본 결과, 시간이 지남에 따라 기억력이 급격히 떨어진다는 사실을 발견하고, 이를 '망각 곡선'으로 정량화하여 설명할 수 있다는 이론을 정립했다. 또한 그는 기억력이 특정 항목들에 익숙하며, 긴 목록이 짧은 목록보다 기억하기 어렵다는 사실을 발견했다.

그러나 이례적인 경우도 있다. 아무런 의미가 없는 내용을 문자 그대로 수십 년간이나 기억하는 사람이 나타난 것이다. 소련의 신경 심리학자 알렉산더 루리아(Alexander Luria, 1902-1977)는 솔로몬 셰레셰프스키(Solomon Shereshevski, 1886-1958)라는 언론인을 대상으로 기억력 연구를 수행했다. 그는 한마디로 무한한 기억력을 가진 사람이었다. 방대한 목록이나 수학 공식, 연설문, 시 등을 심지어 외국어로 기억했고, 처음 외운 날로부터 무려 14년이 지난 후에도 내용을 고스란히 기억해내곤 했다. 그의 기억력은 내용의 길이와는 상관이 없었는데, 이는 에빙하우스의 이론에 어긋나는 일이었다. 진단 결과 셰레셰프스키는 공감각을 가진 것으로 판정되었다. 즉 여러 가지 감각이 서로 연결된 신경학적 조건을 타고난 것이었다. 이후 그는 자신의 능력을 깨닫고 기억술사로 활동하기 시작했다. 일반적으로 보기에는 완벽한 기억력이 마냥 좋게만 보이겠지만 그의 능력은 자신의 일상생활에 있어서 그리 좋지만은 않았다. 그는 방금 일어난 일과 몇 년 전에 있었던 일을 구분하기가 무척 어려웠다.[20] 별개로 루리아는 유명한 신경학자이자 작가인 올리버 색스(Oliver Sacks, 1933-2015)에게 큰 영향을 미쳤다.

사람들은 자신의 기억력을 증진하기 위해 매일매일 학습을 동원한다. 그중 지금도 많은 사람이 사용하는 '분산 학습spaced repitition' 방법은 바로 에빙하우스의 연구 결과에서 나온 학습법이다. "한꺼번에 많이 외우기보다 적절한 시간을 두고 단 몇 번이라도 반복해서 암기하는 편이 더 유리하다."(학생들에게 벼락치기 공부를 하지 말라는 이유도 바로 여기에 있다!) 아울러 학습 기간이 길어질수록 망각의 속도가 점점 늦어지므로 그때 가서는 반복 연습의 빈도를 다소 줄여도 된다. 반복 학습은 장기 기억을 위한 가장 효과적인 방법으로 검증되었다.[21] 만난 지 얼마 안 된 어떤 사람의 이름을 떠올린 다음 시간이 지나도 잊고 싶지 않다면 5분, 30분 그리고 두 시간 간격으로 반복 암기하는 편이 30분마다 이름을 암기하는 것보다 더 유리한 방법이다.

의학은 방대한 사실적 지식(주로 목록의 형태로 되어 있다)을 반드시 공부해야 하는 대표적인 분야다. 이에 따라 효율적인 학습법을 연구하기 위해 몇 가지 실험이 행해졌다. 하루, 6일, 16일 그리고 29일로 간격을 점점 벌려가며 공부한 결과, 일정한 간격(하루, 10일, 20일, 29일)으로 공부하는 것에 비해 훨씬 더 효과적이었다는 특정 사례가 있었다.[22] 그러나 학생들에게 해 주고 싶은 조언이 있다면, 무조건 암기하기 전에 개념을 이해해야 한다는 것이다.

부다페스트 출신의 수학자 친구(앞에서 얘기한 자동차를 가져 보지 못한 존을 기억할 것이다)는 자신의 아들이 사용하는 소프트웨어에 관해 글을 써 보라고 나에게 제안했다. 안키Anki라는 그 프로그램은 물리적 플래시 카드(그림, 글자 등을 순간적으로 보여 주는 학습용 카드 – 옮긴이)라는 오래된 방법의 학습 도구였다.[23] 이 장에서 다시 설명하겠지만, 나는 집단 지성과 대중의 지혜에 기대는 편이 낫다고 생각한다(그렇다고 해서 지난 몇 년간의 선거 결과에 모두 만족한다는 뜻은 아니다). 그래서 '인터넷의 첫 화면'이라 불리는 레딧(Reddit, 소셜 뉴스 웹 사이트. 자신이 쓴 글을 등록하면 다른 사용자의 투표를 통해 순위에 따라 주제별 섹션이나 메인 페이지에 올라간다 – 옮긴이)에서 안키 프로그램을 검색했더니, 다음과 같은 질문이 나왔다.

1. 그 프로그램을 사용하면 얼마나 오랫동안 기억할 수 있나?
2. 그것을 사용하면 기억하고자 했던 내용의 (거의) 모두를 정말 기억하게 되는가?
3. 학습에 미친 효과 면에서 그 프로그램을 평가한다면 1에서 10점 사이에서 몇 점을 주고 싶은가?

보다시피 3번 항목은 순위에 관한 질문이었는데(물론 등급 또는 점수를 매겨 달라는 말이 더 정확한 표현이다), 이에 답변이 있었다.

순전히 주관적인 내용이지만, 첫째, 약 5개월 만에 다른 방법을 썼을 때보다 러시아어 단어를 훨씬 더 많이 배웠다. 둘째, 지금까지는 그렇다. 셋째, 점수는 8점에서 9점을 줄 수 있다. 이제 내가 가진 자료를 검토할 효과적인 도구를 확보했으므로, 조그만 것 하나라도 놓치지 않게 되었다는 것을 그 어느 때보다 굳게 확신하게 되었다. 세상에, 로스쿨에 입학하기 전에 안키를 알았다면 얼마나 좋았을까.

목록에 대한 사랑

영국의 심리학자로 나중에 BBC 방송 진행자가 된 클라우디아 해먼드Claudia Hammond는 "우리가 목록을 사랑하는 아홉 가지 심리학적 이유"라는 기사를 썼다.[24] 우선 제목부터 도발적이다. 일곱 가지나 열세 가지가 아니고 왜 하필 아홉 가지일까? 독자 여러분은 어떤가? 목록을 사랑하는 자신만의 이유가 있는가? 해먼드가 제시한 목록은 다음과 같다.

1. 목록을 통해 우리는 우리가 무엇을 이해하는지 정확히 안다.
2. 우리는 무언가를 놓치기 싫어한다.
3. 목록을 확보해 두면 두뇌에 부담이 덜어진다.
4. 우리는 그 밖의 다른 것들을 읽을 시간이 없을 정도로 바쁘다고 생각한다.
5. 정보를 한눈에 알아보기가 쉽다.
6. 목록이 있다면 우리는 언제나 얼마나 남아 있는지 알 수 있다.
7. 목록에 포함된 내용이 무엇인지 알아맞히는 재미가 있다.
8. 우리는 자신이 옳았다는 것을 확인하고 싶다.
9. 목록은 확실한 느낌을 준다.

이 목록은 우선순위를 말하지는 않는다. 그러나 '최고의 인문 대학 25개'라는 제목을 보면, 거기에 25개의 항목이 들어 있을 거라는 사실은 확실히 알 수 있다. 반면 어떤 경우에는 순서가 거꾸로 되어 있어, 1순위가 맨 마지막에 나오는 목록도 있다. 10이라는 숫자는 매력적이어서, 데이비드 레터맨 쇼(David Letterman's show, 1993년부터 시작해서 2015년까지 진행된 미국 CBS 방송국의 심야 토크쇼 – 옮긴이)에 나오는 톱 10 리스트가 한동안 텔레비전 심야 프로그램의 인기 요소가 된 적도 있다. 그중 케이시 케이젬(Casey Kasem, 인기가요 프로그램 아메리칸 탑 40의 공동창립자)이 출연한 '1에서 10 사이의 최고의 숫자 10개'라는 방송에서, 레터맨은 의미 없는 순위를 조롱하기도 했다(이 방송을 모르거나, 혹 아는 분이라도 주석에 소개된 비디오를 한 번 보시기 바란다[25]).

목록은 이해할 수 없는 내용을 파악하는 수단이기도 하다. 우리는 항상 새로운 정보가 나타나면 무의식적으로 목록을 만들어 그 내용을 체계화한다. 반면, 이탈리아의 저명한 소설가이자 대중 지식인인 움베르토 에코(Umberto Eco, 1932-2016)가 남긴 '우리가 목록을 좋아하는 이유는 죽기 싫어서다'라는 유명한 말처럼, 에코는 목록이 죽음을 잊을 수 있는 중요한 방법이라는 점을 간파했다. 나의 속된 판단에 따르면, 우리는 할 일 목록을 작성할 때 살아있음을 느낀다.

할 일 목록

'할 일' 목록'To-do' lists을 작성하는 사람이 많다. 할 일 목록은 해야 할 일, 그것도 '곧' 해야 하는 모든 일에 우선순위를 매기는 것이다. 만드는 법은 먼저 해야 할 모든 일의 목록을 작성하고, 가장 중요한 일을 맨 위에, 가장 덜 중요한 일을 맨 나중에 자리 매긴다. 하지만 막상 만들어 보면 생각보다 쉽지 않다. 그래서 혹자는 이 목록을 작성하는 '최고의' 알고리즘이 있는지 궁금해한다.

해야 하는 일들은 다양한 특징을 가지고 있다. 그 일의 긴급성, 미뤘을 때 오는 불이익, 완수에 소요되는 시간 등이다. 예시로, 아이를 유치원에서 데리고 오는 일은 연기할 수 없다. 반면, 상사가 어떤 일에 의견(아마도 목록의 형태로 제출해야 할 것이다)을 정오까지 달라고 했을 경우, 점심을 먹기 전에 할지, 먹고 난 후에 할지 결정해야 한다(물론 일벌레 타입이라면 점심도 거르고 하겠지만). 할 일 목록이 길다는 것을 자신이 소중하고 없어서는 안 될 존재라는 증거라고 믿는 사람도 있다(물론, 공동묘지에 가서 비문을 읽어 보면 세상 사람들 모두가 해야 할 일만 하다가 가 버린 슬픈 느낌이 든다. 그런데 성공하는 사람들은 자신의 일을 남에게 위임할 줄 안다. 톰 소여가 벽을 하얗게 칠하는 일을 남에게 맡겼듯이 말이다).

할 일 목록은 기간별로 나눠 작성하면 좋다. 즉, 단기, 중기, 장기 계획에 따라서 말이다. '단기'란 하루가 될 수도 있고, 정말 바쁜 시기라면 단 두 시간도 될 수 있다. 어쨌든 할 일을 적는 것이 중요하며, 펜과 종이를 사용하는 편이 좋다(쓰고 남은 이면지가 이럴 때 유용하다). 사람이 의식적으로 집중할 수 있는 시간은 한 번에 네다섯 시간이 고작이며, 하루에 해야 할 일은 네다섯 가지를 넘기는 게 보통이다(독자 여러분은 오늘 할 일이 몇 가지인지 쓸 수 있는가? 혹 이 글을 밤늦은 시간에 읽고 있다면, 내일 할 일은 어떤가?).

약 100년 전, 철강왕 찰스 슈왑Charles M. Schwab은 경영 컨설턴트 아이비 리Ivy Lee에게 자신이 운영하는 사업의 생산성을 높이기 위해 자문을 요청했다. 리는 경영진 한 명당 15분씩 토론을 하고 싶다고 말했다.

슈왑이 물었다. "컨설팅 비용은 얼마나 됩니까?"

리는 대답했다. "컨설팅의 효과가 없다면 비용은 무료입니다. 3개월이 지난 후에 그만한 가치가 있다고 생각되는 만큼의 액수를 수표로 발행해 주십시오."

그는 경영진 모두에게 언뜻 간단해 보이는 방법을 제안했다.[26]

1. 매일 업무가 끝날 때쯤 내일 완수해야 할 가장 중요한 일을 여섯 가지 적어 본다. 여섯 가지를 넘기지 않는다.
2. 그 여섯 가지를 정말 중요한 순서대로 나열한다.
3. 내일이 되면, 첫 번째 과제에만 온전히 집중한다. 첫 번째 과제를 마친 다음, 두 번째 과제로 넘어간다.
4. 나머지 항목에 대해서도 같은 방식으로 일을 처리한다. 일과가 끝나면 미처 끝내지 못한 일은 내일 해야 할 새로운 여섯 개 목록에 올린다.
5. 매일 이 과정을 반복한다.

이 방법은 효과가 있었고, 리는 2만 5,000달러를 수표로 받았다. 여기에 15를 곱하면 오늘날의 화폐 가치가 된다.

워렌 버핏은 우선순위를 관리하는 자신만의 방법을 가지고 있다. 이를 보여 주는 유명한 일화가 있다. 그가 자신의 비행기 조종사 마이크 플린트에게 하고 싶은 일 스물다섯 가지를 A 목록에 작성해 보라고 했다. 다시 그중에서 가장 하고 싶은 일 다섯 가지에 동그라미를 쳐서 목록 B를 만들라고 했다. 다음은 둘이 나눈 대화의 내용이다.[27]

플린트 : "물론 최상위 다섯 가지가 가장 중요한 일입니다만, 나머지 스무 가지도 별 차이가 없을 정도로 중요합니다. 그래서 시간이 날 때마다 그런 일도 해야 할 것 같은데요. 물론 시급하지는 않지만, 나머지 스무 가지에 나름대로 노력을 기울일 생각입니다."

버핏 : "아니, 그러면 안 되네. 동그라미를 치지 않은 것들은 이제 '절대로 해서는 안 되는 일' 목록에 오른 셈일세. 다섯 가지 최우선 목록을 다 처리하기 전에는 무슨 일이 있어도 나머지는 거들떠보지 말아야 하네."

또한, 우선순위를 매기고 주의를 분배하는 일은 개인과 단체를 막론하고 의사 결정의 핵심 요소다(정치 단체의 주의 분배 문제에 관해서는 소개된 책을 참조하기 바란다[28]). 우리가 하는 일들을 체계적으로 관리하는 데 할 일 목록이 큰 도움이 된다고 밝혀지자, 목록이라는 구조가 문서 매체의 한 형식으로 큰 인기를 얻게 되었고, 여기에서 '리스티클(listicle, list와 article의 합성어 – 옮긴이)'이라는 신조어가 생겨났다. 즉 목록 형식을 취하는 문장, 또는 기사라는 의미다.

할 수도 있는 일 목록 : 새로운 묘책?

오늘날 할 일 목록은 시간 관리를 위한 중요한 전략의 하나로 널리 받아들여졌지만, 여기에는 바람직하지 못한 측면도 있다. 바로 사소한 일을 완수하면서 뿌듯해하는 점이다. 30초에서 60분 정도의 시간을 할애해서 자잘한 일을 처리해 나갈 수는 있겠지만, 그 자잘한 일이 과연 중요한 일일까? 존 제라츠키John Zeratsky는 자신을 '사람들이 중요한 일에 시간을 낼 수 있도록 도와주는 사람'이라고 말한다. 그는 '중요한 한 가지One Big Thing'라는 개념을 도입하여 하루를 좀 더 생산적으로 보내고, 나아가 몇 주, 몇 달이나 지속할 수 있는 방법을 제시한다. 그는 먼저 '할 수도 있는 일' 목록을 작성하면서 하루를 보내라고 한다. 그 다음 2단계 전략을 제시한다. 첫째, '할 수도 있는 일' 목록에서 그날 해야 할 가장 중요한 일 한 가지를 선택한다. 둘째, 자신이 가진 자원, 즉 시간과 에너지를 가장 중요한 일과 나머지 할 일에 적절히 배분한다. 이처럼 계획과 실행을 분리하는 게 2단계 전략의 장점이다. 실행 과정에서 지치고 힘이 들어도 계획을 변경하면 안 된다! 이 방법이 신뢰할 만하다는 사실을 믿어야 한다![29]

알 카포네에서 리스티클까지

범죄 제국의 수장인 알 카포네(Al Capone, 1899-1947)는 1930년에 시카고 당국이 '공공의 적 1호'로 공식 지정한 악명 높은 인물이었다. '하늘 아래 새로운 건 없다'는 성경의 말씀처럼, 일찍이 로마 시대의 키케로(Cicero, 기원전 106-43)도 공공의 적hostis publicus이라는 개념을 사용한 바 있다. 1930년, 시카고 범죄 예방 위원회는 28명의 공공의 적 명단을 발표했고, 카포네의 이름은 명단의 맨 꼭대기에 올랐다. 그는 '가장 악명 높은 17인의 조직폭력배' 명단에서도 역시 맨 앞자리를 차지하면서[30], 가히 조직폭력배와 팝 스타를 합쳐 놓은 듯한 인물이 되었다. 이런 사정이니 히스토리닷컴history.com이 〈알 카포네에 관해 알아야 할 여덟 가지 사실〉이라는 제목의 리스티클을 발표한 것도 당연하다. 재밌게도 시카고 대학교 매거진에 실린 한 기사에서는 리스티클이 아일랜드의 리머릭(limerick, 5행으로 만드는 풍자시-옮긴이), 즉 오행 희시나 일본의 하이쿠haiku같은 문학 형식이라고 설명했다.

우리는 리스티클의 제목에 나온 숫자를 보고 그 속에 담긴 정보의 양을 추측할 수 있다. 그리고 이런 생각도 할 수 있다. '그래, 이 정도 내용이면 이만한 시간은 쓸 수 있어.' 리스티클의 제목에서 가장 많이 눈에 띄는 숫자는 여전히 10이겠지만, 재미를 더하기 위해 다른 숫자가 나타나기도 한다. 리스티클은 순서 목록을 제공하므로, 제목에 '최고의', '가장 많은', 혹은 '최악의' 등의 자극적인 문구를 덧붙이기도 한다. 이를 보면 우리는 궁금해한다. 우리의 뇌는 일목요연하게 정리된 항목을 좋아하므로, 갖가지 리스티클을 손쉽게 클릭한다.

리스티클과 하이쿠에 관해 글을 쓰다 보니, 처음으로 하이쿠를 한 편 써 보았다.

세 줄로 된 리스티클 한 편

우리 두뇌는 목록을 좋아한다

널리 알려진 항목의 수를

아, 여기까지다

개인의 인지적 편향에서 대중의 지혜로, 또는 그 반대

대학교수로서 학생의 지식과 동기 그리고 개개인의 능력에 점수를 매길 때 주관적 요소가 개입되는 걸 부인하기는 어렵다. 나 또한 학생들의 성격과 태도, 학업 성과에 객관적인 종합을 내리고자 애쓴다. 때로는 가까운 학생과 풍부한 대화를 나누기도 한다. 특정 직업의식과 과학 철학, 정치, 사랑 같은 주변 얘기들을 말이다. 이처럼 학생과 관계를 맺다 보면 나는 최대한 객관적인 자세를 유지하려 노력하지만, 이른바 후광 효과halo effect를 피하기는 어렵다. 후광 효과란 어떤 사람의 전체적인 인상이 그 사람의 개별적인 특성이나 성과를 평가하는 데 영향을 미친다는 일종의 인지 편향 현상을 말한다. 이 개념은 약 100년 전에 에드워드 손다이크(Edward Thorndike, 1874-1949)라는 심리학자가 군 지휘관이 병사를 평가하는 과정을 연구해 발표하면서 처음으로 소개했다. 나는 후광 효과를 알게 된 이후, 각 대상을 평가할 때 다른 평가 대상과 분리하여 독립적으로 판단하려고 더욱 노력한다. 다행히 학생 평가에는 다른 사람의 평가도 포함되기 때문에, 개인적인 편향은 어느 정도

상쇄될 수 있다고 생각한다(물론 희망 사항이다). 아래에서 설명하듯, 집단 지성은 개인적인 판단에 비해 더 효율적이다.

찰스 다윈의 사촌 동생이기도 한 프랜시스 골턴(Francis Galton, 1822-1911)은 모든 것에 대해 수를 세고 측정하기를 좋아한 사람이었다. 그는 인류의 유전적 특질을 개선하려는 목적으로 우생학을 제창했다고 비판받지만, 생물학과 심리학, 사회학 분야를 좀 더 계량화시킨 그의 공로는 인정해야 한다. 그에 관해 전해져 오는 유명한 일화가 있다. 그가 영국 서부 지역 가축 박람회에 참석했을 때, 그곳에는 다른 동물과 함께 황소가 한 마리 전시되어 있었다. 그는 관객들에게 소의 체중을 알아맞혀 보라고 제안했다. 그의 제안에 약 800명의 관객이 참여했고, 관객이 내놓은 추정치의 중앙값median은 소의 실제 체중과 아주 아주 근접한 수치였다(중앙값이란 전체 데이터의 상위 절반과 하위 절반을 둘로 나누는 값을 의미한다). 즉, 대중이 판단한 추정치가 실제 값과 거의 동일하게 나온 사례였다. 여기서 '대중의 지혜wisdom of the crowd'라는 개념이 대두되어 널리 알려졌고, 결국 2005년에 제임스 서로위키James Surowiecki는 이 개념으로 책을 집필하기에 이르렀다.[31] 물론 대중의 의견이 언제나 옳다고 믿을 만한 근거는 없다. 서로위키는 대중의 판단이 정확하기 위해서는 그 대중에 속한 개개인이 독립적인 판단을 내릴 수 있어야 한다고 주장했다. 하지만 나는 독립성이란 단지 환상에 불과하다고 생각한다. 니체는 인간의 떼를 짓는 본능을 간파하고 이를 매섭게 비판했다. 우리가 다른 사람들의 의견에 쉽게 휘둘린다면(니체의 표현으로는 남들이 이끄는 대로 양떼처럼 따라간다면) 대중의 판단은 편향된 결과를 낳게 될 것이다. 이런 사실은 더크 헬빙Dirk Helbing이 이끄는 스위스 취리히의 컴퓨터 사회과학 그룹이 연구한 결과에서도 나타났다. 그들은 사람들에게 몇 가지 중립적인 질문을 던진 후, 인구 및 범죄에 관한 데이터를 추정해 보도록 요청했다(예를 들어 어느 해에 스위스의 인구 밀도나 강간 발생 빈도 등을 묻는 질문이었다). 그러자 참가자들이 서로 의견을 주고받지 않은 편이, 그렇게 한 경우보다 사실에 더 가까운 결과를 낳았다. 실제로 의견을 주고받았을 때는 추정치의 분산 범위가 좁아졌고, 그 중간값은 실제 값과 더욱 멀어졌다. 이 발견은 매우 놀라웠다.[32] 일반적으로 우리는 여러 사람의 의견을 모으면 더 나은 의사 결정을 할 수 있다고 생각한다. 그러나 처음에는 '참값'에서 아주 조금 벗어났을 뿐이더라도 집단적 의사 결정의 특성상 그 오차가 시간이 갈수록 증폭되었다.

이를 통해 의견의 분산 범위가 넓을수록 추정치는 더 정확해진다는 사실을 알 수 있다. 같은 맥락에서 문제 해결에 참여한 사람의 수가 많을수록 소수의 전문가가 참여할 때보다 더 나은 결정을 내린다. 이 결과는 미시간 대학교에서 복잡계 분야를 연구하는 스캇 페이지Scott Page의 모형 연산을 통해서도 드러난다.[33]

대중의 지혜가 발휘되려면 의사 결정 참여자는 몇 명이어야 할까? 언뜻 생각하면 많으면 많을수록 좋다고 느껴진다. 그러나 "사람들이 입을 맞추면 낙타를 말로 만들 수 있다"는 말이 있듯이 마냥 좋은 건 아니다. 사회 동역학과 복잡계 과학분야에서는 실제 상황에 관한 연구[34]를 통해 다음과 같은 숫자를 규명하려고 노력한다. 즉 언론인들이 선거 결과를 예측하기 위해 자문을 구해야 하는 정치 전문가의 수, 환자들이 정확한 진단을 위해 찾아야 하는 의사의 수 그리고 정부가 향후 경제 상황을 제대로 판단하기 위해 조언을 구해야 하는 경제학자의 수 등이다. 소수 집단이 거대한 군중보다 더 나은 성과를 내며, 적당한 규모의 그룹이 만들어 내는 결과가 다수의 위원회가 내리는 판단보다 더 낫다는 사실이 수학적 분석과 실험 데이터에서 모두 밝혀지고 있다.

한발 물러서서 생각해 보자. 한 명의 개인도 대중이라고 생각할 수 있을까? 우선 어떤 사물이나 인물에 대해 서로 다른 의견을 지닌 사람들을 생각할 수 있다. 마찬가지로 지금은 어떤 의견을 가지더라도 몇 주가 지나면 달라질 수 있다. 평균을 내면 결과가 좋아진다는 말은 개인에게도 해당된다. 대중 그리고 이른바 크라우드 소싱(crowd sourcing, 많은 사람들의 참여로 해결책을 얻는 방법 – 옮긴이)은 한 사람의 생각 속에도 존재한다!

기본 개념

비교하기는 인간의 기본적인 행동이므로 우리는 끊임없이 남과 나를 비교하고 비교당한다. 일종의 주고받기 관계라 할 수 있다. 자신에게 유리하게 비교하면 기분이 좋아지지만(최소한 단기적으로는 그렇다), 그렇지 않은 비교는 모든 일을 힘들게 만든다. 여러 가지 요소를 체계적으로 비교한 결과가 바로 순위 목록이다. 등급을 매기는 일은 원리상 간단하다. 어떤 사물이나 주제에 매겨지는 점수(대개 숫자로 표현되지만, 그렇지 않을 수도 있다)는 다른 대상에 부여된 점수와는 무관하다. 성적을 매기는 선생의 처지에서, 언제나 객관적인 태도를 유지하는 건 사실상 불가능하다. 각 학생에게 부여된 점수들 사이에는 모종의 상호작용이 존재한다. 순서 목록은 평가 항목을 기준으로 도출한 순위에 바탕을 두고 있다. 우리는 목록에 열광하고, 그것을 들여다보며, 직접 작성하기도 한다. 목록은 정보를 축약하고 체계화해 주기 때문이다. 좋든 싫든 우리는 하루에 상당한 양의 순위 목록을 읽는다. 그것도 대개 리스티클이라는 형식을 통해서다. 최근 들어 블로거와 언론인들이 순위라는 형식으로 정보를 전달하는 경향이 짙어졌다.

이제 순위가 매겨지는 과정에 관한 생물학적, 사회적 작동 원리, 나아가 컴퓨터 연산 알고리즘을 이야기할 차례다. 특히 다음 장에서는 동물과 인간 사회에서 사회적 순위가 매겨지는 과정을 이야기한다.

3

동물과 인간의 서열과 사회구조

닭 무리 속의 서열

동물 집단에서도 서열은 관찰된다. 그 예로, 토를레이프 셸데루프 에베(Thorleif Schjelderup-Ebbe, 1894-1976)의 일화가 있다. 노르웨이 오슬로의 유복한 가정에서 자란 토를레이프는 열 살 때 교외의 여름 별장에서 마당을 가득 채운 닭에 흥미를 느꼈다. 다음의 기록은 그의 가문에서 전해지는 이야기다. 특히 닭들이 서로 어울리는 행태를 눈여겨본 토를레이프는 A라는 닭이 B라는 닭을 지배하고, 또 B가 C를 지배하는 관계를 자세히 관찰하고 기록했다. 그는 닭들 사이에 존재하는 위계질서를 '모이를 쪼아 먹는 순서'로 보고 서열(pecking order)이라는 명칭을 처음으로 붙였다. 닭들은 무리 속에서 위계질서뿐 아니라, 각자의 자리를 인식하고 받아들였다. 위계질서는 닭이 취하는 자원, 특히 모이와 짝짓기 대상에 접근할 우선순위를 규정한다. '대장'이나 '꼴찌'가 아닌 평범한 닭은 대장에게 웬만한 것을 양보하며 불필요한 갈등을 피한다. 또 자신의 주변에 짝짓기 대상이 부족해도 대장에게 함부로 덤비면 안 된다는 것을 안다.

토를레이프는 닭 무리 속의 위계질서를 알아보는 데 놀라운 통찰력을 발휘했지만, 안타깝게도 인간 관계의 불화로 말년이 좋지 않았다. 대학 시절에 그는 노르웨이 최초의 여성 교수 크리스틴 보네비Kristine Bonnevie로부터 큰 영향을 받았다. 그러나 그녀는 자신을 비판한 어느 논문을 토를레이프가 쓴 것으로 오해해서 그의 연구에 대한 후원을 철회했고, 그 일 때문에 결국 토를레이프는 조국에서 좋은 평판을 얻을 기회를 다시는 얻지 못했다. 그러나 그가 소개한 서열 개념은 곤충에서 영장류에 이르는 여러 종의 지배 질서에 관한 상세한 연구가 이루어지도록 큰 공헌을 했다. 나아가 닭 무리에서 관찰되는 원리 중에는 훨씬 더 복잡한 사회적 체계를 가진 인간 사회에서도 적용되는 원리들이 있다. 다음을 보자.

우열 관계의 판단과 위계질서 형성에 관한 이해

동물의 행동을 관찰하다

동물의 행동을 관찰하고 기록해 온 역사는 오래되었다. 최초의 사례는 동굴 벽화에서 찾을 수 있는데, 고고학자들에 따르면 지금까지 발견된 가장 오래된 동굴 벽화는 인도에 있으며 최소한 3만 5,400년 전에 그

려졌다고 한다. 그 벽화는 돼지를 묘사했고, 실제로 동굴 벽화의 대상들은 대형 야생동물인 경우가 많다. 반면 글자로 기록된 역사 중에서는 아리스토텔레스(Aristotle, 기원전 384-322)의 『동물의 역사』가 있다. 이 기록은 눈으로 목격한 대상물에 관한 정확한 관찰이 많이 담겨있다. 그러나 당시에 자연환경 속에서 동물 집단의 사회적 행동을 최소한의 개입으로 꾸준히 관찰하기는 대단히 어려운 일이었다. 오늘날 생태학과 동물행동학 분야의 학자들은 무선 센서와 GPS를 활용하여 자유롭게 움직이는 동물의 행동과 상호관계를 추적, 조사한다.

지배 질서의 출현 : 자기 조직화

무리를 지어 살아가는 다양한 동물이 뚜렷한 지배 질서를 구축함으로써 집단의 자원을 효율적으로 관리할 수 있다는 사실이 다양한 연구를 통해 널리 알려져 있다. 이는 곤충에서 물고기, 새, 영장류에게 공통으로 발견되는 현상이다. 더 많은 데이터가 축적됨에 따라, 오늘날 동물 행동 연구 분야에서는 진화에 따라 위계질서가 형성되는 과정을 가설로 검증할 수 있게 되었다. 이와 관련된 연구 활동 중 '암보셀리 개코원숭이 연구 프로젝트'가 가장 유명하다[1]. 이 프로젝트를 통해 개코원숭이가 서로 호전적으로 접촉하는 장면이 수만 번이나 관찰되었다. 그렇게 계속 반복하다 보면 결국 승자와 패자가 갈리게 되므로, 싸움에 나선 개코원숭이들은 마치 토너먼트 리그에 참가하는 셈이 된다. 놀랍게도 동물 행동 연구자들은 엘로 등급 방식을 활용하여 지난 '경기' 결과를 분석하고 이를 통해 앞으로의 일을 예측했다. 이른바 승패 효과가 동물 집단에서도 적용된 것이다. 이 효과는 이긴 녀석이 다음번 결투에서도 이길 확률이 높고 진 녀석은 앞으로도 계속 지게 되는 현상을 설명해 준다.[2, 3]

잉꼬 무리의 행동 연구를 통해 사회적 순위를 학습하는 능력과 공격적인 행동 간의 관계에 대한 새로운 가설이 도출되었다. 잉꼬가 가진 몇 가지 특징, 즉 두뇌가 크고 수명이 비교적 길다는 점이 복잡한 사회적 행동을 연구하기에 적합한 대상으로 꼽혔다. 잉꼬 집단의 형성 초기에는 어떠한 조직적인 행동도 관찰되지 않는다. 그러나 일주일이 지나면 이들의 행동이 달라진다. 첫째, 잉꼬들은 공격을 주고받거나 다른 녀석들의 싸움을 지켜보면서 자신들의 순위를 체득하게 되는데, 이는 잉꼬 무리가 일종의 '사회적 기억'을 형성한다는 것을 의미한다. 둘째, 체득한 지식을 통해 그다음 행동의 지침으로 삼는다. 잉꼬들은 싸움에서 누구 편을 들어야 할지, 또는 어떤 잉꼬를 적으로 삼아야 할지 결정할 때 이를 근거로 삼는다. 잉꼬는 자신보다 순위가 높은 녀석과 싸우기를 피하지만 현명하게도 자신보다 한참 아래인 녀석과 싸우느라 에너지를 낭비하지도 않는다.[4]

이처럼 지배 질서가 형성되면 갈등이 증폭되는 일을 방지하고 사회적 안정성을 유지하는 데 기여한다.

대장이 되는 두 가지 방법 : 완력 대 지식

진화의 메커니즘 : 지배와 위신

우리 조상들은 생존을 위해 무엇이 가장 필요했을까? 바로 음식과 배우자였다. 이는 오늘날 우리에게도 똑같이 필요한 자원이다. 진화의 메커니즘은 이 두 가지 자원을 통제하는 데 필요한 위계질서를 만들어 냈다.

무리 속에서 개체의 우위를 결정하는 생물학적 메커니즘 중 영장류와 인간에게서 공통적으로 발견되는 것들이 있다. 위계질서의 꼭대기를 차지한 개체는 많은 이익을 누린다. 건강하고 행복한 삶을 영위하는 데 필요한 자원을 많이 확보한다는 뜻이다. 사회적으로 높은 지위에 오르고자 하는 욕망은 인류의 보편적인 동기다.

사회적 지위를 결정하는 수단으로 작동하는 두 가지 원리가 바로 지배와 위신이다. 지배는 좀 더 오래된 전략으로, 신체의 크기와 위력을 이용해 집단 내의 다른 개체를 위협하는 전략이다. 지배에 따라 형성된 위계질서는 각 구성원들에게 강제로 부여된다. 그렇다면 지배는 어떻게 성취할까? 집단 간의 싸움에 참여하여 승리를 거둔 개체는 '상급자'로 대접받고 패배한 쪽은 '하급자'가 된다. 이렇게 형성된 위계질서는 집단 내의 불필요한 싸움과 부상자를 예방하는 수단이 된다.

또 하나의 전략인 위신은 비교적 최근에 등장한 것으로, 해당 집단이 인정하는 '기술'과 '지식'을 바탕으로 공동체의 합의에 따라 위계질서를 형성한다. 이에 따라 서로 다른 개성을 지닌 집단은 지배와 위신이라는 서로 다른 전략을 선택했다. 지배의 원리를 안전 유지의 수단으로 삼는 집단의 사람들은 좀 더 공격적이고, 타인을 조종하기 좋아하며, 자아도취 성향이 높다. 반면 위신을 채택한 집단의 사람들은 성실하고, 자신감이 넘치며, 사교술에 능하다. 이처럼 각각의 전략에 장점이 있는 반면 단점도 있다. 지배적인 리더는 집단의 목표를 추구하기보다는 권력을 유지하는 일을 우선순위로 두는 반면, 위신을 중시하는 리더는 사회적 인정을 더 우선시한다.[5]

지배와 위신의 대결 구도는 영화와 책에서 자주 등장하는 주제다. 대개 부정적인 캐릭터는 지배하는 쪽이고 긍정적인 역할을 맡은 캐릭터는 위신을 추구하여 목적을 달성한다. 〈스타워즈Star Wars〉에 나오는 다스베이더와 제다이 마스터 요다, 〈라이온 킹Lion King〉에서의 스카와 심바(또는 무파사)가 그 예다. 〈라이온 킹〉에서 스카는 다른 동물을 지배했고, 마치 군대를 연상시키는 하이에나 무리의 지지를 받았다. 반면 심바(또는 무파사)는 공동체로부터 얻은 지지와 존경에 근거한 위신을 지니고 있었다.

현재(2018년) 미국과 헝가리의 지도자는 모두 대중적 인기에 바탕을 둔 권위주의 리더십을 표방한다. 두 사람 모두 공격적이고 자아도취 성향이 강하며, 도덕성에 의문이 가는 성격을 지니고 있다. 사회심리학에 따르면 사람은 심리적인 위협을 받으면 외부의 도움(하나님에서 대통령에 이르기까지)에 기대어 그 위협으로부터 벗어나고자 하는 욕구가 커진다고 한다. 실제로 위협이 존재하지 않더라도 가상의 외부 동인을 설정하면 집단이 위협을 받고 있다는 느낌을 인위적으로 조작해낼 수 있어 '단 한 사람의 이탈자도 허용해서는 안 된다!'라는 두려움을 부추기는 전략이 성립된다. 그리하여 지도자들은 울타리와 장벽을 건설하고 브뤼셀과 멕시코를 향해 국경 유지 비용을 청구한다. 이런 전략은 사람들이 불확실성을 경험하고 자신의 삶을 통제하는 데 어려움을 느끼는 심리가 조성될 때 더욱 효과를 발휘한다.[6, 7]

사회적 순위의 이면에 자리한 생물학적 기제

사회생물학에서 진화심리학까지 : 에드워드 윌슨Edward Wilson은 이타주의와 공격성을 비롯한 여러 사회적 행동을 진화생물학의 관점으로 설명한 과학자이자 작가이다. 1975년에 그는 『사회 생물학』[8]이라는 책 한 권을 출간했다. 이 책은 주로 사회적 동물(대표적인 예가 개미다)을 다루었지만 그중 한 장에서 인간을 다루었고, 이로 인해 매우 격렬한 논쟁이 일어났다. 사회생물학에 반대하는 대표적인 인물로는 선도적인 진화생물학자 리처드 르원틴Richard Lewontin과 스티븐 제이 굴드(Stephen Jay Gould, 1941-2002) 등을 들 수 있는데, 이들은 사회생물학이 생물학적 결정론을 옹호한다고 비판했다. 생물학적 결정론이 사회에 심각한 영향을 초래할 수 있기 때문에 이 비판은 받아들여졌고, 이후 사회생물학은 진화심리학에 자리를 내주게 된다. 진화심리학은 인간의 행동과 문화가 진화되어 온 과정을 자연선택의 작용으로 설명하는, 다소 간접적이고 중립적인 이론이라고 할 수 있다.[9] 우연한 자연선택에 따라 진화한 것이라면, 우리의 생물학적 근원을 부정할 이유는 없다. 다음으로 우리는 위계질서를 형성하는 그들의 역할을 다룰 것이다.

호르몬과 스트레스 그리고 계급 : 이른바 남성 호르몬이라 불리는 테스토스테론testosterone 수치는 원숭이나 인간 모두에 있어 사회적 지배 성향을 측정하는 척도다. 테스토스테론 수치가 높은 사람은 사회적 약자에 속하는 사람에 비해 높은 지배 성향을 보인다는 실험 결과가 있다. 또 남성 운동선수가 승리할 경우 테스토스테론 수치가 높아졌다(반대의 경우도 예상대로다. 패배하면 테스토스테론 수치가 낮아졌으며 이는 풋볼, 럭비, 테니스, 레슬링뿐 아니라 체스 경기에서도 마찬가지였다). 테스토스테론 수치 변화는 경기에 임하는 선수뿐 아니라 관전하는 팬에게도 똑같이 나타나는 현상이었다.

아드레날린adrenaline, 코르티솔cortisol 그리고 노르에피네프린norepinephrine 이 세 가지의 호르몬은 모두 스트레스와 상관관계를 가진다. 적당한 스트레스는 몸에 좋을까? 부분적으로는 맞는 말이다. 스트레스는 인간을 포함한 동물이 급변하는 환경에 처했을 때 생존할 수 있도록 돕는다. 동물은 새롭게 나타난 위협에 맞서 상황을 신속하게 인식하고, 이해하며, 파악해야만 그에 따라 계획을 수립하고 행동으로 옮길 수 있다. 동물은 스트레스를 받으면 뇌하수체와 부신피질을 통해 스트레스 호르몬을 발산한다. 이 호르몬은 신체에 여러 가지 생리적 영향을 미친다. 예컨대 심장박동 수가 높아지고, 근육이 긴장되며, 소화와 생리작용이 억제된다. 충분한 연구가 이루어지지 않았던 과거에는 집단의 하층계급에 속한 구성원이 가장 높은 스트레스 호르몬 수치를 지닐 것으로 가정했다. 그 원인은 싸움에서 지거나 귀중한 자원을 확보하지 못하는 데서 오는 스트레스 때문으로 여겨졌다. 그러나 원숭이와 인간에 관한 연구 결과는 해당 가설이 그저 논란거리였을 뿐이었다고 말한다. 계급이 높은 동물과 인간도 높은 스트레스를 보여 준다. 하지만 그 지속 시간은 짧고, 다음번 경쟁을 이겨 내는 데 도움이 된다(즉 계급이 더욱 높아진다는 것을 의미한다). 낮은 계급에 속한 수컷은 다른 녀석들로부터 괴롭힘을 받아 시간이 지날수록 스트레스 호르몬 수치가 높아지며, 결국 상황은 더욱 악화되어 사회적 순위가 점점 더 떨어지게 된다. 그런 악순환을 끊어내기가 얼마나 어려운 일인지 우리 모두 잘 알고 있다.

다음은 〈약간의 아드레날린 분비가 좋은 일이 될 수 있는 여덟 가지 이유〉라는 제목의 리스티클이다.[10]

1. 마감이 임박한 경우 도움이 된다.
2. 더 나은 비전을 품을 수 있다.
3. 다소 마음을 놓을 수 있다.
4. 다른 일에서 고양된 경험을 할 수 있다.

5. 고통이 느껴지지 않는다.

6. 면역 체계가 강화된다.

7. 좀 더 힘을 낼 수 있다.

8. 노화를 늦출 수 있다.

목록은 단지 목록에 지나지 않는다는 걸 우리는 이미 알고 있다. 이런 내용을 읽는 이유는 하나의 교양 지식으로 알아두기 위해서다.

사냥 기술은 종족 번성의 수단? : 인류학의 다양한 연구를 통해 지구상의 여러 종족에서 남성의 사냥 기술과 종족 번성 사이에 연관성이 있음이 밝혀졌다. 파라과이 동부 지역에서 수렵과 채집 생활을 하는 아체족Aché, 탄자니아 북부의 토착민 하즈다족Hazda, 앙골라와 보츠와나, 나미비아에 걸쳐 있는 칼라하리 사막의 수렵 채집 토착민 !쿵족!Kung, 필리핀 도서 지역의 원주민 악타족Agta 그리고 중앙아프리카 콩고공화국에 사는 유목민 바야카족BaYaka 등이 그 예다.

워싱턴 대학교 인류학자 에릭 앨든 스미스Eric Alden Smith는 사냥 기술과 종족 번성 사이에 어떤 인과관계가 성립하는지 분석했다. 그는 특히 '사냥 실력이 훌륭하면 아내와 자녀를 잘 먹일 수 있고, 따라서 배우자의 출산 능력이나 자녀의 생존율이 높아질 것'이라는 원초적인 가설이 항상 들어맞지는 않는다는 사실을 발견했다. 실제로 데이터를 통해 엿볼 수 있는 사실은 사냥이 음식의 주된 공급 수단이라기보다는

지위의 상징으로 이용됐다.[11]

지위의 향상인가, 보전인가 : 사회적 지위를 향상시키려는 의도와 안정적인 지위를 유지하려는 동기는 서로 맞바꾸기 관계에 놓여 있다. 비유하자면 승진은 다음 계단으로 올라가는 것을 의미하지만, 반대로 해고는 한 번에 많은 계단을 물러서는 걸 의미한다. 따라서 사람들은 더 큰 야망을 품던가, 지금의 성취에 만족하며 안주하던가 선택을 한다. 또한 오늘날 일상생활에서 차지하는 정보의 위력은 너무나 압도적이어서, 우리의 사회적 신분을 누구나 쉽게 파악할 수 있다. 개인의 언행이 쉽사리 대중에 알려지기 때문에 사회적 위상을 얻거나 잃는 일이 비일비재하다. 여성들이 대중 앞에 나서서 부당한 성적 학대와 폭력을 고발하는 이른바 '미투Me-Too' 운동이 확산되면서 문화 및 언론 인사들이 순식간에 주저앉는 모습만 봐도 알 수 있다. 이 모든 풍조의 끝에 과연 어떤 사회가 형성될지 나로서는 가늠하기조차 어렵다. 남성과 여성을 살벌한 싸움판의 양쪽으로 갈라놓는 일은 양쪽 모두에게 이롭지 않다. 그러나 부당한 성폭력과 성차별이 벌어질 때마다 그 일을 알리는 건 중요하다. 경쟁과 협력의 이상적인 조화야말로 바람직한 해결책이 될 수 있다는 가까운 여성 동료의 말처럼, 여성들에게 안전한 환경을 만들어 낼 수만 있다면 협력의 수준도 높아지고 공정한 환경 속에서 경쟁을 보장할 수도 있을 것이다. 다만 더 안전한 환경이 어떤 모습이 되어야 하는지 뚜렷하게 믿는 바가 없다는 점은 솔직히 인정한다.

마틴 노왁Martin Nowak과 칼 지그문트Karl Sigmund[12]는 선의의 베풂을 받은 사람이 보답할 기회가 없더라도 예기치 않게 누군가와 협력할 수 있다는 점을 보여 주는 수학적 모델을 제시했다. 이것이 가능한 이유는 선행을 베풂으로써 평판이 나아지고, 이로 인해 또 다른 선행을 실천할 가능성을 높이기 때문이다. 이런 '간접 호혜'는 무작위로 선택된 두 당사자 간의 비대칭적 상호작용을 설명하는 모델이 될 수 있다. 이때의 상호작용을 비대칭이라고 하는 이유는 둘 중 한쪽이 협력의 여부를 일방적으로 결정하는 '제공자'이고 상대방은 그것을 수동적으로 받아들이기 때문이다. 또한 그 결정의 결과가 미치는 영향은 당사자에게만 국한되지 않는다. 공동체의 일원이 그 광경을 지켜보고 그 정보를 다른 이들에게 전달한다. 그 결과 남을 돕겠다고 결정한 이는 높은 평판을 얻고, 나아가 남을 잘 도와준다는 말을 듣는 사람은 거꾸로 남으로부터 도움을 받을 확률도 높아진다.

간접 호혜의 결과를 정확히 계산하기는 사실상 어렵다. 하지만 남을 돕겠다고 생각하는 사람은 협력을 원하지 않는 사람보다는 자신과 같은 사람과 함께 이 전략을 추구할 가능성이 높다. 이처럼 좋은 평판이 형성되면 이타적 행동에 따른 이익 대비 비용보다 더 큰 이익을 얻을 확률이 높다. 진화 게임이론에서는 간접 호혜가 사회적 규범이 진화하도록 도운 원리라고 본다. 이 주제는 평판에 관해 이야기하는 7장에서 다시 다룰 것이다.

신체 크기와 사회적 지위의 관계 : 육군 대령이 되고 싶거나, 대통령이 되고 싶다면, 일단 키가 커야 한다! 물론 반드시 맞는 말은 아니겠지만, '지위-체구 가설'은 신체 크기와 사회적 지위 사이에 양(+)의 상관관계가 있다고 주장한다. 우리의 삶에서 신체의 크기가 얼마나 중요할까? 만약 어딘가에서 몸싸움을 할 경우 신체 크기는 중요하겠지만, 대개 우리는 누군가를 때려눕힐 일이 거의 없다(우리가 무하마드 알리처럼 복싱을 하지 않는 한 말이다). 게다가 문명화된 사회에서 사는 우리에게 문자 그대로 '때려눕힐' 일은 전혀 없다고 볼 수 있다(실제로 우리가 더 강하다고 해도 말이다). 아마 폭력 집단에 속했다면 모를까.

'지위-체구 가설'에서의 우리의 인식은 여전히 편향되어 있다. 즉 우리는 키가 큰 사람이 사회적 지위도 높다고 생각한다. 미국 대통령 선거에서 두 후보가 경쟁할 때 키가 큰 쪽이 이긴다는 가정은 일반 상식과도 부합되며 심지어 과학적인 자료와도 부합한다. 연구자들은 키가 큰 지도자가 더 강한 지도자로 인식된다고 말한다. 키의 중요성은 전시에 특히 더 두드러진다. 마치 우드로 윌슨(180센티미터)과 프랭클린 루즈벨트(188센티미터)처럼 업적을 쌓은 사람들이 키가 크다는 것처럼 말이다. 특히 외부의 위협에 시달리는 시국이 되면 우리는 '키 큰 사람'을 지도자로 더 선호하는 경향이 있다. 하지만 반드시 그런 건 아니다. 2012년 대선에서 버락 오바마(185센티미터) 자신보다 2센티미터 더 큰 미트 롬니를 제치고 대통령에 당선되었다.

고위급 장교들을 배출하기로 유명한 초일류 군사 교육기관 웨스트포인트West Point는 1950년대에 생도들의 순위에 키가 미치는 영향을 차단하는 조치를 시행했다. 그 방법은 비슷한 키의 생도끼리 조를 편성하는 것이었다. 이는 원래 군대가 행진할 때 대열이 가지런하게 보이기 위해 도입한 제도였지만, 키에 따른 차별을 방지하는 효과도 있었다. 이로써 생도들의 진급률은 조별로 골고루 분포되었다. 하지만 이런 조치는 나중에 사라졌다. 키 작은 사람의 진급이 늦어진다고 해도 정작 그 원인이 키에 있지는 않다는 사실이 밝혀졌기 때문이다. 다만 키가 큰 사람은 장성 계급 중에서도 최고의 자리에 오를 때 약간의 이점으로 작용할 뿐이었다. 이처럼 약간의 상관관계가 있다고는 하나, 통계상의 키를 기준으로 조를 편성하는 것은 그리 바람직해 보이지 않는다. 지금까지도 웨스트 포인트의 진급률은 키에 상관없이 고른 분포를 보여 왔고, 키가 크다고 해서 누리는 이점은 사소하게 여겨진다. 물론 초창기에 키를 기준으로 편성된 그룹이 웨스트 포인트의 진급에 지속적인 영향을 미쳤을 수는 있다. 그러나 편견이 실제로 존재한다면 키 큰 생도가 누리는 이점은 시간이 갈수록 분명해졌어야 한다. 키가 군대의 계급에 미치는 영향은 아주 미미하므로, 생도들을 훈련할 때 인위적인 개입은 불필요하다고 보아야 한다.

진화심리학은 우리의 두뇌가 진화하는 과정에서 어떻게 석기시대에 생존의 도구를 만들었고, 이후에도 지금까지 살아가는 문화를 만들어 낼 수 있었는지를 설명하는 이론적 틀이다. 네덜란드의 진화심리학자 마크 반 부그트Mark van Vugt와 그의 동료들은 사회적 순위와 우리가 인식하는 신체적 특징 사이의 관계를 규명했다.

- 높은 지위에 있는 사람은 그 지위의 근거가 지배든 위신이든 상관없이 키가 클 것으로 다들 짐작한다.
- 키가 큰 사람은 위신이나 지배에 근거한 지위가 높을 것으로 짐작된다.
- 지배 구조상 높은 지위에 있는 사람은 위신에 근거해 높은 지위에 있는 사람보다 근육질의 체구를 가졌을 것으로 인식된다.
- 근육이 발달한 사람은 지배 권력을 가졌을 것으로 생각되고, 위신이 높을 것으로는 생각되지 않는다.
- 어른과 달리 초등학교 나이의 아이들은 신체 크기가 지배력과 밀접한 관계에 있다고 보고, 위신과 관련이 있다고 생각하지는 않는다. 이 사실은 지배력을 신체 크기와 관련지어 생각하는 태도가 인류 보편적인 관념이며, 키와 위신의 관계는 문화적 학습의 결과임을 시사한다.

수많은 업적을 지닌 헝가리의 전설적인 수학자 폴 에르되시의 키는 168센티미터도 되지 않았을 것이다. 물론 에르되시는 육군 대령도, 대통령도 아니었지만, 수학에서만큼은 제왕의 자리에 오른 인물이라고 다들 생각한다. 뿐만 아니라 고대 왕국 사람들이 자주 하던 말, 즉 "왕이 죽었다, 새로운 대왕 만세!"라는 표현도 수학의 세계에서는 들어맞지 않는다. 그가 세상을 떠난 지 20년이 지난 지금도 에르되시는 여전히 수학의 왕으로 여겨진다.

사회구조 : 계층 조직 대 네트워크 조직

계층

계층은 층위 혹은 단계로 이루어진 구조를 말하며, 우리 인간의 물리적, 생물학적, 사회적 체계를 구성하는 보편적인 조직 원리다.[13] 학제 간 연구에서 다루는 좋은 예가 바로 복잡한 계층 구조를 가진 인간 사회의 진화다. 인간 사회는 역사적으로 진화를 거듭해 왔는데, 이에 따라 전통적인 역사학의 데이터 및 분석 활동과 수학적 모델링을 결합한 학제 간 연구가 진행되었다. 이 연구의 핵심 가설은 두 가지 주요 지배 요인을 둔다. 하나는 전쟁, 하나는 다층 선택multilevel selection이라는 것으로, 오랜 세월 인간 사회의 진화를 이끌어 온 주된 동인이다.[14]

인류학자들에 따르면 인간 사회는 소규모의 평등한 부족 집단으로부터 복잡한 사회 단위인 산업 국가로 진화해 오며, 그 과정 속에서 경쟁과 협력이 결합한 다층 선택이 작용했다고 본다. 역사적으로 볼 때 부족사회는 희소한 자원을 두고 경쟁을 하며 형성됐고, 당시 각 부족은 해당 집단의 구성원을 위해 이기적으로 행동하는 것이 더 이익이었다. 그러나 역사학자와 인류학자들은 치열한 경쟁이 벌어진 시기, 즉 전쟁을 겪을 때 부족 집단들은 이기적으로만 행동하지 않고 협력을 실천하는 모습을 보였다는 점을 주목했다. 집단 구성원들 사이에 협력이 이뤄지면 사회적 단결이 공고해지고, 기술 발전이 가속화되며(여기에는 군사 및 조직 분야의 응용 기술도 포함된다), 궁극적으로 인구 팽창으로 이어진다. 한 개인이 인지하고 유지할 수 있는 관계의 범위는 한정되어 있기 때문에 진화적 메커니즘은 문화, 언어, 종교 및 기타 요인을 따라 사회집단의 경계를 구분 지었고, 이들은 거대한 사회 계층을 형성하여 그야말로 수십억 명으로 구성된 사회를 포괄하는 수준으로까지 발전했다.

이런 학제 간 연구를 통해 밝혀진 사실은 첫째, 이타주의(자신을 희생하면서까지 공동체에 속한 다른 사람들을 돕는 일)와 호전성(민족 또는 인종적으로 우리 편이 아닌 사람들을 대상으로 한 공격적인 성향)은 모두 인간의 공통된 행동이라는 것과 둘째, 이 두 성향이 결합(이를 편협한 이타주의parochial altruism라고 한다[15])하기 시작한 이후로 이른바 '경쟁을 위한 협력'이라는 구호로 요약되는 진화 과정이 작동되어, 대규모의 계층적 사회구조가 형성되었다는 것이다. 사회과학자들은 흔히 순수한 생물학적 작용만으로는 사회계층의 형성을 설명할 수 없다고 하는데, 필자 역시 생물학과 사회학을 함께 고려해야 한다는 오늘날의 학문적 분위기를 대체로 수긍하는 편이다. 허버트 사이먼(Herbert Simon, 미국의 사회과학자 및 경영학자, 행동과학적 조직론의 창시자 - 옮긴이)의 주장처럼, 문제를 해결하는 과정에서 계층이 형성되었고 그 주역은 개인과 노동 전문가들이었지, 이기적 유전자에 의한 경쟁이 아니었던 것이다.[16]

다양한 사회계층

역사를 통해 사회계층이 변화해 온 과정을 살펴볼 수 있으며, 고대에서 현대에 이르는 몇 가지 사례를 아래에 제시하였다.

아즈텍의 엄격한 사회계층 : 아즈텍 사회는 다양한 계층으로 구성되었고, 선출 체계는 연속성을 보장하고 있었다. 황제는 대개 전임 통치자가 사망한 이후 그의 형제와 아들 중에서 선택되었으며, 전임 통치자와 밀접한 관계에 있던 네 명의 귀족으로 구성된 평의회가 그 선출을 담당했다. 귀족들에게는 수준 높은 교육과 화려한 의복 등을 포함한 많은 특권이 부여되었다. 그들 중에는 정부 관료도 있었지만, 공예가나 심지어 하인조차 귀족이 될 수 있었다. 이처럼 계층 이동은 부분적으로나마 보장되어 있었다. 하인 계급 중에도 뛰어난 능력을 보인 사람은 높은 지위에 오를 수 있었다. 평민에 속하는 사람 중에는 농부, 장인, 상인 그리고 하급 성직자 등이 있었다. 노예는 오늘날 우리가 생각하는 것보다 많은 권리를 누릴 수 있었다. 가정을 꾸릴 수 있었고, 심지어 돈을 모아 자유를 살 수도 있었다(실제로 가난한 자유민들은 자신을 노예로 팔 수 있었다).[17] 그림 3.1은 아즈텍의 사회구조를 보여 준다.

중세 유럽의 사회계층 : 중세 유럽의 봉건제도에는 엄격한 '서열'이 있었다. 교황에서 왕 그리고 소작농에 이르는 모든 이들이 이 위계질서 속에서 서열화되었다.[18] 왕은 계층의 맨 꼭대기를 차지하며 최상의 권력

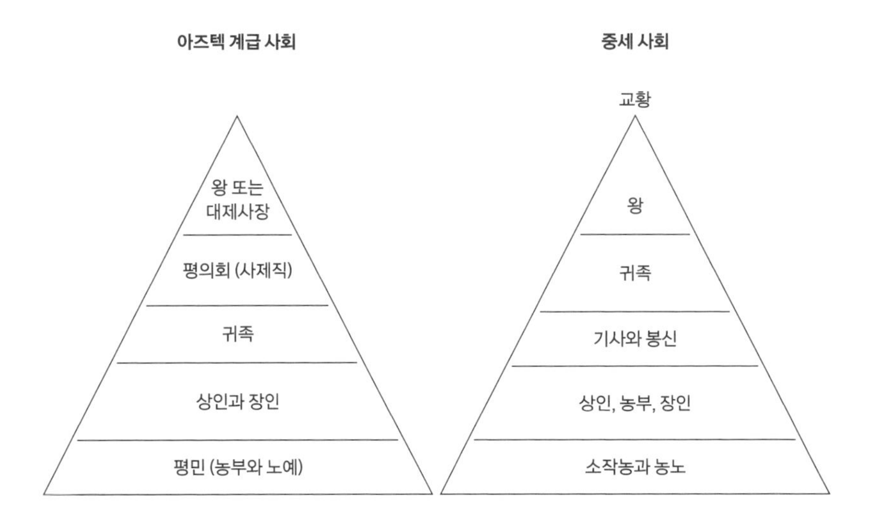

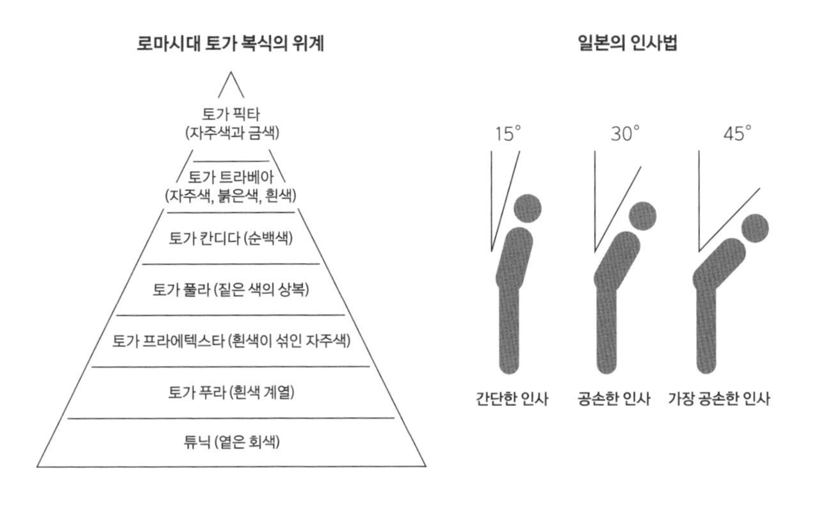

| **그림 3.1** | 왼쪽 위부터 시계 방향으로, 아즈텍의 사회구조와 중세 유럽의 봉건 계급, 1세기 일본의 인사법(그림은 위키미디어 공용에서 발췌) 그리고 고대 로마의 토가 색상에 나타난 사회적 지위를 각각 나타낸다.

을 소유했다. 그 바탕에는 신이 토지의 주인이며, 왕은 신의 허락을 얻어 토지를 다스리므로 자신의 마음대로 토지를 사용할 수 있다는 믿음이 있었다. 따라서 왕은 토지를 소작농에게 빌려주었고, 농부들은 그 대가로 군대에 복무했다. 귀족들 역시 농부들에게 땅을 빌려주었는데, 이 경우에 농부들이 대가로 제공하는 것은 농사일과 그 밖의 사역이었다. 토지와 특권은 그림 3.1에 나타난 계층에 따라 세부적으로 나뉘었다.

토가와 계급 : 로마 사회 역시 위계질서가 철저했다. 귀족으로는 부유한 지주와 정치가가 있었고, 구체적으로는 집정관과 원로원 의원, 재판관 등으로 구성됐다. 이들은 특정 법률에 대한 거부권을 행사할 수 있었다. 유명한 귀족 가문으로는 율리아(율리우스 카이사르), 코르넬리아, 클라우디아, 파비아 그리고 발레리아 가문이 있었다. 평민은 상점을 운영하는 등 평범한 직업을 영위했을 뿐 공직에 나아갈 수는 없었다(그러나 로마의 가장 유명한 원로원 의원 중 한 명인 키케로는 평민이었다). 자유민은 공예가나 상인이 되었고 비록 노예는 아니었으나 누릴 수 있는 권리는 별로 없었다. 노예에게는 그 어떤 권리도 없었으며 광업과 농업, 건설업 등과 같은 노동 산업에 종사했다. 노예 중에는 오랜 세월 동안 일해서 모은 돈으로 마침내 자신의 자유를 사는 경우도 있었다. 로마 사회의 계층 구조는 그림 3.1의 토가 복식 유형에 잘 나타나 있다.[19]

사회적 신분에 따른 상징적 행동 : 일본의 인사법은 사회적 행동이 어떻게 지위의 표현이 될 수 있는지를 보여 준다. 역사적으로 인사법은 아스카 시대와 나라 시대(538-794)에 시작되었고, 이 전통은 중국 불교로까지 거슬러 올라간다. 인사법은 현대 일본 사회에서도 유지되고 있으며 감사와 사과, 축하에 이르는 다양한 뜻을 표현한다. 인사법은 허리를 굽히는 각도에 따라 그 위계가 구분된다.[20] (그림 3.1 참조)

사회적 지배 경향성 : 사회적 지배 경향성(Social Dominance Orientation, SDO)은 한 집단이나 개인의 사회적, 정치적 태도를 측정하는 지표다. SDO는 리커트 척도라고 하는 심리학 기법에서 나온 것으로, 일련의 문장을 보고 난 반응에 따라 측정하는 지표다. 흔히 사용되는 리커트 척도는 다섯 가지의 대답이 주어지며(전혀 아니다, 아니다, 보통, 그렇다, 매우 그렇다), 이 대답에 1에서 5까지의 숫자가 매겨진다. 다음은 SDO를 측정할 때 사용되는 문장이다. 이를 통해 독자 여러분도 한번 자신의 태도를 확인해 볼 수 있다.

- 서구 문명은 다른 모든 전통문화에 비해 더 큰 진보를 이루어 냈다.
- 여성과 소수 민족이 더 적은 수입을 얻는 것은 단지 그들의 직업 기술과 교육 수준이 더 낮기 때문이다.
- 애국심은 정치인의 가장 중요한 자질이다.
- 살인죄를 저지른 사람을 사형에 처하지 않으면 장차 그들은 또 다른

범죄를 저지를 것이다.

위의 문장을 통해 알 수 있듯, SDO는 사회 집단 간 내에 자리한 불평등을 어떻게 여기는지의 태도를 측정한다. 이것은 현재의 태도를 측정하는 한편으로 미래 행동을 예측하기도 한다. "SDO는 현재의 계층 질서를 유지하려는 사회 정책에 대한 해당 집단의 지지 여부를 예측한다. 예컨대 침략 전쟁이나 처벌적 형사 제도, 사형 제도, 고문 등을 지지하는지, 또는 인도주의적 관행과 사회 복지, 차별 철폐 조치 등을 반대하는지 예측한다."[21]

우리 두뇌는 우리의 사회적 계급을 어떻게 인지하는가? : 만약 직장 생활을 경험해 봤다면, 새로운 직장에서의 첫날을 기억할 것이다. 아마 많은 이들이 의식적으로든 무의식적으로든 사람들 사이의 관계를 파악하려고 애썼을 것이다. 입소문이 오가는 경로와 비공식적인 위계질서를 파악하기 위해서는 생각보다 많은 시간이 필요하다. 나는 옆방 연구실 동료가 이 비좁은 캠퍼스에서 벌어지는 온갖 일을 다 알고 있다는 걸 쉽게 알아차렸다. 따라서 가끔 그의 연구실에 들러 최신 근황을(그리고 향후 추이까지) 물어보는 게 나로서는 합리적인 전략이었다.

현대 신경과학은 두뇌 영상 기기와 컴퓨터 연산 기법을 결합하여 우리 두뇌가 사회적 위계질서에 관한 정보를 처리하는 과정을 일부 밝혀냈다.[22, 23] 사회 신경과학이라는 이 놀라운 분야는 위계질서와 지배에 관한 두뇌 영역 그리고 그 신경 작용을 규명한다. 연구 결과, 여성과 소수 민족에 대한 고용 차별을 당연시하는 태도에는 배외측 전전두엽이 중요한 역할을 하며, 이는 SDO 척도에서 확인된 보수적이며 위계질서를 강화하는 태도와도 직결된다.

이는 어떤 의미일까? 신경 결정론자들의 말이 옳다면, 극단적으로 보수적인 사람이 "그건 내 잘못이 아니고, 단지 내 전전두엽이 작용해서 그래"라고 말할 수 있다는 의미일까? 이런 엉뚱하지만 타당한 의문에 답을 내놓는 것은 쉬운 일이 아니다. 오늘날 신경과학과 법학이 중첩되는 영역에서 새로운 학문 분야가 나타나 그곳에서 신경 작용과 자유의지 그리고 형사책임 간의 관계를 둘러싼 열띤 토론이 벌어지고 있다.[24] 필자로서는 이 질문에 대해 열린 태도를 보이는 것 말고는 당분간 할 일이 없어 보인다.

네트워크 사회

'네트워크'는 이제 유행어가 되었다. 운송 무역망, 먹이사슬, 전력망, 월드 와이드 웹과 인터넷, 소셜 네트워크 등이 우리 일상 속에 깊이 자리잡았다. 사회학자들은 사회를 단순하고 순수한 계층 구조가 아니라 복잡한 네트워크로 봐야 한다고 주장한다.[25, 26] 역사적으로 보면 네트워크 사회가 형성되도록 촉진한 몇 가지 요소가 있다. 첫째, 자유 시장 정신은 자유로운 경제활동을 위해 규제를 허무는 방향을 추구한다. 예를 들어 주식시장이 열리면 누구나 투자에 참여할 수 있고, 주식 가격이 사회적 지위에 상관없이 누구에게나 같으며 수요와 공급의 변동에 따라 달라진다. 둘째, 1960년대 말 자유를 추구하는 정치적, 문화적 운동이 일어났다. 셋째, 정보통신 기술에 혁명이 일어났다. 니얼 퍼거슨은 베스트셀러 『광장과 타워』[27]에서, 역사란 계급과 네트워크가 서로 충돌해 온 과정이라고 주장했다.

이런 충돌의 예로 분권화된 화폐, 즉 비트코인이 있다. 우리는 현재 화폐를 주로 사용한다. 만약 내 주머니 속에 녹색 종이가 있는데, 이 종이로 커피를 산다고 해 보자. 어째서 녹색 종이 몇 장이 커피를 얻을 수 있는 근거가 되는가? 바로 미국 정부가 이 종이의 명목 가치를 보장하기 때문이다. 반면 비트코인은 '분권화된 화폐'다. 미국 달러를 제작하는 일은 완벽히 불법이지만, 비트코인은 누구나 채굴할 수 있다. 우리는 달러를 사용할 때 미국 정부를 신뢰한다. 그러나 비트코인의 가치는 그 사용자들로 이루어진 네트워크에서 나온다.

위계질서가 강한 체제에서 누가 가장 우위에 있는지를 파악하는 일은 쉽지만, 네트워크로 이루어진 공동체에서 누가 중심인물인지 알아내는 일은 까다로워서 연구자들이 여러 가지 방법을 동원해 왔다. 중심에 얼마나 가까이 있는지에 대한 척도를 정하면 각자의 순위를 반영하는 점수를 매길 수 있다.

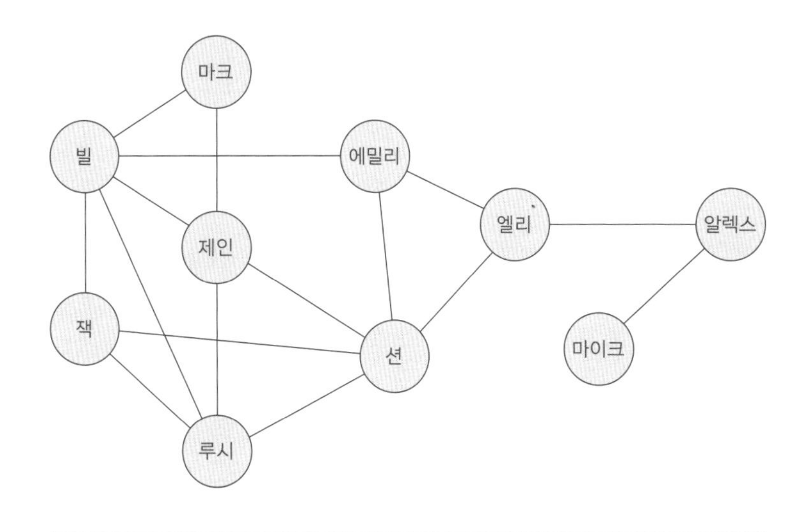

| **그림 3.2** | 10명으로 구성된 네트워크 공동체. 다양한 방법을 통해 각각 다른 특징을 가지는 여러 가지 순위를 도출할 수 있다.

그림 3.2는 열 명의 사람들로 이루어진 네트워크다.

그리고 표 3.1에는 세 가지의 중심성 척도가 나타나 있다.

연결 중심성은 네트워크의 각 접속점이 다른 점들과 얼마나 많이 연결되었는지를 보면 알 수 있다. 그림 3.2의 네트워크에서 션과 빌은 직접 아는 사람이 가장 많다. 그런 의미에서 그들을 '연결자' 또는 '허브'라고 규정할 수 있다. 반대로 엘리는 직접적인 인맥은 적다. 즉 네트워크상의 평균치보다 낮다. 그러나 그녀는 여러 면에서 네트워크의 가장 중요한 위치를 차지하고 있다. 그녀는 두 명의 유력 인물 사이에 위치하여 네트워크에서 일종의 중개자 역할을 하고 있기 때문이다. 에밀리

| 표 3.1 | 세 가지 중심성 척도별 순위

접속점	마크	빌	잭	제인	루시	션	에밀리	엘리	알렉스	마이크
연결 중심성	0.222	0.556	0.333	0.444	0.444	0.556	0.333	0.333	0.222	0.111
친밀 중심성	0.409	0.563	0.500	0.529	0.529	0.643	0.563	0.563	0.409	0.030
중간자 중심성	0.000	0.129	0.006	0.072	0.013	0.274	0.106	0.311	0.178	0.000

| 표 3.2 | 세 가지 중심성 척도별 순위

접속점	연결성 순위	친밀성 순위	중간자 순위
마크	4	4	8
빌	1	2	4
잭	3	3	5
제인	2	3	6
루시	2	3	7
션	1	1	2
에밀리	3	2	5
엘리	3	2	1
알렉스	4	4	3
마이크	5	6	8

와 엘리는 제인이나 루시와 비교하면 직접 인맥은 부족하지만, 직간접으로 연결된 패턴을 보면 다른 누구보다 더 빨리 네트워크의 각 접속점과 연락을 취할 수 있다. 이들은 다른 모든 사람과 연락할 수 있는 최단 경로를 확보하고 있다. 따라서 이 두 명이 다른 사람들과 가장 가까운 사람인 것이다.

빌과 션은 '연결 중심성' 면에서 1인자가 된 사람들이라 할 수 있다. 한편 션은 모든 사람과 가장 가까운 사람이기도 하므로, '친밀 중심성' 측면에서 볼 때 1인자다. 엘리는 '중간자 중심성' 측면에서 1인자다. 따라서 그녀는 가장 많은 정보를 매개하고 처리하는 자리에 있다(표 3.2).

여기서 우리가 얻을 수 있는 두 가지 교훈이 있다. 첫째, 계층적인 조직에서는 누가 1인자인지 단번에 알 수 있지만, 네트워크 조직에서는 그렇지 않다는 것이다. 둘째, 네트워크 공동체의 '리더'가 누구인지 알 수는 있지만, 기준에 따라 결과가 달라진다. 어떤 사람이 중심에 위치할 수는 있지만, 멀리 떨어진 구성원에게 미치는 영향력은 적을 수 있다.

순위 싸움 : 민주주의냐 권위주의 2.0이냐

초기 미국의 민주 제도는 계층 구조와 네트워크 구조를 결합한 형태로 매우 효율적이었다. 물론 대다수 정부가 모든 사람이(분명히 모든 사람이라고 했다, 대통령까지 포함해서 말이다) 법 앞에 평등하다는 법치주의를 따르지만, 민주적인 사회는 자유롭고 공정한 선거를 그 핵심 원리로 삼는다. 그러나 자주 인용되는 처칠의 말은 다르다. 그에 따르면 "세상의 모든 제도 중에서 민주주의야말로 최악의 정부 형태다."

최근 민주주의와 민주적 선거 제도에 닥친 위기를 순위 싸움의 관점으로 보자면, 지배권을 차지하려는 투쟁으로 이해할 수 있다. 이런 관점은 최근에 출간된 여러 도서의 제목만 봐도 알 수 있다. 『어떻게 민주주의는 무너지는가』, 『국민을 위한 선거는 없다』, 『훼손된 민주주의Our Damaged Democracy』, 『국민이냐 민주주의냐The People vs. Democracy』 등등.[28, 29, 30, 31]

우리가 민주주의라고 할 때 그것은 주로 '대의 민주주의'를 가리키는 말이다('직접 민주주의'가 아니다). 이 제도에서는 스스로 국민의 대표가 되겠다고 자처한 소수의 인원이 선거에 나선다. 이상적인 통계학적 관점에서 볼 때 후보들은 전체 인구 중에서 무작위로 선출되어야만 진정한 의미의 '대표'라고 할 수 있다. 물론 현실과는 먼 이야기지만 말이다.

자신이 속한 당에 유리하도록 선거구를 개편하는 게리맨더링 전략은 합법적으로 선거를 조작하는 하나의 방편이다. 최근 메릴랜드와 위스콘신, 노스캐롤라이나 등에서 일어난 정치적 사건들은[32] 바로 이 전략이 합법적이고 헌법에 합치하느냐의 여부를 두고 쟁점화되었다. 역사적으로 투표 조작은 대개 투표자의 매수와 협박의 형태로 이루어졌다. 그러다가 페이스북-케임브리지 애널리티카 정보 유출 사건(2008

년 초 이 회사가 수백만 페이스북 가입자의 프로필을 그들의 동의 없이 수거해서 정치 선전 목적으로 사용한 사건 – 옮긴이)이 터지면서 정치적 조작의 새로운 국면이 펼쳐졌다.

필자가 순위라는 주제에 관심을 갖게 된 것은 지난 15년간 여러 학생 및 동료들과 함께 특허 데이터베이스를 분석하기 위해 진행한 어떤 프로젝트 때문이었다. 페이스북은 실제로 자신의 기술 중 일부를 특허로 등록했는데, 미국 특허 번호 US20140365577A1, '소셜 네트워크 시스템의 의사소통과 그 특징에서 추출한 개인 성격 결정법(특허권자 페이스북)'에는 다음과 같은 내용이 실려 있다.

> 소셜 네트워킹 시스템은 사용자가 문자로 주고받은 의사소통에서 언어 데이터를 획득한다. 이는 소셜 네트워킹 시스템 속에서 다양한 형태의 의사소통으로 발생한 단어가 곧 사용자를 대신한다는 말이다. 사용자와 관련된 언어 및 비언어 데이터는 사용자의 여러 가지 성격적 특성을 예측하는 훈련 모델 수립에 사용된다. 이렇게 예측된 성격 특성은 사용자의 신상과 결합하여 저장되며, 상품의 타겟팅과 순위 부여, 선별 작업을 포함한 기타 목적으로 사용될 수 있다.

권위주의 2.0 체제를 구축하기 위한 첫 번째 단계는 데이터를 수집하는 것이다. 두 번째 단계는 예측에 필요한 데이터를 분석하는 것이고, 이를 통해 사람들의 심리적 윤곽을 창조하는 것이다. 마지막 세 번째 단계는 정보와 허위 정보를 이용해 사람들에게 영향을 미치는 일이다. 허위 정보가 먹히면 우리는(이때 우리란 우리의 손자 세대가 될 것이다) 권위주의 2.0이 구현된 세계에서 살게 된다. 하지만 조작에도 한계가 있으므로 그런 일은 일어나지 않을 것이라고 믿고 싶다.

진화를 넘어서

사람 사이에서 사회적 계급을 발생하는 생물학적 뿌리는 분명히 존재한다. 지배와 위신은 사회적 계급을 형성하는 두 가지 핵심 메커니즘이다. 계층 조직은 사람들이 서로 불필요한 싸움을 피할 수 있게 해 주어 공동체를 효율적으로 운영할 수 있는 형태임이 밝혀졌다. 지배는 진화의 오랜 전략으로, 그 근거는 완력에 의한 강압이다. 위신은 비교적 최근에 등장한 전략이며, 여기에는 공동체가 보편적으로 받아들이고 인정하는 기술과 지식이 그 바탕이어야 한다. 원시적이고 엄격한 위계질서를 보였던 사회에 각종 네트워크가 접목되었다(운송 무역망에서 전력망 그리고 현대적 통신망에 이르기까지). 이런 네트워크가 등장함에 따라 사회는 점점 더 민주적으로 변모했다. 그러나 어떤 이유에서인지 지난 수년간 우리는 민주주의와 권위주의 사이에서 순위 싸움이 다시 벌어지는 것을 목격하고 있다.

사회적 순위는 대개 공동체 내에서 개인의 의사 결정과 선택의 결과로 출현한다. 다음 장에서는 합리적 선택의 범위와 한계에 대해 살펴보고 개인의 선택이 모여 공동체의 의견이 되는 과정도 알아본다. 아울러 순위가 형성된 결과는 반드시 하나가 아니라는 사실과 순위 싸움의 결과를 어떻게 이해해야 하는지도 알게 될 것이다.

4 선택의 문제와 랭킹 알고리즘

개인에서 사회적 선택까지

'객관적 현실'이라는 개념은 관찰자의 의식적인 인식과 무관하게 존재하는 현실을 일컫는 말이다. 이와는 반대로 '주관적 현실'이란 의식적 인식, 혹은 그 인식의 주체와 어떤 식으로든 연관된 것을 말한다. 우리가 흔히 객관적이라고 할 때, 객관성은 현실, 진실, 신뢰성 등의 개념과 관련이 있다. 예를 들어 세계에서 가장 높은 건축물의 순위는 객관적이다. 타당한 사실을 근거로 두고 순위가 도출되며 모든 사람이 그 결과에 수긍할 수 있기 때문이다(물론 2차, 3차 정보원의 신뢰도를 검증하는 일은 필요하다. 빌딩의 높이를 직접 재지는 않았기 때문이다. 하지만 해당 사이트[1]의 정보가 신뢰할 만하며 다른 사이트에서도 똑같은 결과를 얻을 수 있다고 가정한다). 다음은 세계적으로 가장 높은 빌딩의 순위다.

- 부르즈 칼리파, 아랍 에미리트 연합국, 828미터
- 상하이 타워, 중국, 632미터

- 메카 로열 클락 타워, 사우디아라비아, 601미터
- 핑안 국제 금융 센터, 중국, 599미터
- 롯데월드 타워, 한국, 554미터
- 원 월드 트레이드 센터, 미국, 541미터

아울러 역사적으로 영향력 있는 사람들의 순위를 매기는 일은 한층 더 어렵다. 랭커라는 사이트는 이 순위를 제시한다.[2] 목록에는 예수 그리스도, 알버트 아인슈타인, 아이작 뉴턴, 레오나르도 다 빈치, 아리스토텔레스, 마호메트의 순서로 나열되었다. 하지만 이 목록은 객관성과는 거리가 멀다. 나폴레옹과 히틀러, 스탈린, 처칠, 다윈 등등은 다 어디로 갔단 말인가? 가장 높은 빌딩 순위는 객관적이어서 우리가 '진실'이라고 받아들이는 데 무리가 없다. 그래서 우리는 주관적인 순위보다 객관적인 순위가 더 가치 있다고 생각한다. 주관적으로 주장을 펼치는 사람은 사물을 자신의 시각으로만 바라보기 때문에 어쩔 수 없이 온갖 편견에 사로잡힐 수밖에 없다. 물론 주관적이라고 해서 무조건 터무니없는 내용이라고 볼 수는 없다. 하지만 여섯 명의 명단을 봤을 때, 이 사람이 왜 영향력이 있는지 의구심이 들지는 않겠지만, 다른 누군가가 빠졌다는 생각이 들 수 있다. 반면 명단에 피터 에르디가 올라 있다면 여러분들은 이 목록이 엉터리이며, 지극히 주관적이고, 분명히 조작되었다고 생각할 것이다.

오늘날 철학자들은 절대적 객관성이라는 매력적인 개념을 이제 거의 포기한 것으로 보인다.[3,4] 그러나 수학자들은 지금도 객관적 순위에 관해 연구하고 있다.

우리는 어떻게 선택하는가?

합리성의 신화

세상에 완전한 사람은 아무도 없으며, 누구나 어느 정도 편향되어 있다. 보통 우리는 우리 자신이 합리적이라고 생각한다. 이에 덧붙여, 신고전주의 경제학 이론에서는 인간의 취향이 고정되어 있으며 이 취향에는 전이성이 있다고 가정한다. '고정된 취향'이란 만약 월요일에 캐러멜 퍼지 치즈케이크보다 키 라임 파이가 더 먹고 싶었다면, 화요일에도 그럴 거라는 걸 말한다(물론 이 책의 주제는 건강에 좋은 디저트가 아니다). 전이성이 있다는 말은 예컨대 저녁 식사 후에 먹는 디저트로 캐러멜 퍼지 치즈케이크보다 키 라임 파이가 더 좋고, 초콜릿 무스보다 치즈케이크가 더 좋다면, 당연히 초콜릿 무스보다 키 라임 파이가 더 좋다는 것을 뜻한다. 즉 A보다 B가 더 좋고, B보다 C가 더 좋다면 A보다 C가 더 좋아야 한다는 걸 전이성이 있다고 한다. 따라서 디저트로 키 라임 파이를 선택하는 건 합리적이다. 단 제한적인 의미에서만 그렇다. 누군가가 키 라임 파이보다 초콜릿 무스를 더 좋아한다고 해서 그를 불합리한 사람이라고 말하지는 않기 때문이다.

신고전주의 경제학 이론의 바탕에는 인간이 합리적인 존재라는 가정이 있다. 이때 합리적이라는 말은 자신의 의사 결정이 기대 이익(즐거움이나 이익 등)을 최대화하는 방향으로 이루어진다는 뜻이다. 여기서 기대 이익은 효용성 함수로 표현된다. 예를 들어 우리가 디저트 선택의 효용을 극대화하기 위해 정량적 분석을 하고 싶다면, 먼저 파이, 치즈케이크 그리고 무스를 소비하려는 욕망에 계량적 가치를 부여할 수 있어야 한다. 사회과학에서 합리적 선택 이론[5]이 발전함에 따라 선택의 문제를 제기하고 해결하는 것이 가능해졌다. 그리고 이는 의사 결정 이론과 게임이론, 미시경제학 등의 많은 연구 결과를 뒷받침하는 기초가 되었다.

합리적 선택 이론의 바탕에는 너무나 간단한 가정들이 존재한다. 즉, 선택지는 많을수록 좋다, 사람들은 필요한 정보를 모두 가지고 있다, 그리고 그들은 이 정보를 합리적으로 사용할 수 있다는 등의 내용이다. 아울러 합리적 선택 이론은 사람들이 두려움이나 질투 같은 감정의 영향을 받지 않는다고 가정한다. 따라서 분석 모델은 사실상 사람들을 감정도 없고 연산의 오류도 없는 일종의 로봇으로 간주하는 것이나 다름없다. 저명한 경제학자 밀턴 프리드먼[6]은 유명한 간행물(구글 스칼라에서 검색해본 바에 따르면 2018년 6월 7일 현재 인용 횟수는 총 6,325회에 달한다)에서 이런 지나치게 단순화한 가정만으로도 경제학자가 유용하게 사용할 수 있는 예측 도구를 만들 수 있다고 주장했다.

그렇다면 호모 이코노미쿠스(경제적 인간)로 이루어진 사회라면 사회적 결정은 어떻게 나타나는가? 이 질문에 답하기에 앞서 우리는 두 종류의 이론, 즉 기술적 이론과 규범적 이론의 차이점을 규명해야 한다. 전자는 '세상이 어떻게 작동되는가?'라는 질문에 대답하려는 이론이고, 후자는 '세상은 어떻게 작동되어야 하는가?'라는 질문에 답하려는 이론이다. 두 번째 질문에 대한 대답은 수학과 도덕철학에서 다뤄왔다. 그리고 필자는 이 두 분야를 결합하면 가장 좋은 대답을 얻을 수 있다고 생각한다.

합리적인 인간들로 이루어진 사회에서 이른바 파레토 최적 상태란, 어떤 경제 주체가 거래를 통해서 늘린 효용을 누리려면 반드시 다른 경제 주체의 효용이 줄어들어야 한다는 상태를 말한다. 경제학의 한 분야인 복지경제학이 추구하는 바는 구성원들의 사회적 만족도를 최대한 끌어올리는 것이다. 사실 그런 목적을 이루기 위해서는 한 사회가 추구할 수 있는 모든 대안을 비교할 수 있는 형태로 바꾼 뒤 순위를 매길 수 있어야 한다.

순위와 등급을 매기는 문제가 다 그렇듯이, 여기에는 몇 가지 가능성이 존재한다. 첫째, 한 개인은 경제학자들이 서수적 효용 함수(ordinal utility function, 상대적 선호에 따른 만족도 –옮긴이)라고 부르는 것을 이용하여 가능한 모든 '상태'를 순서 목록으로 만들 수 있다. 서수적 효용 함수는 어떤 사람이 X라는 상태를 Y라는 상태보다 더 선호한다는 결과를 보여 준다. 그러나 이 함수는 얼마나 선호하는지를 보여 주진 않는다. 둘째, 기수적 효용 함수(cardinal utility function, 절대적 수량의 차이에 따른 만족도 – 옮긴이)는 특정 상태에 선호도를 의미하는 숫자를 부여하므로, 어떤 개인이 X 상태를 Y 상태보다 얼마나 더 좋아하는지 그 차이를 표시할 수 있다. 하지만 계속 반복되는 문제가 발생한다. 어떻게 정성적인 특성에 정량적인 수치를 부여할 수 있는가? 아주 극단적으로 말해서 자본주의 세상은 구매할 수 있는 상품의 집합에 지나지 않는다. 따라서 상품의 효용에 계량적 수치를 부여할 수 있는 유일한 방법은 그 상품을 사기 위해 얼마나 지불할 수 있는지 사람들에게 물어보는 것이다. 여러분이 토요타 캠리 하이브리드를 사는 데 2만 7,000달러를 쓸 수 있다면 이 상품의 효용 가치는 2만 7,000(임의의 단위를 가정했다)이라고 할 수 있다. 그러나 이것은 현실을 매우 단순하게 묘사했을 뿐이다.

또 다른 문제는 어떻게 각 개인의 선호를 집약하는가다. 개인별 효용 함수로부터 어떻게 '사회 후생 함수(Social Welfare Function, SWF)'를 만들어 낼 수 있을까? 개인별 효용의 총계를 SWF라고 정의하는 것도 한 방법이다. 이 경우 SWF를 극대화한다는 목표는 곧 개인별 수입의 극대화를 의미하지만, 이렇게 되면 수입 불평등 문제가 철저히 무시되는 문제가 발생한다. 수치상 수입 분배가 극도로 왜곡되어 소수의 인원에게 부의 대부분이 집중되는 경우에도 이런 정의에 따르면 SWF는 극대화될 수 있다(또 다른 방법은 SWF를 개인 효용의 평균값에 근거하여 정의하는 것이다).

20세기 정치철학과 도덕철학의 선도자 존 롤스(John Rawls, 1921-2002)는 전통적이고 일반적인 공리주의를 정의의 '주적'이라고 규정하면서 SWF를 사회의 맨 밑바닥에 있는 사람들을 기준으로 정의할 것을 제안했다. 이 제안을 따르면 SWF를 극대화하기 위해서 다른 사람들은 전혀 신경 쓸 필요 없이 사회에서 가장 가난한 사람의 수입만 올리면 된다.[7]

인도의 경제학자 아마르티아 센Amartya Sen은 SWF가 경제적 불평등을 처벌하는 수단으로 활용되어야 한다고 주장했다.[8] 센은 경제적 불평등의 정량적 척도가 되는 수입과 지니계수(G)를 모두 사용하여 자신만의 SWF를 만들어 냈다. 완벽한 경제적 평등이 이루어졌을 때 G의 값은 0이 되고(모든 사람의 수입이 똑같은 상태다), 극도의 불평등 상태에서는 1이 된다(한 사람이 모든 수입을 독차지하고 다른 모두에게 돌아가는 수입은 없다). 센이 제안하는 SWF는 한 나라의 1인당 평균 수입에 1-G를 곱한 값이다. 훌륭한 규범 이론은 현실에도 적용할 수 있으며, 6장에서 국가별 순위를 다룰 때 센의 SWF를 다시 거론할 것이다.

신화에 대한 도전 1 : 제한된 합리성

가장 독단적인 경제학자조차 효용을 극대화하려는 동기가 인간의 행동을 설명하는 타당한 모델이라는 '극단적인 합리주의'를 진심으로 믿지는 않을 것이다. 이런 가운데 합리적 선택 이론에 대해 다양한 비판이 제기되었고, 이제는 좀 더 현실적인 패러다임이 조금씩 모습을 보이고 있다. 앞서 언급한 허버트 사이먼은 주류 학계에서 한참 떨어진 인물로서 '제한된 합리성bounded rationality'이라는 개념을 제창하고 확산한 공로로 1978년 노벨 경제학상의 예상치 못한 수상자가 되었다. 제한된 합리성은 완벽한 해결책이 꼭 필요하지는 않다고 주장하며, 그럭저럭 만족할 만하고 차선에 그치는 대안으로도 충분할 때가 있음을 제안한다. 그는 만족시키다satisfy와 충족하다suffice를 결합하여 만들어 낸 '만족화satisficing'라는 용어로 '그럭저럭 괜찮은' 의사 결정에 도달하는 과정을 설명했다. 우리는 우리가 가진 의사 결정 능력에 한계가 있다는 사실을 인정해야 한다. 거기에는 문제의 복잡함, 사용할 수 있는 자원의 제약, 인지 능력, 우리 자신의 가치 그리고 우리 자신의 감정이 미치는 영향을 비롯하여 수많은 요소가 작용한다. 따라서 어린 시절 축구를 하면서 배웠던 교훈대로, '적당한 자리보다 더 좋은 자리는 없다'.

수학에는 '최량 정지 문제'라는 이름의 아주 재미있는 문제가 있다. 이는 가장 좋을 때를 어떻게 알고 멈추는가라는 문제로, 여기에서는 오랫동안 함께 살아갈 배우자를 선택하기 위해 언제 연애를 멈춰야 하는가와 같은 문제를 다룬다. 그야말로 만족화를 설명하기에 딱 좋은 예라고 할 수 있다. 또한, 사무직원을 모집하는 사장이 응시자 중에서 최적의 인물을 물색하는 상황의 예가 있고, 이를 '비서 문제'라고 부르기도 한다. 배우자 문제로 돌아와서, 여러 명의 후보가 있다고 가정해 보자. 숫자를 정하지는 않겠지만 여러분이 돈 지오반니가 아닌 한

1,003명(모차르트의 오페라 《돈 지오반니》에서 하인 레포렐로가 부르는 '카탈로그의 노래'에 나오는 구절, 돈 지오반니가 스페인에서 1,003명의 여인을 유혹했다고 함 - 옮긴이)보다 적을 것이다. 일반적으로 여러분의 데이트 상대는 한 번에 한 명일 것이다. 따라서 여러분은 지금 만나는 상대가 과연 '그 사람'인지 알아봐야 한다. 그리고 대개 한 번 헤어졌던 사람에게 다시 돌아가 사랑을 구할 수는 없다. 이때 우리가 저지를 수 있는 실수는 두 가지다. 하나는 너무 일찍 결정을 내린 탓에 정말 아름다운 공주나 백마 탄 왕자를 놓친 것은 아닌지 나중에 후회하는 것이다. 또 다른 하나는 쉽게 결정을 못 내리고 너무 길게 끄는 바람에 다시는 만날지도 모를 좋은 사람들을 모두 놓쳐 버리는 것이다. 그렇다면 정말 중요한 질문은 바로 '언제 멈춰야 하는가'다. 수학은 이 질문에 마법 같은 숫자를 제시해 준다. 바로 37퍼센트다.[9] 내가 만날 모든 데이트 상대 중 초반 37퍼센트의 사람들과 만나고 헤어진 시점에서 바로 '그 사람'을 만날 확률이 가장 높다. 이 법칙에서 중요한 부분은 지금부터다. 지금까지 만났던 사람보다 더 나은 사람이 나타나면 무조건 그를 골라야 한다. (물론 이 알고리즘을 그대로 따른다고 해서 지금 만나는 가장 좋은 상대방과 헤어지지 않는다는 보장은 없다. 따라서 너무 빨리 멈추거나 너무 늦게까지 기다리는 위험 사이에서 균형을 잡는 것은 각자의 몫이다.)

물론 제한된 합리성이 남녀 관계에 어떻게 적용되는지를 보여 주는 사소한 예에 불과하다고 생각할 수 있겠지만, 텍사스 대학교 오스틴 캠퍼스에서 정부 내 의회 부문을 연구해 온 브라이언 존스Bryan Jones

는 제한된 합리성이 어떻게 정치적 의사 결정에 영향을 미치는지에 대해 다음과 같은 통찰을 제시했다.

> 허버트 사이먼이 말했듯이, 호모 폴리티쿠스(정치적 인간)는 합리적인 존재다. 그는 인지능력의 한계와 정치 세계의 복잡함 속에서도 주도면밀하게 행동하고 보편적인 목표에 부합하는 전략을 취할 줄 아는 것 같다. 그러나 이런 측면을 극대화하기는 불가능하고 때로는 극대화하기에 부적합하다. 따라서 사이먼은 호모 폴리티쿠스가 제한된 합리성이라는 모델에 따라 행동한다고 본다. 즉 환경에 영향을 받으면서 동시에 인지능력의 한계 내에서 목표에 부합하는 수단을 채택한다.

신화에 대한 도전 2 : 합리적 선택에서 행동경제학으로

지난 20년간 행동경제학이 빠르게 발전해 온 결과 합리적 선택 이론은 경제학 이론에서 중요한 부분을 차지했다. 이런 발전을 가능케 한 원동력은 심리학적으로 더 타당한 가정이 더욱 설득력 있는 이론을 창출해 낸다는 인식에 있었다. 대니얼 카너먼Daniel Kahneman과 아모스 트버스키Amos Tversky는 인지 편향 현상이 오히려 우리의 생각을 체계적으로 규정한다는 사실을 발견했다. 인지 편향은 우리를 '예측 가능하게 비이성적'으로 만든다. 그 때문에 우리는 아무리 애를 써도 이성적인 결정을 내릴 수 없을 때가 있다. 이때 이성적이고 합리적인 행동이란 무엇일까? 편협한 경제적 이해관계에 따라 행동하는 것을 말할까? 이런 '합리성'의 정의에 반대되는 사례가 바로 최후통첩 게임이다.

최후통첩 게임에 참여한 두 사람(제안자와 응답자)은 일정량의 돈을 어떻게 나눌지 합의해야 한다. 제안자가 먼저 안을 제시한다. 응답자는 제안을 받아들이거나 거절하는 두 가지 선택지만 주어진다. 받아들이면 협상은 성립된다. 그러나 만약 거절한다면 양쪽 모두 이익이 없다. 합리적으로 행동한다면 응답자는 자신의 몫을 가져가기 위해서 아무리 적은 금액도 승낙해야 한다. 그러면 제안자는 금액의 대부분을 자신의 몫으로 제안하는 게 타당해진다. 하지만 여러 문화권에 걸쳐 수행한 연구에 따르면 응답자는 총액의 30퍼센트보다 낮은 제안을 거절하는 경향을 보였다. 구두쇠 같은 제안자를 징벌하기 위해서 제안을 거절할 수도 있다는 심리 현상을 고려하면 효용 개념은 여전히 유효하다고 볼 수 있다.[10, 11, 12]

인지 편향의 근원

우리는 호모 이코노미쿠스가 예상하는 것과 다른 행동을 할 때 그 원인이 되는 몇 가지 요소를 관찰과 실험에 근거해 제시할 수 있다.

가용성 편향은 어떤 사건이 일어날 확률에 지나치게 기대할 때 일어나는 현상으로, 최근에 유사한 현상이 일어났거나, 과거에 상당한 감정적 영향을 받았을 때 형성된다. 예를 들어 보자. 두브로브니크에서 가족 휴가를 보낼 때의 일이다. 당시 열네 살이던 아들은 수영 실력이 뛰어났지만 아드리아해에 뛰어들 엄두를 못 냈다. 바로 며칠 전에 상어가 나오는 영화를 본 탓에 바다에서 상어가 덤벼들지나 않을까 두려웠기 때문이다. 어떤 영화였는지 기억이 나지 않아 인터넷에서 찾아보니 이런 기사 제목이 나왔다. '다시는 물에 들어갈 생각도 못 하게 만들 열세 편의 상어 영화'[13] 해변에서 가족 휴가를 보낼 생각이라면 주석에 소개된 웹 사이트를 열어 보지 않는 편이 좋을 것이다.

사후 확증 편향은 결과를 미리 알 수 있다는 오해에 빠졌을 때 일어나는 오류이다. 우리는 '지나고 보면 모두 뻔한 일'이라든가 '내 그럴 줄 알았지!'라는 표현을 자주 쓴다. 1989년 11월 9일의 베를린 장벽 붕괴나 독일의 평화적 통일은 아무도 예상하지 못한 일이었다. 불과 몇 달 전에 베이징에서 이미 비극이 벌어진 상황이었기 때문에, 천안문 사태 같은 일이 일어날 수도 있다고 상상했기 때문이다. 그러나 나는 앙리 베르그송의 '회고적 결정론이 주는 환상'이라는 표현이나 이와 유사한 '귀납적 지혜'라는 문구를 좋아한다. 장벽이 무너지는 일을 예측할 수 없었는데도, 그 사실을 미리 내다봤다고 주장한 사람들이 많았다. 귀납적 지혜의 또 다른 예는 브렉시트 때 영국 국민의 태도에서 찾아볼 수 있다. 2016년에 있었던 국민 투표의 결과를 미리 알 수 있었던 사람은 아무도 없었다. 심지어 그것을 추진했던 데이비드 캐머런 총리도 말이다. 투표 전날은 역사상 가장 분주한 정치적 도박이 진행되던 날이었다. 투기꾼들은 주로 영국이 유럽연합에 잔류하는 쪽에 내기를 걸었다.[14] 그러나 그들의 데이터는 모순된 내용을 보여 주고 있었다. 전체

판돈의 69퍼센트가 '잔류' 쪽에 걸려 있었지만, 내기에 참여한 사람의 수로 보면 전체의 69퍼센트가 자신의 돈을 '이탈' 쪽에 걸었었기 때문이다.[15] 투표자의 다수가 불확실성이 증가하는 선택을 했다는 것이 분명한 상황에서, 나는 그들이 장기적으로 어떤 결과를 불러올지는 생각하지 못했다고 확신한다.

다음은 투표가 있고 거의 2년이 지난 후에 신문에 실린 기사의 제목들이다(2018년 6월 14일 현재). 〈영국 장관, 브렉시트 이후 푸아그라 수입 금지 시사〉, 〈영국 이탈로 EU 갈릴레오 위성 프로젝트에 보안 문제 불거져〉, 〈은행들, 브렉시트 이후 런던에 잔류해야 할 명분을 총리에 요구〉. 브렉시트는 불가피한 일이 전혀 아니었지만, 어쨌든 일어났다. 사람들은 자신이 내린 결정이 자신의 금전적 이익을 극대화하는 방향과 배치됨에도 불구하고 사후 확증 편향 때문에 그런 결정을 수긍하게 된다.

우리는 어떤 것에 관한 수치를 듣고 나면 그것이 '사실'이라고 생각한다. 이런 현상을 '앵커링 효과anchoring effect'라고 한다. 중앙 계획 경제에서 가격은 정부가 결정한다. 헝가리에서 빵 1킬로그램의 가격은 수십 년간 3.60포린트에 머물렀다. 빵 가격을 일정하게 유지하는 것은 정부의 정치적 결정이었기 때문이다. 우리 세대의 모두가 빵 가격은 당연히 그래야 하는 줄 알고 살았다. 또 기억나는 것이 있다. 내가 어렸을 때, 제시 오언스가 세운 멀리뛰기 세계 기록이 813센티미터이고 이 기록이 25년간 깨지지 않았다는 사실을 알게 되었다. 그러나 1968년 멕시코 올림픽에서 밥 비먼이 멀리뛰기 종목에서 890센티미터라는 신화적인 기록을 세우자 앞선 내용이 점점 머리에서 희미해져 갔다.

확증 편향은 우리의 뇌가 선입견에 부합하는 내용을 선호하기 때문에 발생한다. 우리는 오랜 세월에 걸쳐 서서히 형성되는 신념 체계를 습득한다. 좀 더 전문적인 용어로 말하면, 우리는 외부 세계에 대한 내면의 정신적 모델을 형성해 간다는 말이다. 인간의 정신은 이 모델에 새로운 정보를 받아들일 때 일관성을 유지하는 방향으로 작용한다. 프랜시스 베이컨은 이 점을 벌써 수 세기 전에 설명했다.

> 인간의 정신은 어떤 의견을 수용하고 나면 다른 모든 것을 그 내용에 부합하고 그것을 지지하는 방향으로 끌어들인다. 아울러 그와 반대되는 사실을 아무리 많이, 또 강렬하게 경험하더라도 인간의 정신은 이를 무시하거나 경멸하며, 무언가 다른 구실을 들어 예외로 치부하거나 거부해 버린다. 이는 바로 이렇게 거대하고 치명적인 선입견을 이용하여 미리 내린 결론에 불가침의 권위를 부여하기 위해서다.[16]

중부 유럽 지역의 지식인들은 독일 이상주의 철학자 요한 고틀리프 피히테(Johann Gottlieb Fichte, 1762-1814)가 한(혹은 했음직한) 다음의 말을 곧잘 인용한다. "이론이 사실에 부합하지 않는다면, 그만큼 사실이 잘못된 것이다." 이른바 '가짜 뉴스'라는 말이 2017년에 대유행이었다. '그들'뿐만 아니라 '우리'도 가짜 뉴스의 피해자가 될 수 있다는 사실은 불행한 뉴스지만, 이를 무시하기보다는 알아두는 것이 더 나을 것이다.

다시 사회 신경과학이라는 환상적이고 새로운 분야에서 나온 결과를 몇 가지 이야기하고자 한다. 이 발견은 확증 편향의 바탕에 특정 신경 작용이 있음을 밝혀내고 있다.[17] 우리는 기존 관념에 부합하지 않는 내용을 접할 때 갈등을 느낀다. 우리의 사회적 정체성에 있어 정치적 신념은 중요한 요소다. 우리가 비정치적인 분야에서 갈등을 일으키는 발언을 접했을 때, 정치적인 분야보다 더 유연한 태도로 그것을 수긍하거나 입장을 수정한다는 것을 인간의 행동 데이터는 보여 준다. 두뇌 영상법을 이용한 연구 결과, 자신의 신념과 반대되는 증거를 접하고도 정치적 신념을 바꾸기를 가장 강하게 거부한 사람들에게서 편도체와 섬피질의 활동 증가가 관찰되었다. 이 부위는 두뇌에서 두려움과 감정적 반응을 관할한다. 총기 규제와 남용 문제는 미국 정치 논쟁의 핵심적인 주제로, 사람들은 이 문제에 있어 자신의 입장을 웬만하면 바꾸지 않는다. 우리는 위협을 받거나 불안감을 느낄 때, 또는 다른 식으로 감정적인 공격을 받을 때도 자신의 생각을 잘 바꾸려 하지 않는다. 따라서 우리 두뇌의 합리적 인지 체계와 감정 체계 사이에서 일어나는 상호작용을 인정하는 것은 대단히 중요하다. 우리가 새로운 사실을 쉽게 받아들이지 않는다는 것. 나는 이런 연구 결과에서 오히려 희망을 발견한다. 어쩌면 우리는 그리 쉽게 조작당하지 않는 존재인지도 모른다.

필자는 매년 겨울마다 '복잡계 개론'이라는 강의를 개설하는데, 이 수업에는 학생들이 생물학적, 사회학적 문제를 컴퓨터 시뮬레이션으로 수행하는 조별 프로젝트가 꼭 포함된다. 조별 인원은 대략 네 명이고 프로젝트 기간은 약 7주가 주어진다. 이후 학기말이 되면 학생들에게 자신이 프로젝트에 기여한 정도를 퍼센트로 환산하여 익명으로 제출해 보라고 하는 경우가 있다. 그들이 제출한 수치를 합산해 보면 역시 예상대로 130퍼센트에서 170퍼센트 사이가 된다. 100퍼센트를 훨씬 상회하는 수치다. 물론 학생들에게 이 수치대로 점수를 분배하지는 않는다. 단지 이 사실을 통해 알 수 있는 건, 사람들은 집단적 노력에 자신이 기여한 바를 실제보다 부풀려서 생각한다는 것이다(게리슨 케일러가 진행하는 장편 라디오 방송, 〈프레리 홈 컴패니언〉의 매회 마무리 멘트가 떠오른다. "오늘도 워비곤 호숫가의 이야기를 들어 봤습니다. 모든 여성이 강인하고, 남성은 누구라 할 것 없이 잘생겼고, 아이는 모두 범상치 않은 동네죠.") 필자는 '자기중심 편향'과 관련된 희망적 사고를 비난할 생각이 없다. 그것은 모두 자아를 방어하는 본능의 일환이기 때문이다. 이혼율이 50퍼센트에 육박하는 오늘날에도 사람들은 자신의 결혼 생활이 이혼으로 이어질 확률이 50퍼센트나 된다는 생각은 전혀 하지 않는다. 우리는 우리 자신이 완전히 통제할 수 없을 때 희망적 사고를 발동한다. 암에 걸리거나 이혼하거나, 자동차 사고를 당하는 등의 부정적인 일이 우리에게 일어나지 않을 것이라는 생각이 꼭 나쁘다고만은 볼 수 없다.

손실에 대한 혐오 편향은 손실과 이득이 비슷하게 발생했을 때 손실이 더 크다고 생각하는 것을 말한다. 대니얼 카너먼과 아모스 트버스

키가 개발하여 지금은 유명해진 '전망 이론'은 사람들이 이득을 얻었을 때 기뻐하는 것보다 같은 양의 손해를 입었을 때 두려워하는 정도가 두 배나 더 심하다고 말한다. 여기서 두 배란 단지 근사치를 의미할 뿐이다. 50달러를 잃을 때 슬픈 정도는 대략 100달러를 얻을 때 느끼는 행복과 비슷한 셈이다. 손실을 혐오하는 것이 인간의 본능이고 그것이 우리의 결정에 영향을 미친다는 사실을 기억해야 한다. 다음의 유명한 사례를 살펴보자.[18]

> 6개월 시한부 생명을 선고받은 암 환자가 있다. 의사가 오더니 이런 말을 한다. "새로운 치료법이 등장했습니다! 당장 치료해야 한다고 봅니다. 성공하면 완치될 수 있습니다. 다만 치료 중 사망할 확률이 10퍼센트 정도 됩니다."
> 한편 다른 곳에서 똑같은 시한을 남겨둔 암 환자가 있는데, 그 환자의 의사는 이렇게 말한다. "새로운 치료법이 나왔습니다! 당장 치료를 받으셔야 합니다. 성공하면 완치될 수 있고 치료에 성공해서 생존할 확률은 90퍼센트에 달합니다!"
> 후자의 예를 든 환자가 그 치료를 받을 가능성이 앞서 말한 환자보다 훨씬 더 크다. 그러나 두 발언은 기본적으로 똑같은 내용이다. 죽을 확률은 10퍼센트고 살 확률은 90퍼센트다. 그런데 전자는 손실에 대한 두려움을 자극하고 후자는 그렇지 않다. 역시 우리 목숨보다 더 중요한 것은 없다, 그렇지 않은가?

이 사례에서 배워야 할 교훈은 의사소통할 때 부정적으로 말하는 것과 긍정적으로 말하는 것의 차이가 극명하다는 것이다. 우리는 어떤 행동을 취할 때, 얻는 것보다 잃는 것에 너무 많이 신경 쓰지는 않는가?

이것은 이른바 프레이밍 효과를 보여 주는 좋은 사례다. 사람들은 긍정적인 프레임이 씌워진 선택지는 받아들이고 부정적인 프레임이 씌워진 제안은 거절하는 경향이 있다.

선택은 행복과 절망의 근원

2004년에 출간된 배리 슈워츠의 영향력 있는 책 『선택의 패러독스』는 허버트 사이먼의 '제한된 합리성' 개념의 영향을 받아 '최고를 추구하는 마음'과 '적당히 만족하는 마음' 사이의 갈등을 다루고 있다. 논리적으로 보면 선택지가 많을수록 좋을 것 같지만 실상은 그렇지 않다. 치약이나 보험 증권, 대학, 장기적 파트너, 시리얼, 은퇴 계획, 휴대폰, 휴가 계획 그리고 TV채널 등을 정하기 위해서는 얼마나 많은 선택지가 필요한가? 지나치게 많은 물건이나 일 그리고 여러 상황을 서로 비교하여 평가하는 일에는 인지적 한계가 있다. 따라서 늘 최고를 추구하는 사람은 이런 경우 차선책을 선택하는 기분이 들 것이다. 충분치 못한 선택에 머물 수밖에 없는 스스로를 자책하며, 기분이 나쁘고 침울해질지도 모른다. 오늘날 우리는 소셜 미디어로 인해 주변에 모든 것들이 넘쳐나는 환경에서 살고 있다. 그 결과 항상 뭔가를 놓치면 안 된다는 '불안 심리'가 극도로 팽배해졌다. 그것이 바로 'FOMO(fear of missing out)'다. 최근의 사회심리학 연구는 주로 청소년과 대학생에 관한 데이터를 내놓고 있다. 그중에서 어떤 논문은 제목만 봐도 그 성격을 분명히 알 수 있다. 『'단 하나도 놓칠 수 없다': 어떤 것을 놓칠까 봐 걱정하는 청소년의 마음과 그것이 청소년의 대인 관계 욕구, 페이스북 사용 그리고 페이스북으로 인한 스트레스에 미치는 영향』[19, 20] 과연 우리가 자라나는 아이들에게 내면의 자율성을 함양하고 무수히 많은 선택지 사이에서 올바른 선택을 내릴 수 있도록 교육할 수 있을지는 좀 더 두고 보아야 한다. 그러나 끝없이 밀려드는 선택지의 홍수를 피하는 비책이 몇 가지 있다.[21]

- 선택지를 좁힌다. 쇼핑몰에서 옷을 사기 위해 들르는 상점은 두 군데면 족하다.
- '적당히 좋은 것'에 만족하는 법을 배운다.
- 선택하지 않아 놓친 것에 미련을 두지 않는다.
- 너무 많이 바라지 않으면 실망하지도 않는다.

적당 씨와 결혼해

사람들과 오랫동안 관계를 이어 온 사람이 외톨이로 지내는 사람보다 행복하다는 가설을 입증하려면 많은 데이터가 필요하다(물론 이 데이터

만능의 시대에 데이터를 모으고 처리하는 것보다 더 나은 방법은 별로 없다고 생각하지만, 이미 이런 생각에 반대하는 목소리도 심심치 않게 들려온다). 어쨌거나, 로리 고틀립은 자신의 도발적인 베스트셀러 『그 남자랑 결혼해Marry Him! : The Case for Setting for Mr. Good Enough』에서 완벽한 남자를 만나려고 무한정 기다리기보다는 적당히 만족스러운 남자와 결혼하는 것이 더 낫다고 주장한다. 그녀는 이상형이 갖춰야 할 특징에 대해 너무 큰 기대를 걸어서는 안 된다고 생각한다. 누구나 자신이 추구하는 사람의 몇 가지 특징, 예컨대 취미나 눈 색깔 등을 확고하게 정해 둘 수 있다. 다만 우리가 그런 내용을 목록으로 작성해 둔다 해도 그 특징들이 균일하게 중요하지는 않아서 문제다. 유머 감각과 안정된 경제력 중 여러분은 어디에 더 중점을 두는가? (내 경우는 물론 전자지만 여기서 나의 개인적인 견해는 중요하지 않다.)

최고를 추구하는 사람들은 자신의 이상형이 갖춰야 할 특성을 미리 목록으로 작성해 두고, 각 특성별로 가중치를 매기기도 한다. 아울러 그들은 현실의 후보군에 점수를 매기기도 한다. 두 대상(혹은 두 주제)을 서로 비교할 때 문제의 핵심은 그 둘이 서로 '충분히 근접해 있는지' 여부다. 좀 더 전문적인 용어로는 둘 사이의 편차가 미리 정해둔 기준보다 작으냐 크냐가 중요하다. 편차가 더 작다면 현실 속의 인물은 '충분히 적당한' 사람이 될 수 있다. 고틀립이 우리에게 건네는 조언은 어떤 나이까지는 그 기준을 올려서 나머지 사람들을 탈락시켜 가면 결국 적당 씨(Mr. good enough)를 만날 수 있다는 것이다. 적당 씨에 관해서는 데이트 알고리즘을 설명할 때 다시 이야기할 것이다.

실수투성이 인간에서 넛지까지

아모스 트버스키, 대니얼 카너먼 그리고 리처드 탈러는 모두 행동경제학의 주역이자 베스트셀러 작가들이다. 공통적으로 이들 책이 주는 중요한 교훈은 우리 인간이 판단 착오(순위 매기기도 포함해서)를 일으킬 수밖에 없도록 진화해 왔다는 사실이다. 이 때문에 우리는 의사 결정을 내릴 때 넛지를 활용할 필요가 있다. 우리의 이익에 가장 부합한 결정을 위해서라도 말이다(몸에 좋은 음식을 선택하는 결정을 예로 들 수 있다. 내 경우에는 헝가리산과 스페인산 소시지를 적게 먹는 것이다). '넛지'[22]란 긍정적인 방향으로 선택하는 데 영향을 미치는 심리적 작용을 일컫는 말이다. 넛지는 주어진 문제의 특정한 측면에 주의를 기울이는 데 도움을 준다. 그러나 나는 넛지가 가치 중립적이며, 더 나아가 부정적인 목표를 위해 사람들을 조작하기 위한 도구라고 믿는 사람이다.[23]

오늘날 정치인들이 넛지 기법을 사용한다는 사실을 인정해야 할까? 최근 여러 나라의 정부에서는 행동과학자로 구성된 팀을 운영하는 경우가 적지 않다. 그들의 목적은 시민에게 '넛지' 기법을 적용하여 정책 수립의 효율성을 증진하는 데 있다. 더 정확히 말해 그들은 직접적인 규제나 법안보다는 간접적인 방법을 동원하여 시민의 행동을 교묘히 조작한다. 일례로 지난 몇 년간 프랑스와 영국에서 진행되었던 장기 기증 장려책을 들 수 있다. 또 넛지 정책은 영국 정부가 값비싼 병원 진료 예약이 무산되는 것을 방지하는 목적으로 사용했고, 오바마 정부는 유권자들의 투표율을 높이는 한 방편으로 이용했다.

행동경제학자들의 접근 방식은 합리적 선택 모델을 강화하는 쪽으로 작용한다. 그리고 인간의 오류 가능성을 이해하면 할수록 더 좋은 선택을 하는 데 도움이 된다.

사회적 선택

우리는 어떻게 개인의 의견과 선호, 투표 결과 등을 종합해서 집단적 의견을 형성할 수 있을까? 고대 그리스의 남자들이 지도자를 투표로 선출했다는 사실은 잘 알려져 있고, 그것 때문에 아테네는 최초의 민주주의를 실현한 장소로 불리기도 한다. 당시 투표는 거수로 진행되었다. 주최 측은 손든 사람의 수를 눈대중으로 가늠하여 가장 많은 지지를 받은 후보를 지도자로 선언했다. 중세 유럽의 거의 모든 정치 제도에 선거 요소가 포함되어 있었지만, 계몽주의와 합리주의의 전성기가 찾아온 후에야 비로소 민주주의를 비롯한 여러 가지 사회적 선택 수단이 탐구되었다.

니콜라 드 카리타(Nicolas de Caritat, 1743-1794)는 흔히 마르키 드 콩도르세Marquis de Condorcet라는 이름으로 알려진 인물로, '쌍별 다수결'

이라는 특수한 투표 방식을 창안한 학자다. 이것은 오늘날까지도 투표에 관한 연구와 체계에 영향을 미치고 있다. 콩도르세는 배심원들의 행동을 분석하여 그 유명한 '배심원 정리jury theorem'를 발전시켰다. 수학적 모델을 이용하여 사회 현상을 이해하려 할 때마다 우리는 이 모델의 바탕에 있는 가정을 주의 깊게 따져 봐야 한다. 이 경우에는 배심원단의 각 구성원이 올바른 결론을 내리는 데 필요한 동등하고 독립적인 기회가 주어졌다고 가정할 때(이는 무작위 상황보다는 낫지만[50퍼센트보다는 높지만], 완벽한 조건에는 미치지 못한다[100퍼센트보다는 낮다]), 배심원 수가 늘어날수록 배심원단 전체가 올바른 결정을 내릴 확률이 더 커진다고 한다. 여기서 중요한 점은, 올바른 결정이 이루어지기 위한 상황이 충족되어야만 '배심원 정리'가 타당하다는 것이다. 예컨대 배심원들이 피고의 유무죄 여부를 결정해야 하는 상황이 그렇다. 따라서 다수결 원칙은 특정한 조건에서만 '진실을 규명'하는 데 적합하다. 물론 현실에서 투표자의 의견은 서로 간의 영향에서 결코 자유롭지 못하다. 게다가 이 정리는 '객관적 진실'은 없고 오로지 개인의 선호에만 의존하는 상황에서는 적용되지 않는다. 우리가 정치인들을 선택하는 상황이 바로 이에 해당한다.

'콩도르세의 역설'은 그의 두 번째 통찰을 가리키는 말이다. 그는 개인의 선호가 아무리 '합리적'(전이성이 있음)이라 하더라도 그로 인해 형성된 집단의 결정은 '비합리적'(전이성이 없음)일 수 있다는 점을 간파했다. 좀 더 알기 쉽게 설명하기 위해, 투표자가 세 명(1, 2, 3)이고 후보도

세 명(A, B, C)이라고 가정해 보자. 투표자의 개인적 선호도는 다음과 같다.

투표자 1 : A 〉B 〉C

투표자 2 : B 〉C 〉A

투표자 3 : C 〉A 〉B

이제 이 전체적인 선호 관계를 쌍별 비교 방식으로 나누어 본다. 그 결과는 다음과 같다.

A 대 B : 2-1

B 대 C : 2-1

C 대 A : 2-1

즉 다수결에 따른 선호도 순위는 A 〉B 〉C 〉A 〉B 〉C 〉A 〉…와 같이 무한히 반복되고, 이를 콩도르세 사이클이라고 한다. 콩도르세 역설은 투표에서의 실용적 역할과 수학 분야의 이론적 역할이라는 두 관점으로 연구되어 온 주제다.[24]

실용적인 요소로만 보면 선거 체계는 집단적 의사 결정의 핵심 수단이며 그 핵심은 정치인 후보들의 순위를 매기는 것이다. 물론 당선만이 중요할 때도 있지만(대통령이나 총리 선거의 경우), 때로는 특정 기준을 넘어서서 순위 명단에 이름을 올린 모두가 '승자'인 경우도 있다(의회나 이사회 구성원을 선출하는 경우). 단 하나의 이상적인 선거 시스템이 어떤 것인지 말할 수 있는 사람은 아직 아무도 없다. 전설적인 경제학자 케네스 애로(Kenneth Arrow, 1921-2017)는 1950년에 '불가능성 정리 impossibility theorem'(그는 이 책으로 1972년 노벨상 수상자가 되었다)를 발표하여 투표자들이 후보들을 상대로 순위를 매길 때 잘못된 결과가 일어날 수 있다는 점을 보여 주었다. 애로의 연구를 비롯하여 이후 수많은 경제학자와 수학자의 노력으로 투표 체계를 다룬 논의와 비교 수학적 분석이 이루어졌다.

투표는 비교적 단순한 일로 보인다. 사람들이 투표장에 가서 자신이 좋아하는 후보를 선택하면 가장 많은 표를 얻은 후보가 당선된다. 이런 방식을 최다 득표자 당선 방식, 또는 승자 독식 투표 제도라고 하지만 이는 여러 가지 투표 제도 중 하나일 뿐이다. 애로의 불가능성 정리에 따르면 우리가 선택하는 투표 체계는 선거 결과에 막대한 영향을 미친다. 투표자들의 개별적 의사를 종합하기 위해서 몇 가지 공정성 기준이 충족되어야 한다고 말하지만, 사실 이 정리가 제시하는 기준은 모든 경우에 다 충족될 수 있는 것이 아니다. 첫째, 한 사람이 독재 권력을 휘두르며 선거 결과를 좌지우지하는 일이 없어야 한다. 둘째, 모든 개인이 특정 선택지를 선호한다면 투표 결과 역시 그 선호도를 반영해야 한다. 즉 모든 투표자 개인이 후보자 A를 후보자 B보다 더 좋아한다면, 전체 결과에서도 후보자 A가 후보자 B보다 더 큰 선호도를 보여야 한다. 셋째, 선거의 결과로 반드시 승부가 결정되어야 한다. 즉, 공동 1위가 있어서는 안 된다. 마지막으로 투표자들은 후보자들을 선택할 때 오직 두 후보 사이에서만 판단을 내려야 한다. 다시 말해 쌍별 비교 상황에서 두 후보 외에 별도의 대안을 고려할 여지가 있어서는 안 된다.[25]

애로의 불가능성 정리는 여러 정성적인 기준을 제시하고, 그중에서도 선거를 통해 후보들 간의 순위가 명확히 판가름 나야 한다는 보편성 기준이 있다. 그러나 바로 이 보편성 기준을 위배할 수 있는 선거 결과 중 하나가 바로 콩도르세 역설이다. 애로의 불가능성 정리는 투표의 모든 결과가 공정성 기준을 항상 위배한다고 말하지는 않는다. 하지만 투표를 하다 보면 위배하는 일이 일어날 수 있다고 주장한다. 따라서 이 정리의 의의는 그것을 어떻게 적용하느냐에 달려 있다. 《플러스 매거진》의 편집자 메리앤 프라이버거Marianne Freiberger가 말했듯이, 그 결과가 중요한지 아닌지는 특정한 공정성의 기준을 위반할 수 있는 가능성이 어느 정도냐에 따라 좌우된다. 아울러 독재가 없어야 한다와 같은 특정 기준이 다른 기준보다 더 중요할 수 있다.[26] 그러나 여전히 애로의 불가능성 정리는 완벽한 투표 체계를 구축하는 것이 불가능하다는 사실을 보여 준다.

또 투표 체계는 개인의 선택을 종합하는 방법에 따라 조작에 노출될 수 있다. 예를 들어 우리가 애로의 불가능성 정리가 요구하는 별도의 대안이 부적합하다는 기준을 진지하게 받아들여 투표 체계를 후보들

간의 순차적인 쌍별 비교 방식으로 구성한다면, 초기의 쌍별 비교 투표는 선거 결과에 결정적인 영향을 미칠 것이다. 존 바로우John Barrow는, 우리가 연속적인 쌍별 비교 방식을 통해 선거를 조작하고자 한다면 초반부에 가장 유력한 후보들끼리 맞붙게 하고 우리가 선호하는 후보를 가장 나중에 등장시켜 그가 이기도록 만들 수 있다고 말했다.[27] 그러므로 개인별 투표를 종합하는 과정과 그 구조에 대한 우리의 선택이 특정 선거의 공정성과 결과에 결정적인 영향을 미친다는 것을 알 수 있다.

애로의 불가능성 정리는 누구를 먼저 투표할지의 방식 즉, 순위 선택 투표 방식의 실행 가능성 문제를 제기하지만, 표준적인 최다 득표자 당선 방식에 대한 여러 대안이 미국 전역의 일부 관할구역에서 적용되어 왔다. 최근 메인주는 주의회가 순위 선택 투표 방식의 사용을 연기해 달라고 요구했음에도 2018년 중간 선거에서 이 방식을 그대로 적용하여 선거를 치른 사례가 있다. 메인주의 방식은 투표자들이 선호하는 순서대로 후보들의 순위를 무기명으로 제출한 다음, 첫 회차 투표에서 다수표를 차지한 1위 후보가 나타나지 않으면 곧바로 결선 투표로 넘어간다. 결선에서는 각 회차별로 후보가 한 명씩 탈락하고 그 표는 나머지 후보들에게 순위별로 분산된다. 이 과정을 반복하여 최종 당선자를 결정한다.[28, 29]

애로의 불가능성 정리와 현실의 투표 체계 사이에는 분명히 괴리가 있다. 불가능성 정리는 사회적 선택을 위한 공정한 체계를 수립하는 일이 불가능하다고 말하지만, 우리는 전 세계적으로 투표 체계를 끊임없이 적용하고 있다. 이론과 실제 사이에 존재하는 이런 긴장 관계 때문에 불가능성 정리에 대한 도전도 꾸준히 증가해 왔다. 그중 마이클 발린스키Michael Balinski와 리다 라라키Rida Laraki가 2010년에 출간한 책[30]에서 애로의 불가능성 정리가 안고 있는 일부 한계를 지적하고 극복하는 선거 체계가 제안되었다. 그들은 애로의 연구에 몇 가지 핵심적인 가정과 놓친 점이 있다고 지적했다. 그것은 투표자들이 자신의 선호도를 반영한 순위 목록을 내놓을 것이라고 가정했고, 투표의 전략적인 측면을 간과했으며, 한 사람이 자신의 선호도를 투표하는 행위가 다른 사람들에게 알려진다는 사실은 고려하지 않았다는 것이다. 그들은 애로의 이런 가정과 누락 사항 때문에 사회적 선택 이론에 대해 '현실에 잘못된 모델을 수립함으로써 모순된 이론을 만들어 낸다'는 패러다임이 형성된다고 주장한다.[31]

발린스키와 라라키는 와인 등급 분류, 다이빙 또는 피겨 스케이팅 경기 그리고 학생의 성적을 매기는 일 등에서 인정되는 판단 척도에 의지하여 개인의 선호도를 종합하는 방법을 제안하였고, 그것을 '다수 판단Majority Judgment'이라고 불렀다. 다수 판단은 그 자체로 순위를 만드는 것과는 반대로 순위를 결정하는 척도에 좌우된다. 그들은 선호도와 효용을 입력해 선거 결정권을 생성하는 구조를 위한 공통 언어를 제안했다. 각 후보자에게 부여된 중간값median 등급을 고려하여 그 중간값을 비교의 척도로 사용하자는 것이다.

다수 판단을 산출하는 방식은 다음과 같다. 후보들에게 1에서 10까지의 점수를 준다고 해 보자. 여기서 10은 최고 점수고 1은 최저 점수다. 투표자의 수가 모두 다섯 명이고 후보가 두 명일 경우를 생각하면 두 후보는 예컨대 [3, 6, 7, 7, 9] 및 [4, 5, 6, 7, 10]과 같은 형태의 점수를 받게 될 것이다. 각 후보에 대한 다수 판단 점수는 가장 가운데에 있는 점수를 말한다. 그러므로 여기서 첫 번째 후보에 대한 다수 판단 점수는 7이고 두 번째 후보가 얻은 다수 판단 점수는 6이 된다. 이런 과정을 모든 후보에게 반복해서 적용하면 후보들 사이의 순위를 정할 수 있고 가장 높은 점수를 얻은 후보가 승리를 차지한다. 발린스키와 라라키는 이런 방법으로 선호도를 종합함으로써 얻는 가장 중요한 이점을 이렇게 설명한다. 즉 여러 투표자가 인정하는 가장 높은 점수가 후보자에 대한 다수 판단 점수(이를 α라고 하자)이고, 이 수치가 곧 다수의 선호를 반영한다는 것이다. 최소한 투표자의 50퍼센트는 그 후보에게 α나 그 이상의 점수를 주었을 테니 말이다. 나아가 발린스키와 라라키는 그들의 방법에서 다양한 문제 상황에 대한 해결책과 전체 과정을 최소한으로 유지하는 법을 추론해 냈다. 그리고 그들은 이 방식이 애로의 불가능성 정리의 한계를 극복하여 사회적 결정을 이끌어 내는 현실적인 방법이라고 주장했다.

우리가 아는 한 가지 사실을 처칠의 말에서 찾을 수 있다(물론 그도 앞선 세대로부터 이 지식을 물려받았다). "죄와 슬픔으로 얼룩진 이 세상에서 사람들은 여러 가지 정부 형태를 실험해 봤고 앞으로도 그럴 것이다.

그 누구도 민주주의가 완벽하다거나 절대로 현명한 정치 제도라고 주장하지는 못할 것이다. 사실 민주주의야말로 지금껏 시도해 본 여러 형태 중에서 최악의 정치 제도라고 말할 수 있다."

가위바위보 : 게임과 규칙

가위바위보 게임에는 이기는 경우가 단 세 가지만 등장하는데, 이 점을 생각하면 순위를 매기는 일이 얼마나 어려운지 잘 알 수 있다. 바위는 가위를 깨고, 보자기는 바위를 덮으며, 가위는 보자기를 자르기 때문에 이들 간의 우열은 전이성 없이 서로 순환하는 관계에 놓여 있다. 가위바위보는 두 사람이 하는 게임이므로 한쪽의 행동에 일정한 패턴이 보일 경우, 다른 한쪽이 그것을 이용하여 승률을 높일 수 있다.

가위바위보의 원형은 고대 중국의 한나라까지 거슬러 올라가며, 손 모양이 비슷한 다른 게임을 일본(일본의 가위바위보는 손 모양으로 호랑이와 촌장 그리고 촌장의 어머니를 각각 표현한다. 촌장이 호랑이를 이기고, 엄마는 촌장을 이기지만 호랑이에게 신나)과 인도네시아(인도네시아에서는 집게벌레와 사람 그리고 코끼리다. 집게벌레는 코끼리를 미치게 하고, 사람은 집게벌레를 눌러 죽이며, 코끼리는 사람을 밟아 죽인다)에서도 찾을 수 있다.

따지고 보면 가위바위보는 제로섬 게임이다(한 사람이 이기면 다른 사람은 질 수밖에 없다는 뜻이다). 그래서 이 게임을 이기는 전략이 있냐는 당연한 질문이 생기지만, 그 답을 한마디로 표현할 수는 없다. 완벽하게 무작위적인 알고리즘으로 게임을 한다면 상대방에 비해 어떤 이점도 누릴 수 없을 것이다. 그러나 사람이 펼치는 작전은 무작위적이지 않다. 사람마다 가위바위보를 해 본 경험의 수준이 다를 뿐 아니라 숙련된 사람이라면 상대방의 패턴을 재빨리 파악할 수 있으므로 이를 이용하여 이기는 전략을 세울 수 있다. 잘 보면 어림짐작으로도 알 수 있는 법칙들이 존재한다. 예컨대 '똑같은 것을 고집스럽게 내다 보면 이긴다', '전략을 쉽게 바꾸는 사람은 진다'는 것이다. 즉 가위에서 바위, 또 바위에서 보 순서로 자꾸 바꾸지 말라는 것이다. 가장 공격적인 것은 바위고, 또 보보다 센 것은 가위이기 때문이다. 이외에도 여러 가지 심리적 패턴(사람들은 똑같은 것을 두 번 연속 내는 경향이 있지만, 세 번 연속 내는 일은 드물다 등)과 이를 이용하는 전략이 존재한다.

이 게임이 흥미로운 이유는 무엇일까? 딱 하나를 꼽자면 이 게임에서는 전이성이라는 수학적 특성이 무너진다는 점이다. 앞에서 전이성이라는 개념을 짧게 설명했지만, 여기서 좀 더 상세하게 다루어 보도록 하자. 전이성을 보여 주는 간단한 예는 A가 B보다 크고 B가 C보다 크면 A는 C보다 크다는 명제다. 여기서 전이성이 무너지면 순환 관계가 성립하여 이들 사이에 순위를 매길 수 없게 된다.

가위바위보를 다섯 가지 무기로 확장하여 만든 것이 바로 '가위, 바위, 보, 스팍(영화 〈스타트렉〉에 나오는 박사 – 옮긴이), 도마뱀' 게임이다. 여기서 '가위는 보자기를 자르고, 보자기는 바위를 덮으며, 바위는 도마뱀을 치고, 도마뱀은 스팍을 향해 독을 쏘며, 스팍은 가위를 부숴 버리고, 가위는 도마뱀의 목을 자르며, 도마뱀은 보자기를 삼키고, 보자기에 쓰인 논문은 스팍 박사의 연구를 반증하며, 스팍은 바위를 증발시켜 버리고, 마지막으로 늘 그렇듯이 바위는 가위를 부숴 버리는' 관계가 성립한다. 이 게임은 미국의 TV 프로그램 〈빅뱅 이론〉에서 소개되었다.

사법 체계에서의 순환 관계 : 탈무드에서 현대까지

서로 물고 물리는 지배 관계를 만드는 구조(서로의 순위를 규정할 수 없는 상황)에는 좋은 점도 있다. 기생충-풀-초본식물 간의 관계에서 보듯 그런 구조는 생태계의 생물 다양성을 유지하는 핵심적인 역할을 맡고 있다. 여기서는 기생충보다 정치인에 관한 이야기로 바로 건너뛰기로 한다!

잘 알다시피 건국 당시 헌정 수립의 주역들은 정부 기관 중 어느 한 부분이 다른 쪽보다 더 강해지지 못하도록 하는 견제와 균형의 체제를 만들었다. 그렇게 해서 탄생한 정부 체제는 어떤 면에서 가위바위보를 연상시킨다. 물론 그보다는 훨씬 더 복잡하다. 행정부, 입법부, 사법부

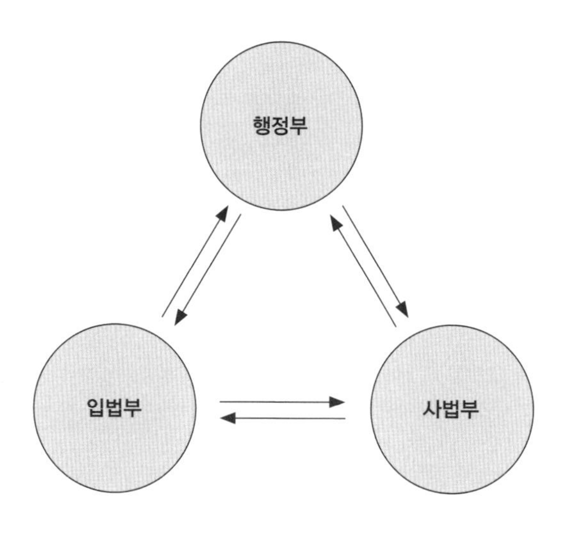

| 그림 4.1 | 행정부는 법률을 집행한다. 입법부는 법률을 제정한다. 사법부는 법률의 위헌 여부를 심사한다.

를 둘씩 비교한 결과는 두 가지 다른 결론으로 이어지기 때문이다(그림 4.1). 여기서 중요한 사실은 미국 정부 체제가 의도적으로 전이성을 무너뜨리기 위해 구성되었다는 사실이다. 세 기관 사이에 그 어떤 우열 관계도 형성되지 않게 하는 것이 원래 목적이었다.

이 장의 서두에서 '호모 폴리티쿠스'에 관해 설명할 때 언급한 브라이언 존스에게, 미국 정부 체제가 과연 이런 의도를 띠고 구성된 것인지 질문했다. 그의 대답은 인용할 가치가 있다.

미국 정부가 순환적 성격을 가진다는 말은 겉으로 보면 훌륭한 설명이지만, 여기에 너무 깊이 빠지는 데는 문제가 있습니다. 예를 들어 헌법에는 의회에서 통과되어 대통령의 재가를 받은 법률에 대해 사법적 검토를 거쳐야 한다는 조항이 없습니다. 그것은 1803년의 마버리 사건 재판(Marbury v. Madison Case, 미국 연방 대법원이 의회가 제정한 법률에 대해 위헌을 선고함으로써 사법부가 위헌 법률 심사권이라는 막강한 권한을 갖는 세계적 흐름의 시초가 된 재판 – 옮긴이)에서 법원이 주장한 내용으로, 이후 50년 이상이나 그런 일은 다시 일어나지 않았습니다. 사법부는 원래 세 기관 중 가장 약한 존재로 세워졌습니다. 그리고 사법부의 가장 중요한 헌법적 기능은 연방 제도를 유지하는 것입니다. 즉 연방법과 주법이 서로 충돌하는 일이 벌어졌을 때 연방법의 최고 지위를 강제하기 위한 기능입니다. 그러나 법률 그리고 대통령령에 대한 해석이 함축되어 있다는 것은 사실입니다.

어쨌든 미국의 정치 체제가 전이성이 없는 구조로 발전해 왔다고 주장할 수는 있습니다. 그러나 여기서의 '비전이성'이란 제한된 의미에서 그렇습니다. 다른 한편으로 이 구조는 일반 독자에게 훌륭한 교육적 장치가 될 수 있습니다.

필자는 미국에서 자라지 않았지만 마버리 사건으로 연방 대법원의 권한이 강화되었다는 사실을 알고 있고, 전체적으로 보면 결국 좋은 일이었다. (이 세상 모든 일을 실제로 일어난 정치적 사건에 비춰 판단할 수는 없다. 그러나 이 글을 쓰고 있는 최근에만 해도 연방 대법원 판사 앤서니 케네디가 7월

말에 사임한다는 발표가 있었다[그렇게 되면 트럼프 대통령이 대법원의 구성을 근본적으로 바꿀 두 번째 기회를 얻는 것이고 그 결과는 향후 수십 년 동안 이어질 것이다]. 그리고 이 원고를 탈고할 즈음에 그는 퇴임했다. 우리는 그의 후임인 브렛 캐버노에 대한 지명 절차의 희비극적인 세부 내용을 모두 알고 있다[브랫 캐버노의 지명 과정에서 그의 고교 시절 성추문 의혹이 제기되었지만 성추문 당사자가 한 증언의 신빙성 여부는 검증되지 않았다 - 옮긴이].) 전이성이 비록 일관성의 가장 기초적인 요건이기는 해도 사법 체계가 다양한 기관으로 구성되어 있는 경우에는 비전이적인 순환 관계에 놓일 수도 있다.

사법부의 권한이 원래 더 약하게 설계되었다고 말했지만, 우선순위를 규정하는 규칙 자체에 이미 우선순위가 부여된 사례가 훨씬 오래 전에 있었다. 랍비 문학에는 예루살렘 성전에서 예물을 바치는 순위와 같은, 모순된 규칙에 관한 내용이 나온다. 슬로모 나에Shlomo Naeh와 우지 세갈Uzi Segal 등의 학자들은 탈무드[32]에 나타난 전이성을 연구한 논문에서 규칙 사이의 관계를 이렇게 설명한다.

- 규칙 1은 동물의 종류에 따라 '소가 새에 앞선다'와 같이 순서를 매긴다. 그런데 또 다른 규칙에는 제물의 기능에 따른 순위가 규정되어 있다.
- 규칙 2는 제물의 기능을 순위 부여의 기본 원칙으로 삼는다. 제물의 순위는 그 종류 내에서 규정된다. 예컨대 '속죄 제물'은 '번제 제물'보다 순위가 앞선다.
- 또 다른 랍비 문서에는 규칙 3이 나와 있다. 즉 "새를 속죄 제물로 삼

> 으려면 새의 번제 제물을 함께 쓰라. 속죄 제물 새와 번제 제물 소를 쓰거나, 속죄 제물 소와 번제 제물 소를 함께 쓰라. 속죄 제물이 항상 번제 제물에 우선한다."

세 번째 규칙은 동물의 종류에는 상관없이 단지 제물의 기능만 규정하고 있다. 이 규칙들 사이에 발생하는 충돌을 어떻게 해결할 것인가에 관한 다양한 해석이 있지만, 자세한 내용은 『순위에 관한 순위를 부여하는 규칙』이라는 논문에 나와 있으므로 관심 있는 독자들은 참고하시기 바란다.[33]

여기서 우리가 얻을 수 있는 좀 더 넓은 의미의 교훈은 도덕, 종교 및 사법 체계에서 비전이적인 순환 관계가 나타날 수 있으며 이런 모순적인 상황을 해결하기 위해 실용적인 해결책을 마련할 필요가 있다는 사실이다. 따라서 순위 규칙에 다시 순위를 매기는 일은 탈무드에서 미국 정부 체계에 이르는 여러 문제의 해결책 중 하나로 입증되었다.

물론 순위를 다루는 모든 문제가 좋은 알고리즘을 찾는다고 다 해결되는 것은 아니므로 이제부터는 월드 와이드 웹에서 순위를 매기는 일의 유명한 성공 사례를 살펴보기로 한다.

막대한 부를 안겨 준 랭킹 알고리즘

웹 사이트의 순위

구글은 언제나 옳다! 구글의 사회적 성공은 인터넷에서 정보를 찾을 때 사람들이 자주 쓰는 검색엔진을 보면 알 수 있다. 수많은 사람이 이용하기 때문에 '구글하다'라는 신조어도 만들어졌다. 월드 와이드 웹은 링크로 연결된 웹 페이지의 집합이며 인터넷은 컴퓨터들이 연결된 체계를 뜻하는 말이다. 월드 와이드 웹에 올라온 정보의 양은 1993년을 기점으로 급격히 증가하여, 정보를 신속하고도 효율적으로 검색할 수단이 필요해졌다. 따라서 우리는 구글에 질문한다. 가령, '웹 사이트 순위'라고 입력하는 것이다. 그러면 구글은 약 50만 개가 넘는 순위 목록을 보여 준다. 그 결과의 첫 페이지가 그림 4.2에 나타나 있다.

검색 결과 목록은 알고리즘이 작성한다. 알고리즘은 요리를 준비하는 레시피에 다름 아니라는 사실을 기억할 것이다. 즉 알고리즘은 제한된 양의 지시 내용일 뿐이다. 구글의 공동 창립자 세르게이 브린과 래리 페이지는 적합도에 따라 웹 페이지의 순위를 매겨 주는 페이지랭크PageRank라는 알고리즘을 개발하여 부를 거머쥐었다(이름을 왜 브린-페이지라고 하지 않았는지 모를 일이다). 이 알고리즘을 일부 변형하여 지금의 구글 검색엔진이 되었고 그림 4.2와 같은 결과가 나왔다. 구글 이전에도 여러 가지 검색엔진이 있었다. 그러나 구글이 훨씬 더 좋은 이

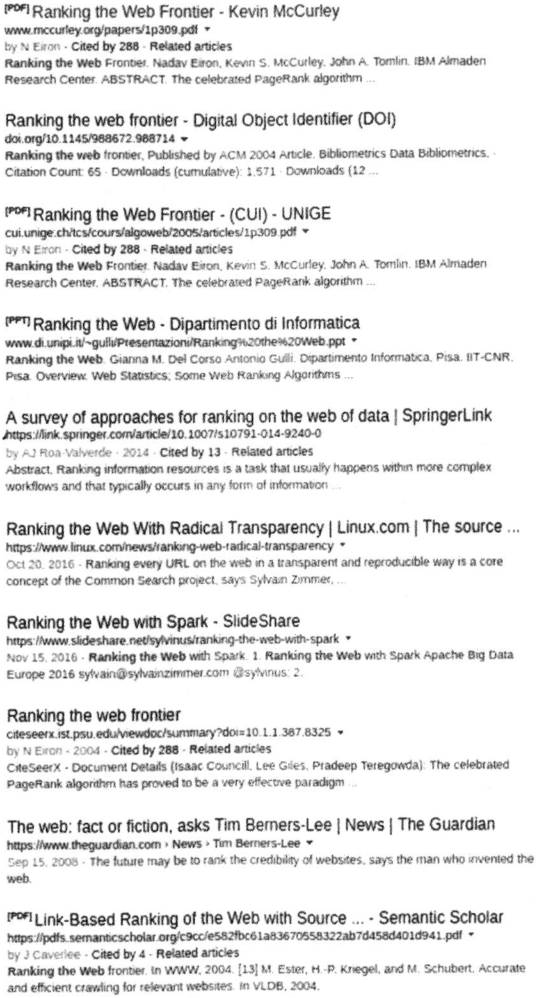

[PDF] Ranking the Web Frontier - Kevin McCurley
www.mccurley.org/papers/1p309.pdf ▾
by N Eiron - Cited by 288 - Related articles
Ranking the Web Frontier. Nadav Eiron, Kevin S. McCurley. John A. Tomlin. IBM Almaden Research Center. ABSTRACT. The celebrated PageRank algorithm ...

Ranking the web frontier - Digital Object Identifier (DOI)
doi.org/10.1145/988672.988714 ▾
Ranking the web frontier, Published by ACM 2004 Article. Bibliometrics Data Bibliometrics. · Citation Count: 65 · Downloads (cumulative): 1,571 · Downloads (12 ...

[PDF] Ranking the Web Frontier - (CUI) - UNIGE
cui.unige.ch/tcs/cours/algoweb/2005/articles/1p309.pdf ▾
by N Eiron - Cited by 288 - Related articles
Ranking the Web Frontier. Nadav Eiron, Kevin S. McCurley. John A. Tomlin. IBM Almaden Research Center. ABSTRACT. The celebrated PageRank algorithm ...

[PPT] Ranking the Web - Dipartimento di Informatica
www.di.unipi.it/~gulli/Presentazioni/Ranking%20the%20Web.ppt ▾
Ranking the Web. Gianna M. Del Corso Antonio Gulli. Dipartimento Informatica. Pisa. IIT-CNR. Pisa. Overview. Web Statistics; Some Web Ranking Algorithms ...

A survey of approaches for ranking on the web of data | SpringerLink
https://link.springer.com/article/10.1007/s10791-014-9240-0
by AJ Roa-Valverde - 2014 - Cited by 13 - Related articles
Abstract. Ranking information resources is a task that usually happens within more complex workflows and that typically occurs in any form of information ...

Ranking the Web With Radical Transparency | Linux.com | The source ...
https://www.linux.com/news/ranking-web-radical-transparency ▾
Oct 20, 2016 - Ranking every URL on the web in a transparent and reproducible way is a core concept of the Common Search project, says Sylvain Zimmer, ...

Ranking the Web with Spark - SlideShare
https://www.slideshare.net/sylvinus/ranking-the-web-with-spark ▾
Nov 15, 2016 - Ranking the Web with Spark. 1. Ranking the Web with Spark Apache Big Data Europe 2016 sylvain@sylvainzimmer.com @sylvinus; 2.

Ranking the web frontier
citeseerx.ist.psu.edu/viewdoc/summary?doi=10.1.1.387.8325 ▾
by N Eiron - 2004 - Cited by 288 - Related articles
CiteSeerX - Document Details (Isaac Councill, Lee Giles, Pradeep Teregowda): The celebrated PageRank algorithm has proved to be a very effective paradigm ...

The web: fact or fiction, asks Tim Berners-Lee | News | The Guardian
https://www.theguardian.com › News › Tim Berners-Lee ▾
Sep 15, 2008 - The future may be to rank the credibility of websites, says the man who invented the web.

[PDF] Link-Based Ranking of the Web with Source ... - Semantic Scholar
https://pdfs.semanticscholar.org/c9cc/e582fbc61a83670558322ab7d458d401d941.pdf ▾
by J Caverlee - Cited by 4 - Related articles
Ranking the Web frontier. In WWW, 2004. [13] M. Ester, H.-P. Kriegel, and M. Schubert. Accurate and efficient crawling for relevant websites. In VLDB, 2004.

| 그림 4.2 | '웹 사이트 순위'라는 질문의 답으로 구글이 내놓은 결과의 첫 페이지, 2017년 4월 28일 기준.

유는 검색 질문에 대한 답으로 나온 페이지에서 다음과 같은 '두' 질문의 답을 내놓았기 때문이다. ① 이 페이지가 검색된 내용의 어떤 의미에서 적합한가? ② 적합한 페이지 중에서 어느 하나가 다른 것보다 얼마나 더 중요한가? (모든 페이지가 다 똑같이 중요하지는 않다. 다 같이 중요해 보이는 연결 사이트 중에서도 어떤 것은 다른 것보다 더 중요하다.) 에이미 랭빌Amy N. Langville과 칼 메이어Carl D. Meyer의 『구글의 페이지랭크를 넘어서Google's PageRank and Beyond: The Science of Search Engine Rankings』라는 책은 검색엔진의 작동 과정을 수학적 원리로 다루고 있다.

웹 사이트 인기도

웹 사이트의 인기도를 측정하여 순위를 매기는 회사들이 있다. 랭킹닷컴Ranking.com, 알렉사 인터넷Alexa Internet, 컴스코어comScore, 컴피트Compete, 퀀트캐스트Quantcast, 닐슨 홀딩Nielsen Holding과 같은 회사들이다. 알렉사는 아마도 오늘날 가장 유명한 접속자 순위 제공 업체일 것이다. 알렉사의 접속자 순위는 3개월이 넘는 기간 동안 사용자가 접속한 데이터에 기반하고 있으며, 이 순위는 매일 새롭게 갱신된다. 사이트의 순위는 순 방문자 수와 페이지 검색 횟수라는 두 가지 척도를 바탕으로 계산한다. 순 방문자 수는 표면적으로는 그날 해당 사이트에 접속한 순 방문자 수로 결정된다. 페이지 검색 횟수는 사용자가 해당 사이트의 웹 페이지 주소를 검색한 횟수의 합계를 말한다. 같은 날 같은 사용자가 한 주소를 여러 번 검색했더라도 페이지 검색 횟수는 모두 한 번으로 집계된다. 순 방문자 수와 페이지 검색 횟수를 합해 가장 높은 기록을 보인 사이트가 1위에 오른다.

구글이 목록에서 1위를 차지하는 것은 놀랄 일이 아니지만, 2위(주로 페이스북과 유튜브의 대결이 된다)는 순위 체계에 따라 다소 오락가락한다. 페이지랭크가 소위 '감쇠 계수damping factor' 수치를 바꿔 다른 결과를 만들어 낸다는 것은 유명한 예다. 페이지랭크의 기반은 인터넷 사용자들의 행동 방식을 다룬 가정이다. 사용자들은 그가 보고 있는 링크를 한동안은 클릭하고 있겠지만 금세 싫증이 나서 언제 또 다른 페이지로 옮겨갈지 모른다(보고 있던 페이지의 링크를 누르는 대신 직접 새로 주소를 쳐서). 원래의 알고리즘은 사용자들이 싫증을 낼 확률을 0.15라고 가정했으므로 감쇠 계수 값을 1 - 0.15 = 0.85로 계산하여 설정해 놓았다. 그러므로 감쇠 계수 값이 달라지면 순위도 달라질 수 있다. 이런 현상을 '순위 변동rank reversal'이라고 하며, 별로 중요하지 않거나 대개 적합하지 않은 요인 때문에 순위가 달라지는 경우를 가리키는 말이다.

지금 인터넷에서 인기 있는 것은?

레딧은 자칭 '인터넷의 첫 페이지'라는 슬로건을 내세우는, 콘텐츠에 순위를 매기고 토론을 운영하는 웹 사이트다. 알렉사 인터넷에 따르면 레딧은 2018년 7월 기준 5억 4,200만 명(순 방문자 수 2억 3,400만 명)의 월간 방문자를 확보하여 방문자 순위에서 미국 내 3위, 전 세계에서는 6위를 기록했다. 레딧에 올라온 콘텐츠는 인기, 최신, 뜨고 있는 링크, 화제, 고득점 그리고 골드라는 제목의 카테고리로 각각 나뉜다. 알고리즘은 기본적으로 오픈 소스 정책을 취하므로 무료로 이용할 수 있다. 레딧의 인기 순위는 로그 함수를 사용하므로 첫 번째 투표에 다음 투표보다 더 큰 가중치를 부여한다. 한마디로 처음 열 번의 '좋아요' 투표와 다음에 오는 백 번의 '좋아요'는 같은 비중을 차지하며, 또 그다음의 천 번의 '좋아요'와도 비중이 같다.[34]

2018년 7월 2일 벨기에와 일본의 경기를 관전한 축구 팬은 아마 월드컵 역사상 가장 극적인 시합을 지켜봤다고 해도 과언이 아닐 것이다. '붉은 악마(벨기에 축구 대표팀을 부르는 애칭 – 옮긴이)'들이 두 골을 지고 있다가 문자 그대로 마지막 순간에 골을 넣으면서 대역전승을 거두었기 때문이다. 아침에 보니 레딧의 인기 고득점 소식에 '일본 대표팀, 벨기에 대표팀에 2 대 3으로 뼈아프게 패배한 후에도 러시아 팬들에게 보내는 감사의 인사말을 라커룸에 남기다'라는 내용이 올라와 있었다. 축구 팬은 경기의 추억을 간직하겠지만, 그 뉴스 자체는 전형적인 '오늘의 화제'를 다루고 있었고 밤이 되면 또 다른 사건들에 묻히고 만다. 확실히 인터넷과 같은 복잡한 네트워크에는 쉽게 발견할 수 없는 흥미롭고 중요한 내용이 있다.

게임의 결과에 관하여 : 안정성, 변동, 통계

순위 보전과 순위 변동

지금까지 우리는 인간의 인식과 컴퓨터 알고리즘이 순위 목록을 만드는 다양한 방법을 살펴보았다. 그런데 이 과정에서 반복된 질문은 그 결과가 얼마나 믿을 수 있고 안정적인가, 그리고 우리는 이 목록에 어떻게 대처해야 하는가, 또 최고의 항목을 찾기 위해 특정 순위 체계를 얼마나 신뢰할 수 있는가? 등이었다.

물론 순위를 매기는 데 다양한 기준을 적용할 수 있다. 예를 들어 '다기준 순위 결정multicriteria ranking'이라는 수학적 방법이 있다. 여기에는 매우 복잡한 과정이 필요해서 각 대안 사이의 순위를 도출할 뿐 아니라 그 기준에까지 우선순위를 부여해야 한다. 가령 여러분이 새로 자동차를 장만해야 하는 젊은이라고 해 보자. 판매자가 여러분에게 차를 두 대 보여 준다. 하나는 새 차(N1)고 또 다른 하나는 중고차(U)인데 중고차 가격은 새 차의 절반이다. 이제 여러분은 두 가지 기준, 즉 가격과 연식을 두고 고민해야 한다. 지금 시점에서 예산이 훨씬 더 중요하다는 생각이 들고, 어쨌든 자동차는 꼭 필요하므로 거의 중고차 U를 사기로 마음 먹는다. 그런데 마지막으로 한 번 더 둘러보던 중 판매자가 또 다른 새 차(N2)를 한 대 보여 준다. 먼저 본 새 차보다 상당히 멋진 대신 가격은 훨씬 더 비싸다. 이때 마음이 바뀌면서 이런 생각이 들 수도 있다. "N1을 사는 편이 괜찮은 거래가 아닐까? N2를 사면 훨씬 더 많은 돈이 들잖아, 그러니 N1을 사는 게 훨씬 절약하는 셈이지!"

이 간단한 이야기는 우리가 꼭 이상적인 상황에서 선택하는 것만이 아님을 보여 준다. 이상적인 순위 부여 절차가 있다면 선택의 대상 사이에 새로운 대안을 끼워 넣거나 빼더라도 그에 상관없이 순위를 보전할 수 있다. 이것을 불변성 원리, 또는 무관한 대안으로부터의 독립이라고 부른다. 이 내용은 앞 장에서 애로의 불가능성 정리를 다룰 때 이미 언급한 바 있다.

2000년 미국 대선은 바로 무관한 선택 대상으로부터의 독립이라는 원칙을 무너뜨린 사례로 자주 언급된다. 우리는 애로의 불가능성 정리 중 4번째 조건만 보더라도 세상에 완벽한 투표 체계는 존재하지 않는다는 사실을 이미 알고 있다. 민주당 후보 앨 고어는 공화당 후보 조지 부시에게 졌지만, 그는 선거인단의 수에서만 패배했다. 결정적 승부는 플로리다에서 결정되었다. 최종 결선의 투표 결과 부시가 고어를 겨우 537표 앞선 것으로 나타났다. 고어의 지지자들은 고어가 플로리다에서 부시를 충분히 앞설 수 있었는데 세 번째 후보 랠프 네이더가 그만큼의 표를 뺏어 버리는 바람에 부시가 이겼다고 주장했다.

다양한 기준의 중요성이 서로 달라짐에 따라 순위 변동이 일어날 수 있다. 한 페이지의 순위를 결정하는 가장 중요한 요소는 링크와 콘텐츠지만, 오늘날 구글은 200개가 넘는 다른 요소를 사용하고 있다. 페이지랭크 알고리즘에 변형이 일어나는 근본 원인은 네트워크에 참여한 사람들의 집단 지성 때문이다. 네트워크 과학자들은 순위 산출 과정이 네트워크 내의 (비교적 작은) 변화에 별로 영향을 받지 않는다는 사실을 증명했다.[35] 재미있는 사실은 웹 사이트들 사이에 순위를 매기는 과정이 사람의 의견과 사람이 만든 수학적 알고리즘의 결합으로 이루어진다는 것이다.

순위의 통계학

단어를 빈도수별로 나타낸 순위에는 통계적 규칙이 들어 있다. 이런 생각은 하버드 대학교 언어학자 조지 킹슬리 지프(George Kingsley Zipf, 1902-1950)가 1949년에 발표한 내용에 따라 '지프의 법칙'이라고 부른다. 그의 관찰은 글 속에 포함된 단어의 등장 빈도 사이에 비례 관계가 존재한다는 것이었다. 등장 빈도 1위 단어는 2위 단어보다 2배, 3위보다는 3배 등과 같은 비율로 더 자주 등장한다. 그 이후 여러 언어에서 가장 보편적인 단어의 등장 빈도는 그 순위의 역수에 비례한다는 사실이 관찰되었다. 예를 들어 영어에서 가장 널리 사용된 단어는 'the'였다. 두 번째로 많이 사용된 단어 'of'의 사용 빈도는 첫 번째 단어의 절반이었다. 그리고 세 번째인 'and'의 사용 빈도는 첫 번째의 3분의 1, 이런 식으로 계속된다. 미국에 있는 도시의 크기도 똑같은 패턴을 보여 준다. 이런 특징은 이 두 가지 경우에만 한정되는 것이 아니다. 기업의 규모, 소득 순위를 포함해 수많은 순위 항목이 이와 유사한 통계적 특징을 보인다. 이 법칙은 이른바 80 대 20 법칙과 관련이 있다.

즉 한 집단의 20퍼센트를 차지하는 대상이 특정 현상의 80퍼센트를 창출한다는 법칙이다. 이런 순위 경향을 이해하고 잘 관리하는 것은 충분히 가능하고 또 필요한 일이다. 이와 유사한 법칙은 1900년경 이탈리아의 경제학자 빌프레도 파레토Vilfredo Pareto가 소득 분포를 연구한 결과에서도 발견되었다. 그는 소수의 인구가 부의 대부분을 소유한다는 사실에 주목했다.

이런 종류의 통계 수치는 모두가 잘 아는 정규분포곡선, 즉 종형 곡선bell curve과는 매우 다르다. 이런 곡선을 '롱테일', 또는 '헤비테일' 분포라고 부르며 그 모양은 종형 곡선과 달리 대칭형이 아니라 한쪽으로 치우친 형태를 취한다. 편포도skewed란 어떤 분포 곡선의 비대칭성을 나타내는 척도를 말하며, 이는 정규분포에서 벗어난 정도를 보여 준다. 생물학적, 기술적, 사회적 네트워크의 압도적 다수가 이 헤비테일 분포의 특징을 지니고 있다. 선호적 연결preferential attachment이란 진화하는 네트워크에서 연결도 분포(degree distribution, 연결도란 네트워크의 한 교점이 다른 교점과 연결되어 있는 수를 말하는 것으로 연결도 분포는 이 연결도가 네트워크 전체에 걸쳐 형성하는 확률 분포를 말한다. 선호적 연결이란 네트워크가 성장할수록 연결도가 높은 교점을 중심으로 더욱 많은 연결이 형성되는 것을 말한다. - 옮긴이)가 형성되는 것을 말한다. 이를 엣지 분포edge distribution라고도 한다. 이것은 척도와 상관없는 움직임을 보이는 단순한 모델이다. 엣지 분포는 멱함수power law를 따르기 때문이다. 이런 움직임은 공항 네트워크나 과학자들 사이의 협력 네트워크, 영화배우 네트워크 등에서 발견된다. 이 모델은 매우 단순하며 독자 여러분도 알다시피 이미 엄청나게 유명해졌다.[36] 과학 논문 피인용 횟수나 예술품 가격 등도 멱함수로 설명할 수 있으며 이에 관해서는 7장에서 다룰 것이다.

인간의 합리성에 관한 전망과 그 한계

'객관적 현실objective reality'이라는 말은 진실과 신뢰성에 관한 문제를 다룬다. 철학에서 말하는 근대성은 객관성, 진실, 합리성 그리고 진정성과 같은 개념에 높은 가치를 부여한다. 우리 같은 (온건한) 낙관주의자들조차 인간이 가진 객관성과 합리성에 한계가 있다는 사실을 받아들이는 데 전혀 거리낌이 없다. 개인과 사회의 의사 결정에 관한 초기 이론들은 모두 합리성과 낙관주의에 바탕을 두고 있었다. 지난 60년의 연구 결과, 학계는 합리적 호모 이코노미쿠스라는 개념에서 점차 인지적 편향과 자신의 오류 가능성을 명백히 인식하는 의사 결정권자라는 새로운 모델로 이행해 왔다. 개인의 선택과 선호가 모여 사회적 선호를 형성한다. 우리는 이 장에서 이런 집합 과정의 이면에 자리한 기법을 몇 가지 살펴봤다. 또 가위바위보의 예에서 보듯이 어떤 대상들 사이의 우열이 단 하나의 순위 목록을 만들어 낸다기보다는 서로 순환하는 관계를 낳기도 한다는 사실을 알게 되었다. 가위바위보 게임의 요소가 고대 종교 체계와 미국 정부 체계에서 모두 발견된다는 사실은 놀라운 일이다.

나아가 순위 알고리즘이야말로 객관적 순위를 도출하는 주요 수단이 될 수밖에 없으며, 우리 모두는 구글의 페이지랭크 알고리즘이 그것을 개발한 사람들에게 막대한 부를 안겨 주었다는 사실을 알고 있다. 구글이 오늘의 위상을 차지할 수 있었던 것은 웹 사이트들 사이의 적절한 순위를 아주 짧은 시간에 산출할 수 있는 알고리즘의 능력 덕분이었다. 이제 우리는 알고리즘을 수정하면 다른 결과가 나올 수 있고, 더 나아가 실제 상황에서는 순위 변동이 일어날 수도 있다는 사실을 알게 되었다. 몇 가지 특성을 바탕으로 수많은 대상 사이에 순위를 매길 때는(예컨대 등장 빈도에 따른 단어 순위, 크기에 따른 도시 순위 등) 통계적 방법을 사용할 수 있다. 실제 상황에서 이런 특성의 분포도는 정규분포에서 크게 벗어나 멱함수 분포라는 비대칭 형태를 보이는 경우가 많다.

우리는 다른 사람이나 사물, 또는 선택지 사이에 순위를 매길 때, 혹은 다른 사람이 우리를 대상으로 그렇게 할 때, 그것이 합리적이고 객관적인 분석에 따른 결과만은 아니라는 사실을 이해하고 받아들여야 한다. 다음 장에서는 사회 제도를 판단하고 순위를 매기는 일이 편향될 수밖에 없는 이유를 좀 더 깊이 살펴본다.

5 순위 조작의 역사와 사회 측정 문제

순위를 매길 때 객관성을 유지하기 어려운 두 가지 이유가 있다. 원칙상 순위를 매기는 주체는 객관성을 유지해야 하지만, 실제로는 무지하거나 조작을 일삼는 경우가 허다하다. 무지하다는 말은 어떤 사실이나 대상에 대한 지식, 또는 전문적 기술이 부족하다는 뜻이다. 사실 그들이(절대로 우리가 아니다!) 그런 내용을 전혀 모르고서 하지는 않는다. 단지 '잘못' 알고 있을 뿐이다![1] 조작을 일삼는 사람들은 교묘하고 능숙하게, 그리고 대개 자신에게 유리한 방향으로 어떤 대상을(또는 누군가를) 통제하거나 바꾸고, 영향을 미친다. 무지의 결과로, 또는 조작의 일환으로 한 행동은 '진정한 순위'에서 벗어난 결과를 낳는다. 그리고 그들은 현실을 인위적으로 바꿈으로써 환상을 만들어 낸다.

무지

인지 편향만이 아니다

4장에서 우리는 인지적 편향의 다양한 형태를 뒷받침하는 이론을 살펴보았다. 여기서는 여러 가지 인지 편향이 현실에서 어떻게 나타나는

지를 다룬다. 버트런드 러셀(Bertrand Russell, 1872-1970)은 이렇게 말했다. "이 시대가 안고 있는 아픔 중 하나는 확신에 찬 사람은 어리석으며, 상상력과 이해력이 풍부한 사람의 마음속에는 의심과 망설임이 가득하다는 사실이다." 이보다 훨씬 더 오래전에 공자(기원전 551-479)는 "진정한 앎은 자신이 얼마나 무지한지를 아는 것이다"라는 말을 남겼다. 사회심리학자 데이비드 더닝David Dunning과 저스틴 크루거Justin Kruger의 연구는 이런 철학자들의 지혜를 뒷받침했다.[2] 그림 5.1에서 알 수 있듯, 지식이 부족한 사람은 인지 편향에 따른 잘못된 우월성에 빠지기 쉽다는 것이 그들의 결론이었다.

더닝-크루거 효과는 편향된 순위를 설명하는 매우 중요한 심리 작용을 보여 준다. 학교 성적이 우수한 학생은 자신을 과소평가하고 성적이 낮은 학생일수록 스스로를 과대평가한다는 사실은 꽤 잘 알려져 있다. 이와 비슷하게 젊은 운전자일수록 자신의 운전 실력과 반응 시간을 과대평가하는 경향이 있다. 문학 작품이나 영화에 나오는 캐릭터들은 사실 더닝-크루거 효과를 온몸으로 보여 준다. 쉽게 말해 그들은 자신이 차지하는 위치를 정확히 판단할 능력이 없다. 불행한 일이지만 무지와 잘못된 지식 그리고 사기를 당하는 사람들이 많다(의사이자 수학자인 엘레머 라보스[Elemér Lábos, 1936-2014]의 회고에 따르면 말이다).[3] 아마도 무지를 다룬 최악의 시나리오는 잘못된 이론과 사실, 상징, 직관 그리고 전략 등으로 이루어진, 다시 말해 오해로 가득 찬 정신적 모델을 수립해 놓고 그것을 유용한 지식이라고 생각하는 상황일 것이다.

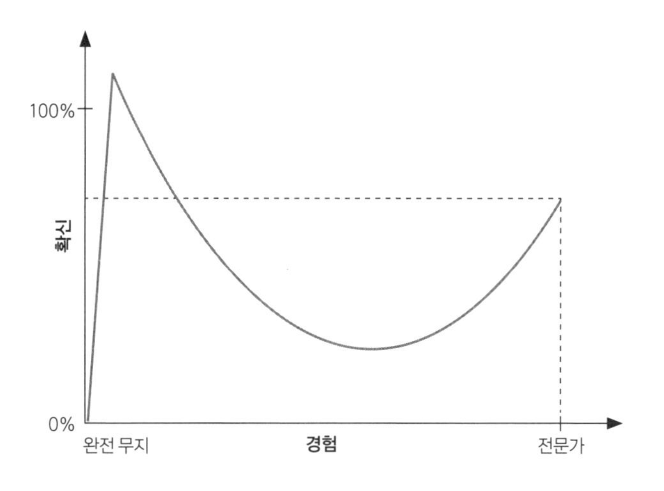

| 그림 5.1 | 자신감과 전문 지식 사이의 단조롭지 않은 관계 (이미지는 위키미디어 커먼즈에서 발췌)

(「무능한 사람의 오페라」[4]에 나오는 '더닝-크루거 송'을 언급하지 않을 수 없다. 주석에 소개된 영상은 3분 분량으로, 한번 볼만하다.)

더닝-크루거 효과를 가장 잘 보여 주는 영화 캐릭터로 〈슈퍼 트루퍼스Super Troopers〉에 나오는 로드니 파바를 들 수 있다. 그는 형편없는 경찰이지만 자신의 팀과 함께하는 일을 진짜로 신나게 생각하며 '도와줄게'라는 말을 입에 달고 산다. 실제로 그가 아무런 도움이 되지 않는다는 걸 모두가 알고 있지만 말이다. (자세한 내용은 유튜브에서 '파바 하이라이트Best of Farva'라는 내용을 검색해 보면 나온다.[5])

필자가 결코 무지를 찬양하는 사람은 아니지만, 그것이 때로는 도움이 되고 심지어 성공을 불러올 수도 있다는 점은 인정한다. 크리스토퍼 콜럼버스는 아시아로 가는 신항로를 개척하기 위해 나섰지만 원래 목적을 달성하지 못한 대신 신대륙을 발견했다. 우편 주문 회사를 운영하던 스웨덴 젊은이 잉그바르 캄프라드Ingvar Kamprad는 테이블을 팔기 위해 자동차 안에 맞춰 넣으려다 운반을 쉽게 하려면 다리를 없애야 한다는 누군가의 말을 따랐고, 그 과정에서 납작하게 포장한 가구라는 아이디어를 떠올렸다. 바로 그렇게 해서 이케아IKEA가 탄생했다. 아마존, 우버, 에어비앤비처럼 완전히 새로운 종류의 회사들은 서점, 택시 그리고 호텔 산업에서 기존 기업이 가지고 있던 전통적 지식을 무시함으로써 업계에 혁명을 일으켰다. 여기서 우리는 어느 정도의 무지가 새로운 통찰과 결합될 때 혁신적인 아이디어를 내놓기도 한다는 사실을 알 수 있다. 그러나 무지가 너무 지나치면 어떻게 될까?

'어린아이가 세상을 다스린다면'

구글에서 '더닝-크루거 대통령'을 검색하면 수천 개의 웹 사이트가 나타난다.[6] 데이비드 브룩스David Brooks는 '어린아이가 세상을 다스린다면'이라는《뉴욕 타임스》논평 기사에서 이렇게 말했다.[7]

> 그러므로 그는 더닝-크루거 효과의 역대 신기록 보유자다. 무능한 사람은 자신이 무능하다는 사실을 이해할 수 없을 정도로 무능하기 때문이다. 트럼프는 제임스 코미James Comey를 해임하면서 자신이 유명해진다고 생각했다. 그는 과거 공화당 대선 후보로 지명만 받으면 언론이 자

신에게 열렬한 호의를 베풀 것으로 생각했다. 그러나 현실은 그가 품었던 환상대로 돌아가지 않는다는 사실에 끝없이 놀라고 있을 뿐이다.

트럼프가 집권하는 백악관[8]을 주제로 한 마이클 울프Michael Wolff의 도발적인 책에서는, 대통령의 지적 한계와 끔찍한 자의식 그리고 끊임없이 인정받고 뭔가를 증명하고자 하는 그의 미성숙한 욕구를 다룬다. 대통령의 무지가 긍정적인 효과를 낳을 확률이 도대체 얼마나 되겠는가? 모르겠다. 나는 전문가가 아니다.

조작

20세기와 21세기에 걸쳐 우리는 양자 컴퓨터에서 우주 탐험까지 과학 분야의 엄청난 발전상을 목도했다. 과학이 이렇게 발전하는 동안 유독 심리학만 그에 상응하는 발전이 없어 인간의 조작 심리를 더 깊게 이해할 수 없다고 가정한다면 이는 어리석은 생각이다.[9] 우리가 순위 게임을 일종의 경쟁이라고 생각한다면, 거기에 참여한 선수들은 자신의 우위를 점하기 위해 규칙을 위반할 충분한 동기가 있다고 봐야 한다. 심지어 그 규칙이 명문화되어 있지도 않기 때문에 마음만 먹으면 규정을 어기기란 생각보다 어렵지 않다. 많은 경우 게임에는 심판이나 판사,

중재자가 존재한다. 그러나 노벨상 수상자인 러시아 출신 미국인 요세프 브로드스키(Joseph Brodsky, 1940-1996)의 말처럼 "인생은 규칙은 많지만 심판은 없는 게임"이다. (사실 그는 다음과 같은 질문을 받고 대답한 말로 더 유명하다. "당신은 러시아어로 쓴 시로 노벨상을 받은 미국인입니다. 당신은 미국인입니까, 러시아인입니까?" 그는 이렇게 대답했다. "나는 유대인이고, 러시아어로 시를 쓰며, 영어로 에세이를 쓰는 작가입니다. 그리고 물론 저는 미국인입니다.") 조작에 능한 사람은 노골적인 속임수에서 교묘한 선전 기법에 이르는 다양한 묘책을 동원해 개인적인 이득을 취한다. 그들의 목적은 규칙을 어겨 가면서까지 '순위'의 맨 꼭대기에 오르는 것이기 때문이다.

조작하는 법

두려움에 호소하기 : 두려움에 호소하기는 사람들에게 두려움을 불러일으켜 그들로부터 구체적인 행동이나 특정 정책 결정에 지지를 유도해내는 기법을 말한다. 사실 이 전략은 그동안 미국 대통령이 사용해 온 것이다. "국민 여러분, 자동차 제조업체를 상대로 긴급 구제에 들어가지 않으면 미국 경제는 망할 것입니다. 그러므로 자동차 회사를 긴급 구제해야 합니다." 이런 주장이 과장이라고 전문가들이 아무리 말해도 결국 그렇게 되었다. 또 이렇게 주장하는 사람도 있었다. "이 나라의 경찰을 상대로 한 공격과 여러 도시에서 일어나는 폭력은 우리의 삶을 위협하고 있습니다." 또 트럼프 대통령은 이렇게 말한다. "공식은 아주 분명합니다. 복잡할 것도 없습니다. 매우 두려워하십시오. 제가 다 해

결하겠습니다."[10]

비슷한 맥락에서 2018년 헝가리 총선 캠페인의 주제 역시 딱 한 가지, 바로 두려움이었다. 헝가리의 정치 분석가들은 이렇게 말한다. "이주 위기가 사실상 지나갔다는 것은 별로 문제가 되지 않는 것처럼 보입니다. 대신 헝가리에는 이민자와 난민의 위험을 경고하는 포스터가 실제로 작년에 이 나라에 들어온 난민이나 이민자보다 더 많이 돌아다니고 있습니다. 그런 포스터들은 캠페인과 박자를 맞추고 있습니다. 추악한 속임수와 가짜 뉴스, 비열한 인신공격, 음모론 그리고 가상의 적들로 가득 찬 내용이지요."[11]

흑백 논리의 오류 : 우리가 기억하는 또 다른 미국 대통령은 '테러와의 전쟁'을 선포하면서 이렇게 말했다. "우리 편인지, 테러리스트 편인지 둘 중 하나를 택하십시오."[12] 애국자법에 반대하는 행위와 애국자가 되는 것 사이에서 선택하라는 요구는, 애국자법에 반대하는 사람은 결코 애국자가 아니라는 점을 암시한다. 이런 흑백 논리는 그런 요구 속에 숨어 있는 미묘한 문제를 모두 무시하는 것이며, 누군가가 내 편이 아니라고 해서 꼭 그가 나의 적이라고 할 수는 없다는 점을 알아차리지 못한다. 그 사람은 중립일 수도 있고 아직 어느 쪽이라고 결정하지 못한 사람일 수도 있다. 다른 모든 가능성은 배제한 채 둘 중 하나만 선택해야 한다고 강요받는다면 이는 논리적 오류에 빠지는 일이다.

선택적 진실 : 취사선택한 사실은 가짜 뉴스보다 더 위험하다. 우리는 세상에서 일어나는 일을 보도하는 뉴스를 통해 우리 앞에 놓인 선택들 사이에서 순위를 결정한다(의식적이든 무의식적이든). 미디어계의 거물 루퍼트 머독은 자신의 목적을 말한 적이 있다. "더 좋은 신문을 발행하는 것입니다. 사람들이 읽고 싶어 하는 신문 말이죠. 더 이상 퓰리처상을 받기 위해 기사를 쓸 필요는 없습니다. 사람들이 읽고 싶어 하는 내용을 써서 흥미 있는 신문을 만들면 되는 겁니다."[13] 앞 장에서 살펴보았듯이 우리는 모두 확증 편향의 지배를 받으므로 이미 확고하게 자리 잡은 생각의 틀에 들어맞는 뉴스만 읽고자 한다. 원래 뉴스는 세상에서 일어나는 일을 정확히 반영하려는 목적이 있지만, 우리의 기존 관념과 편견을 자극하는 필터링 작용이 뉴스 속에서 기승을 부리고 있다. 다시 말해, 미디어 회사들은 우리가 가장 많이 보는 뉴스가 어떤 것인지를 조사하여 그것을 반복하고 생산해 구독률과 시청률을 극대화하려 한다(이때 그들은 데이터의 효율을 위한 알고리즘을 사용한다).[14]

우리는 상대에게서 취사선택한 사실을 발견했을 때 어떻게 반응하는가? 실제로 나는 이 책을 쓰던 2018년 6월에 이를 생생히 경험했다. 이미 알다시피 나는 축구 팬이므로 월드컵 대회의 거의 모든 경기를 헝가리 국영 스포츠 채널을 통해 관전하고 있었다. 당시 하프 타임에 나온 짧은 뉴스는 모두가 한결같이 유럽 어딘가에서 이민자들이 범죄를 저질렀다는 내용을 반복하고 있었다. 헝가리 지도자는 그동안 (극도로 단순하고 일방적인) 메시지를 반복하고, 반복하고, 또 반복하라는 교훈을 얻었던 것이다!

반복 : 루이스 캐럴(Lewis Carroll, 본명 : 찰스 루트위지 도지슨Charles Lutwidge Dodgson, 1832-1898)은 자신의 작품 『스나크 사냥』에서 '내가 세 번 말한 내용은 진실'이라는 다소 엉뚱한 내용의 시를 썼다. 히틀러는 다음과 같은 유명한 말을 남겼다. "선전 선동으로 할 수 있는 일에 한계란 없다. 어떤 내용이든 강한 어조로 끊임없이 반복하기만 하면 사람들은 무슨 말이든 믿는다. 거기에 반박하는 사람은 중상모략으로 입을 막아 숨도 못 쉬게 만들면 된다."[15]

이 시대에도 우리는 '우리는 할 수 있습니다Yes We Can'에서 '미국 우선주의America First'에 이르는 여러 정치 구호에 익숙하다. 조지 오웰의 『동물 농장』[16]에 나오는 메이저 영감은 좀 더 문학적인 어조로 반복한다. "인간이야말로 우리의 진정한 적이다", "인간을 치워 버리면 (기근, 과로 등과 같은 문제의) 근본 원인이 사라진다", "인간은 아무것도 생산하지 않으면서 소비만 하는 유일한 동물이다", "사람만 없애 버리면 된다." 좀 더 체계적인 심리학 연구를 통해서도 같은 메시지를 반복하면 '진실이라고 믿게 된다'는 것을 보여 주었다.[17] 따라서 필자가 하고 싶은 말은 다음과 같다. 어떤 내용이 진실인지 여부를 주의 깊게 확인하기 전에는 함부로 반복하지 말라는 것이다. 만약 그런 행동을 한다면 진실과 거짓을 구분하기 어려운 세상을 만드는 데 여러분도 일조하는 셈이 된다. 그러므로 같은 말을 반복하기 전에 제발 깊이 생각하라!

권위에 호소하기 : 권위 있는 사람의 말을 신뢰하는 것이 불합리하다고 볼 수는 없다. 권위에 기대는 주장의 배경에는 다음과 같은 논리가 있다.

- **가정 1 :** X는 특정 주제에 권위자다.
- **가정 2 :** X가 그 주제에 관해 발언한다.
- **결론 :** X의 발언은 사실일 것이다.

과학자의 세계에서는 권위자라 하더라도 말을 할 때 엄격한 논증으로 뒷받침해야 한다는 합의가 있다. 그러나 정치 세계에서는 웬일인지 이런 풍토는 찾아볼 수조차 없이 다음과 같은 오류에 빠져 있다. "'굉장히 믿을 만한 소식통'에게 전화를 한 통 받았는데 버락 오바마의 출생증명이 가짜라고 한다." 물론 이 내용은 소식통이 직접 한 말이므로 믿을 만하다고 생각할 수 있다. 그렇다면 이런 말은 어떻게 생각하는가? 아인슈타인이 말하기를 $E = mc^2$이라고 한다, 따라서 그것은 옳다. 이와 같은 예는 모두 권위에 호소하기다. 누가 어떤 말을 한 것과 그 말이 진실인지의 여부 사이에는 아무런 인과 관계가 없다. 여기서의 진실은 질량과 에너지 사이의 등가 관계가 보편적 원리이며, 이는 시간과 공간의 근본적 특성에 따른 결과라는 것이다. 다른 예시로 넘어가 보자. 닥터 로스와 같은 유명 배우와 커피 기계 사이에는 어떤 관계가 있는가? 광고 분야에서는 유명 배우의 말을 특정 상품의 가치를 높이는 데

이용하는 경우가 많다. 유명인들은 해당 제품의 전문가라는 인상을 주기 때문이다. 닥터 로스는 "네스프레소가 내세우는 약속, 즉 커피 한 잔 한 잔이 세상에 긍정적인 영향을 미치는 데 동참하는 바이며 자부심을 느낀다"고 말한다.[18]

언론 조작의 패러다임 변화

마크 트웨인은 이렇게 말했다. "신문을 읽지 않으면 세상 돌아가는 것을 모른다. 그러나 신문을 읽으면 세상을 잘못 알게 된다." 마크 트웨인이 살던 19세기에서 20세기 초반에도 언론의 객관성은 위협받고 있었다. 현실을 바꾸기 원했던 정치인과 언론인은 그나마 언론이 어느 정도 신뢰를 받고 있다는 사실을 이용했을 수도 있다. 그러나 당시만 해도 왜곡, 과장, 날조, 축소와 같은 행태는 오늘날과는 달리 지극히 예외에 속하는 일이었다.

전통적으로 권위주의 정권은 모든 언론을 통제하면서 검열과 특정 이념에 치우친 선전 선동을 동원해 국민을 좌지우지했다. 그런데 새로운 권위주의의 시대에는 여론에 영향을 끼치면서 정치적 서사를 이루어 가는 보다 정교한 방법들을 동원한다. 대안 언론의 공간을 틀어막고 정부 소유 및 정권 친화적 언론을 앞세운 새로운 독재 권력은 뉴스에서 반대 의견을 몰아내고 정치적 담론을 조작한다.

1960년대에 TV 뉴스를 장악했던 ABC, NBC, CBS 등과 같은 거대 언론(캐스 선스타인의 표현으로는 '대중 이해 중개자general interest intermediary'라고 한다[19])들은 대중이 접할 수 있는 정보를 거의 독점할 정도로 영향력을 발휘했다. 아울러 제이넵 투펙치Zeynep Tufekci가 2018년《와이어드》에 게재한 글에서 지적했듯이, 전통적인 언론 검열 기법에는 신문사 폐간이나 방송국 면허 취소 그리고 정부의 방침에 반대하는 언론인을 향한 협박(심지어는 살해) 등이 포함된다. 그러나 오늘날 우리가 살아가는 세상에서 언론이란 CNN이나 NPR뿐 아니라 개인이 운영하는 페이스북 계정을 포함하는 모든 것을 말한다. 대중 이해 중개자의 힘이 상대적으로 줄어들고 구글 뉴스, 애플 뉴스를 비롯한 여러 정보 큐레이터들이 전달하는 개인 미디어의 영향이 커지는 시대다. 과거 조작과 검열을 일삼아 온 세력들은 이제 그 대상을 언론 환경 전체로 옮겨 이들에게 불법적이라는 인상을 씌우면서, 전통적으로 '객관적인' 목소리를 낸다고 여겨져 온 기관과 주체들에게 불신의 씨앗을 뿌리는 일에 노력을 기울인다.[20] 과거 어느 때보다 이런 조작이 쉬울 정도로 기술이 발전해서 그렇지, 이런 현상 자체가 완전히 새로운 것은 아니다. 한나 아렌트는 1967년《뉴요커》에 기고한 '진실과 정치'라는 에세이에서, 정치적 담론에 포함된 반복되는 거짓말은 우리가 살아가는 현실 그 자체에 대한 의심을 불러일으키는 효과를 낳는다고 말했다.

다시 말하자면, 거짓말을 끈질기게 반복해서 사실과 진실을 거짓으로 완전히 뒤바꿔 버린 결과는 그 거짓말이 진실로 인정되거나 진실이 거짓으로 전락하는 것이 아니라, 세상을 살아가는 우리의 현실 감각이(그리고 진실과 거짓이라는 구도는 이런 목적을 위한 정신적 수단 중 하나다) 완전히 무너져 버리는 것이다.[21]

새로운 형태의 검열과 조작은 언론의 자유를 변형시키며 이 시대의 가장 뜨거운 주제가 되었다.[22, 23] 우리가 읽고 싶은 것을 언제든지 읽을 수 있는 현실은 정치 권력에 심각한 위협이 된다.[24] 기술 발전으로 너무나 효과적인 필터링이 가능해져서 사람들은 개인화된 저널, 이른바 '데일리 미(Daily Me, 캐스 선스타인이 명명한 개념으로, 주로 인터넷과 SNS 등으로 촉발된 오늘날의 개인화된 언론 환경을 일컫는 말 –옮긴이)'를 통해 미리 정해진 정보를 받아 보며 살아간다. 어떻게 보면 우리는 자신의 신념 체계를 강화하는 메아리 상자 속에서 살아가는지도 모른다(확증 편향이 어떤 결과를 가져오는지 생각하면 된다). 이런 메아리 상자는 다른 상자 속에서 사는 사람들이 보내는 뉴스를 가로막는 역할을 함으로써 사람들이 다른 사람의 의견 및 신념과 차단된 채 스스로의 선택과 사고에 갇혀 살아가는 사회를 만들어 낸다.

영화와 역사, 선거에서의 조종

'조종하다'라는 말은 부정적인 의미를 함축하고 있다. '조종하다'는 단순히 설득한다는 의미가 아니다. 어떤 사람을 이용하여 그를 불공정하게 지배한다, 또는 속임수를 써서 그에게 영향을 미친다는 의미다. 그러므로 영화에서는 조종에 능한 캐릭터가 주로 악당으로 나온다. 주인공은 절대 상대방을 조종하지 않고 설득이나 다른 방법으로 영향력을 발휘한다. 하지만 악당은 누군가를 속이고, 거짓말하며, 나쁜 짓을 꾸민다. 랭커 사이트는 1995년작 영화 〈유주얼 서스펙트〉에 나오는 카이저 소제를 '조종에 가장 능한 영화 캐릭터' 부문 1위로 선정했다. 카이저 소제는 무자비하고 기세등등한 범죄 집단의 우두머리로, 경찰과 범죄 조직 양쪽에서 전설적인 위치를 차지한 인물이다.[25]

사람을 조종하는 정도를 기준으로 역사적인 인물들을 어떻게 비교할 수 있을지는 잘 모르겠다. 역사에 등장하는 마키아벨리적 가치관의 인물들이 취한 전략은 기본적으로 '목적이 수단을 정당화한다'는 노선에 있었다. 다시 말해 목적이 너무나 중요하고 정당성이 충분한 이상, 세세한 법적, 도덕적 규칙 따위는 어길 수도 있다는 태도였다. 쿼라 Quora.com 사이트는 조작에 능한 역사적 인물을 다음과 같이 제시했다. 하지만 이들 사이의 순위는 무의미하다고 생각하는 게 좋다.[26]

- 아돌프 히틀러
- 요제프 괴벨스
- 샤를 모리스 탈레랑
- 오토 폰 비스마르크
- 알베르트 슈페어
- 헨리 키신저
- 이오시프 스탈린

선거 조작을 말하자면 여러 나라를 거론할 수 있겠지만, 짐바브웨만 이야기해도 충분하다.[27] 연구자들이 2013년 짐바브웨 대선을 조사해 보니, 장기 집권 중인 로버트 무가베가 무려 60퍼센트가 넘는 득표율로 승리하여 일곱 번째 임기를 맞이했다. 그런데 이 결과는 설문 조사를 근거로 한 예측과 공식 결과가 매우 다르다는 점을 고려해도 너무나 큰 차이였다. 분석 결과 다음과 같은 결론이 도출되었다.

- 2013년 짐바브웨 대선에서 현직 대통령에게 승리를 선사한 득표 차이는 발표된 것보다 적을 가능성이 농후하다.
- 대선이 있기 전에 많은 선거 조작이 발생했다.
- 농촌 지역에서 많은 선거 조작이 발생했다.
- 유권자들은 겁에 질려 집권당을 지지할 수밖에 없었다.
- 조작된 투표수는 전국 총 투표수의 6분의 1에서 5분의 1(16퍼센트에서 20퍼센트)에 이르는 비중을 차지했다.

좋든 싫든 무지와 조작은 사람 사는 세상이라면 어디에서나 나타난다. 인간 사회의 복잡다단한 측면을 우리의 제한된 생각으로 이해하려 할 때, 우리는 정량적 측정을 유용한 탐구 방법으로 인정하는 경우가 많다. 이때 객관성을 유지하는 것이 얼마나 어려운 일인지 다시 한 번 확인할 수 있다.

사회를 측정하는 일의 중요함과 어려움

이제 객관성이라는 환상에 대해 공식적으로 관찰한 내용과 그에 따른 법칙을 이야기해 보자. 미국에서는 캠벨의 법칙이라고 알려져 있고, 영국에서는 굿하트의 법칙이라고 알려져 있다. 그러나 이 둘은 본질상 같은 원리를 설명하고 있다.

측정의 현실과 신화

측정은 고대 문명에서도 매우 중요했다. 길이와 질량, 부피, 시간 등을 측정하는 것은 농업, 건설, 무역을 지탱해 나가는 핵심적인 요소였다. 흔히 캘빈 경으로 알려진 윌리엄 톰슨(William Thomson, 1824-1907)은 다음과 같은 유명한 말을 남겼다. "자신이 말하는 내용을 측정할 수 있고 그것을 숫자로 표현할 수 있다면 비로소 그것을 안다고 말할 수 있다. 숫자로 표현할 수 없는 지식은 아직 빈약하고 부실한 수준에 머물러 있는 것이다. 그것도 초보 지식이라고 할 수는 있겠지만, 그런 사람의 머릿속에는 과학적인 사고방식이 아예 없는 것이다." 프레더릭 테일러(Frederick Taylor, 1856-1915)는 이른바 과학적 관리법을 정립했고, 생산성 향상을 위해 노동 과정에 측정 기법을 도입했다. 테일러 방식이라고 불리는 이것은 근로자를 공장이라는 거대한 기계의 '톱니바퀴'에 불과한 존재로 바라본다는 인식 때문에 큰 공격을 받았고 올더스

헉슬리의 『멋진 신세계』(1932)나 찰리 채플린의 〈모던 타임즈〉(1936) 같은 작품에서 신랄한 풍자의 대상이 된 것으로 유명하다. 그러나 그 근본정신은 지금까지도 살아남아 다음과 같은 믿음을 뒷받침하고 있다. "측정은 관리와 개선을 위한 첫 단계다. 어떤 대상을 측정할 수 없다면 그것을 이해할 수 없다. 이해할 수 없는 대상은 관리할 수도 없다. 그리고 관리할 수 없다면 개선은 불가능하다."[28]

측정의 위험한 측면

도널드 캠벨(Donald Campbell, 1916-1996)은 관심 분야의 폭이 엄청나게 넓었던 사회과학자다. 흔히 캠벨의 법칙[29]으로 알려진 내용은 다음과 같다. "사회적 의사 결정을 위해 사회 현상에 관한 정량적 지표가 많이 동원될수록 부패 경향은 더욱 가속화되고 관찰 대상이 되는 그 사회 현상은 더욱더 왜곡에 노출된다." 런던 정경대학교 경제학자이며 영국 중앙은행 통화정책 위원을 역임한 바 있는 찰스 굿하트Charles Goodhart는 이렇게 말했다. "특정 사회, 경제적 지표나 그 대용 수단이 사회 및 경제 정책을 집행하려는 목적으로 주목받는 순간, 그 지표는 기대되는 역할에 걸맞은 정보를 제공할 수 없게 된다." 굿하트의 법칙[30]은 이렇게 말한다. "통계적 규칙성을 보이는 어떤 현상도 그것을 통제하려는 압박이 가해지는 순간 규칙성은 무너지고 만다."

법률 집행기관부터 보건, 여행, 교육에 이르는 모든 분야의 관리자들은 자신이 속한 조직의 성과를 설명하고자 숫자를 제시한다. 캠벨의 법칙의 사례 연구 대상이 될 만한 예는 구소련을 비롯한 여러 국가에서 찾아볼 수 있다. 경제계획 입안자들은 품질보다는 생산량에 중점을 둔 목표를 공장별로 할당한다. 이후 관리자들은 각자에게 주어진 생산량 목표의 달성 여부에 따라 평가받는다. 상품의 품질과 소비자 만족도는 별로 중요하지 않다. 그러면 다음과 같은 결과가 빚어진다. "5개년 계획에 따라 톤별로 부여된 생산량 목표가 주어지면, 공장에서는 우스꽝스러울 정도로 무거운 물건을 생산하게 된다. 그렇게 생산된 샹들리에 무게 때문에 천정과 금속 지붕이 내려앉고 건물이 무너진다."[31]

성과지표의 배신?

필자의 연구 주제와 유사한 내용의 책이 출간되었다.[32] 제리 멀러의 『성과지표의 배신』은 성과지표에 집착하는 우리의 행태를 다룬 책으로, 멀러는 그런 집착이 불러오는 예기치 못한 결과를 열거하고 있다. 인간의 판단이 신뢰도와 투명성을 설명하는 성과지표로 대체되는 근본 원인은 바로 사회적 신뢰 부족이라는 그의 주장은 어쩌면 옳을지도 모른다. 다른 사람들의 정직함과 진실성을 믿을 수 있는 사회라면 지금보다 성과지표가 덜 사용되어야 투명성이 달성될 수 있을 것이다.

성과지표가 어떻게 조작되는지는 누구나 잘 알고 있을 것이다. 정치에서는 문제 해결 건수나 범죄율 등과 같은 통계 수치가 특정 정부 기관의 성과를 포장하기 위해 조작되고는 한다. 교육 분야에서는, '시험을 위한 교육'이라는 겉으로 드러난 성과지표가 학교 교육의 진정한 목표를 가로막고 있다. 보건 분야에서도 의사들이 자신의 경력에 누가 될까 두려워 위험한 환자의 치료를 회피한다는 이야기를 심심찮게 듣는다. 측정할 수 있는 것과 측정할 가치가 있는 것은 서로 다른 문제라는 멀러의 말 역시 옳다. 예를 들어 투자액을 측정하는 것은 투자의 결과물을 측정하는 것보다 쉬운 일이다.

필자는 그의 책에 나오는 여러 사례와 주장에 동의하지만, 열정적인 과학자의 한 사람으로서 그가 내린 결론을 전부 수긍하지는 않는다. 성과지표와 등급, 순위를 비롯한 어떠한 정량적 분석도 모두 폐기하자는 주장을 받아들일 수 있을까? 그렇다면 과연 누가 판단을 내릴 수 있을까, 아니 그런 판단의 근거는 도대체 무엇이 되어야 할까? 나는 이 책이 성과지표가 주는 신뢰도의 혜택을 분석하는 걸 빠뜨렸다고 생각한다. 그것은 분명히 약점을 상쇄하고도 남을 텐데 말이다. 멀러 교수님, 이렇게 해서 서로 비긴 것으로 했으면 좋겠습니다.

관찰자와 관찰 대상

과학적 진실은 객관적인 측정을 바탕으로 삼는다. 즉 실험을 통해 재현성을 입증하는 것이다. 과학에서는 누군가가 자화자찬 격의 선언을 하는 일도 드물거니와 그렇게 한다고 해서 남들로부터 존중을 받을 수도 없다. 또 세상에 그 어느 과학자도 스스로 이런 말을 하지는 않는다. "나는 너무나 뛰어나고 침착한 천재이므로 그 누구도 재현할 수 없는 실험을 할 수 있지!"

자연과학 분야에서 관찰된 현상(예를 들어 사과가 나무에서 떨어지는 속도를 생각해 보자)이 관찰자의 정신 상태에 좌우되는 경우란 전혀 없다고 해도 과언이 아니다. 심지어 내가 자는 동안에도 사과는 떨어진다(사과가 내 머리 위로 떨어지지 않기만을 간절히 바란다). 물론 미립자의 세계에서는 관찰자와 관찰 대상 사이에 상호작용이 일어난다(하지만 이 책의 주제는 물리학이 아니다).

관찰은 인간의 행위에 영향을 미친다. 심지어 갓난아기조차 누가 볼 때 울면 원하는 무언가가 생긴다는 사실을 알고 더 우렁차게 울어 젖힌다. 캠벨의 법칙과 굿하트의 법칙은 물리학자 머리 겔만(Murray Gell-Mann, 1929-2019)이 한 말의 실례에 불과하다. "입자가 생각할 수 있었다면 물리학이 얼마나 더 어려워졌을지 생각해 보라!"

핵심은 세부 사항에 있다. 관찰과 측정, 진단에는 사람과 기관이 과거에 달성한 성과가 반영되어 있다. 또한 사람과 기관은 행동과 반응을 할 수 있다. 따라서 그들은 정보를 조작함으로써 실제보다 더 나은 결과를 만드는 전략을 채택한다(예를 들어 경찰이 모든 범죄를 다 수사하지 않는 경우를 들 수 있다). 그러나 대부분 성과 평가의 목적은 의사 결정권자가 자원을 배분하는 데 도움을 주는 것이다. 가장 흔한 자원 배분 전략은 경쟁자 중 가장 훌륭한 성과를 보여 주는 자에게 높은 순위를 부여함으로써 자금을 지원하는 것이다. 이런 대응 전략은 작은 우위를 증폭시키는 결과를 낳는다.

마태 효과, 혹은 강화 작용

사회학자 로버트 머튼이 만들어 낸 '마태 효과'는 사소한 사회적 차이가 증폭되는 과정을 일컫는 말이다.[33] 머튼은 『신약 성경』 마태복음 25장 29절[34]을 인용하여 유명한 과학자는 어떻게 덜 유명한 학자보다 훨씬 더 많은 자원을 확보할 수 있는지를 설명하려고 했다. 이 과정의 핵심을 포지티브 피드백, 즉 강화 작용이라고 한다. 그런데 이것은 의도치 않은 결과로 이어질 때가 있다. 특히 일부 사회학자들에 따르면 마태 효과는 경쟁을 가로막는 결과를 낳는다.[35] 사람과 기관에 인적, 물적 자원을 배분하고자 마태 효과에 따라 자원에 대한 경쟁을 불러일으키면 불평등은 점점 더 커지고 경쟁은 위축되기만 한다. 따라서 '패자'는 승자에게 도전할 만한 자원이 거의 남아나지 않아 대부분의 경쟁자는 도태된다. 결국 살아남은 소수의 경쟁자들 사이에서만 독과점적 경쟁이 펼쳐진다.

의도하지 않은 결과가 크게 번지는 현상을 일컫는 용어로 '코브라 효과'와 '쥐 효과'가 있다. 쥐 효과는 오래전 베트남에서 페스트가 창궐했던 불행한 사건에서 나왔다. 베트남의 하노이가 프랑스의 식민지가 되었을 때 이 도시에는 쥐가 들끓고 있었다. 쥐가 너무 많아 도저히 참을 수 없는 상황에서 정부는 쥐를 잡는 사람에게 돈을 주는 정책을 시행했다. 쥐꼬리만 제시하면 돈을 받을 수 있었으므로 사람들은 새로운 전략을 개발해 냈다. 그것은 바로 실제로 쥐를 죽이는 것이 아니라 꼬리만 잘라낸 후 다시 하수관에 버리는 것이었다. 그래야 쥐가 새끼를 낳아 쥐 잡는 사람들이 계속 돈을 벌 수 있었기 때문이다.

이와 유사한 '코브라 효과'는 영국의 인도 식민지 운영 시기에 생겨났다. 수많은 독사로 인해 피해가 막심한 인도의 상황을 타개하고자 영국 정부는 독사를 잡아 오는 사람에게 보상금을 주는 정책을 펼쳤다. 이 정책은 처음에 꽤 효과를 발휘했다. 그런데 얼마 안 가 인도 사람들은 보상금을 계속 타 먹기 위해 아예 독사를 사육하기 시작했다. 그러자 정부는 이 정책을 중단했고 이렇게 되자 쓸모없어진 독사를 마구 버린 탓에 정책을 도입하기 전보다 오히려 독사의 수가 훨씬 더 늘어나고 말았다. 코브라 효과란 일반적으로 문제를 해결하려고 내놓은 대책이 오히려 그 문제를 더 악화시키는 상황을 일컫는 말이다.

또 다른 유명한 예는 자동차 통행을 금지하는 도시들에서 나왔다. 멕시코시티와 보고타는 자동차 소유자에게 특정 요일에만 자동차를 운행하도록 하는 정책을 펼쳤다. 보고타는 이미 1974년부터 도로에서 자동차를 없애는 방법을 고심해 왔다. 예를 들어 월요일에는 번호판 숫자 끝자리가 1에서 5에 해당하는 자동차는 시내 도로에 나설 수 없었다. 그 결과 매일 자동차를 운행해야 하는 사람들은 자동차를 한 대 더 사서 제한 규정을 피해야겠다고 생각했다. 그리고 이렇게 추가로 구매하는 자동차는 당연히 오래된 중고차일 경우가 많았고, 따라서 교통 체증과 공기 오염이 더욱 악화되는 의도치 않은 결과를 낳고 말았다. 그럼에도 여전히 이 정책은 유권자들로부터 많은 지지를 받고 있고, 최근 뉴스에 따르면 무려 13개 도시(마드리드, 오슬로, 런던, 브뤼셀이 포함되어 있다)가 자동차 금지 정책을 펴는 것으로 알려져 있다.[36] 몇 년 더 기다리면 결과가 드러나겠지만, 지금까지의 경험만으로도 어떻게 될지 충분히 예상할 수 있다.

사회적 성과지표, 유용하지만 만병통치약은 아니다

캠벨이나 굿하트 같은 사람들은 숫자와 정량적 평가가 나쁘다고 말하지 않았다. 그들이 한 말은 수치로 표현된 평가가 과거의 결과를 보여 줄 뿐 아니라 미래의 일에 영향을 미친다는 것이었다. 순위가 떨어진다는 두려움은 관리자가 앞으로의 행동을 결정하는 데 영향을 미친다. 수치 데이터가 조작과 왜곡에 취약하다는 점은 부정할 수 없다. 그러나 그렇다고 해서 데이터를 이용하여 사회적 프로그램과 제도를 개선하는 일을 포기해야 한다는 뜻은 아니다. 중요한 시험이 늘어날수록 수험생들이 부정행위를 저지를 가능성도 자연스럽게 늘어나겠지만, 이런 이유로 학생의 발전 과정을 평가하는 데 시험 대신 다른 주관적인 방법이 사용되어야 한다고는 생각하지 않는다. 하지만 정량적 데이터를 사용하여 의사 결정을 내릴 때는 좀 더 주의 깊게 생각해야 한다.

그렇다면 대안은 무엇인가? 내 생각에 이것은 기압계를 다룰 때 그것을 수단으로 생각하는 문제, 그리고 인과관계를 똑바로 이해하는 문제인 것 같다. 만약 기압계가 저기압을 가리키면 아침에 우산을 들고 나가야겠다는 생각이 들 것이다. 그런데 기압을 올려보겠다고 반바지를 입고 햇빛 가리개를 쓰고 나선다면 미친 사람 소리를 듣게 된다. 또

는 기압계를 물속 깊숙이 집어넣어 기압을 강제로 올리는 행위 역시 어리석기는 마찬가지이다.[37]

줄 세워서 솎아 내기

'줄 세워서 솎아 내기Rank and Yank'란 해마다 이루어지는 인사고과의 다른 말로, 기업이 직원들을 서로 비교하여 순위를 매긴 다음 이를 바탕으로 한 사람 한 사람의 진로 문제를 결정하는 관행을 일컫는다. 여기서 기업은 맨 꼴찌에 속하는 사람을 해고하는 경우가 많다. 그렇다면 이것은 잔인하기 그지없는 행위인가? 사실 초등학교에서도 성적에 따라 어린이들에게 점수를 매긴다. 그리고 각 학생이 학급에서 차지하는 순위도 정확히 그에 따라 결정된다. 그렇다고 해서 그리 심각한 일이 벌어지지는 않는다.

GE(창립자는 토마스 에디슨)의 전 회장 잭 웰치는 하위 10퍼센트 직원을 어김없이 퇴출하는 철저한 '줄 세워서 솎아 내기' 체제를 구축했다. 관리자들은 자신의 직원이 그 체계에서 어디에 위치하는지 결정해야만 했다. 강제적인 순위 체계가 당분간은 유효하다는 사실을 결코 부인할 수 없었다. 직원들은 바로 그 체계 때문에 기업의 위계 구조 내에서 자신이 처한 위치를 파악할 수 있었기 때문이다. 세대가 변하고 기술이 발전하면서 새로운 평가 체계가 요구되었고 몇몇 체계가 나타났다.[38] 필자는 현세대가 1년에 한 번보다는 더 자주 피드백을 받기 원한다는 점을 인정한다. 아닌 게 아니라 이제 GE도 앱을 활용한 매일 피드백 체계(PD@GE)를 갖췄다.[39] 과거의 '지시와 통제'에 기반한 관리 체계가 직원들 간에 과도한 경쟁을 유발했다면, 앞으로는 그들 사이에 협력이 증진되는 체계로 변할 것이다. 향후 경쟁과 협력이 건강한 균형을 이루는 체계가 등장할지 지켜볼 일이다.

악명 높은 엔론의 전 CEO 제프리 스킬링은 리처드 도킨스의 『이기적 유전자』에서 큰 영향을 받았다. 뜨거운 논란을 일으키며 진화론 분야에 지대한 영향을 미친 이 책은[40] 자연 선택의 단위가 개체가 아니라 유전자라고 말한다. 스킬링의 경영 철학은 돈과 두려움이야말로 사람들을 움직이는 유일한 수단이라는 자신의 믿음에서 나왔다. 엔론의 연례 인사고과 체계에서 직원들은 가장 낮은 점수인 5점에서 가장 높은 1점까지의 점수를 받았다. 이 체계에는 상대적인 비교 요소가 있었다. 전체의 15퍼센트에 해당하는 직원은 절대적인 성과와 무관하게 무조건 5점을 받아야 했다. (점수의 인플레이션 시대를 살아가는 대학교수의 한 사람으로, 다소 냉소적인 의문이 든다. 아무리 학장이 시킨다 한들 하위 15퍼센트 학생에게 무조건 낙제점을 주기는 어렵겠지?) 평가 과정은 이 회사의 경영에서 가장 중요한 요소로 여겨졌다. 이에 대해 도킨스는 스킬링이 자신의 책을 잘못 이해했으며 자신은 결코 이기심이 발전의 동력이라고 주장한 적이 없다고 말했다.

마리사 메이어Marissa Mayer는 야후의 CEO로 재임 중에 분기별 인사고과를 도입했다. 미투 운동이 한창인 이 시대에 남성에 대한 성차별을 목격하는 건 흔한 일이 아니지만, 전직 남성 직원들이 회사를 상대로 고소한 일은 사실이었고 혐의는 불투명한 인사고과 체계를 통해 남성을 차별했다는 내용이었다.[41] 소송은 결국 기각되었다. 물론 인과관계가 성립되지는 않지만 어쨌든 야후는 현재 자체적으로 생존하지 못한 채 버라이즌에 인수된 상태이다.

강제적인 순위 체계가 직원들 간에 경쟁을 부추기는 것처럼 보이지만 경영자들은 지금도 직장 내에서 벌어지는 불건전한 이전투구식 상황을 타개하느라 여념이 없다. 그러나 이제 강제적 순위에 시달리는 직장 생활뿐 아니라 우리 삶에 영향을 미치는 또 다른 사회적 지표를 이야기할 차례다. 그것은 바로 신용 점수다.

신용 점수

간략한 역사

사자, 사자, 사자! 우리는 형편이 안 될 때도 물건을 사고 싶어 한다. 그래서 누군가에게 돈을 빌린다. 이 '누군가'(그가 우리의 친구든 은행이든)가 던지는 질문은 단 하나다. "돈을 빌려주면 과연 내 돈을 갚을까?" 데이터로 가득 찬 세상에 살지 않았던 시절, 잠재적 채권자들은 잠재적 채무자들을 정성적으로 평가하는 수밖에 없었다. "그 친구는 착하고 믿음직하게 생겼으니 돈을 갚을 거야. 더구나 원금은 물론이고 이자를 X 퍼센트나 주겠다고 약속했으니 뭐." 동네 상점 주인들은 수 세기에 걸쳐 고객들이 믿을 만한지 아닌지 판별하는 재주를 익혀 왔다. 이것이 바로 미국에서 가장 오래된 신용 평가 회사의 모태가 동네 상점이라는 사실이 그다지 놀랍지 않은 이유다.

케이토 울포드Cator Woolford는 테네시주 채터누가Chattanooga의 잡화상 주인이었다. 그는 고객들과 오랫동안 관계를 맺어 오면서 쌓아 둔 데이터를 책으로 만들어 지역 소매 유통 협회에 판매했다. 더 나아가 변호사였던 동생 가이Guy와 함께 애틀랜타에서 작은 사업을 시작하면서 회사명을 '리테일 크레딧 컴퍼니(Retail Credit Company, 유통 신용 회사)'라고 지었다. 이 소기업은 착실하게 성장하여 우리가 다 아는 에퀴팩스 주식회사Equifax Inc.,가 되었다(나머지 둘은 엑스페리안Experian과 트랜스유니온TransUnion이다). 이 회사는 3대 소비자 신용 정보 회사 중 하나로, 8억 명이 넘는 소비자의 정보를 수집하고 처리한다.[42]

사람들 대다수가 타인의 성격을 판단할 때 주관적인 태도를 보인다. 대출 혹은 융자 신청을 승인하거나 거절하는 업무는 객관적인 태도와 거리가 멀었다. 한때 연령, 성, 인종을 둘러싼 차별 행위가 빈번하게 발생했다. 따라서 의사 결정권자에게 정량적 분석을 의무화한 것은 이런 차별 행위를 줄이고자 함이었고, 나아가 객관성을 추구하고 주관적인 요소를 제거하자는 것이었다. 당연히 이 요소에는 인지 편향에 따른 주관성도 포함된다. 윌리엄 페어(William R. Fair, 1923-1996)와 얼 아이작(Earl Isaac, 1921-1983)은 잠재적 차입자의 행동을 예측하는 수학적 모델을 수립한 개척자들로, 1958년에 융자 신청 점수를 산출하는 알고리즘을 선보였다. 이 알고리즘은 차입자들의 향후 행동을 세 가지로 분류한다. 돈을 제대로 갚거나, 지연하거나, 아예 갚지 않는 것이다. 나중에 페어 아이작 코퍼레이션이 설립되었고 그 회사가 개발한 알고리즘과 소프트웨어를 통해 나온 결과가 바로 그 유명한(악명 높은) 피코 점수(FICO score)다.

신용 점수는 어떻게 계산되며, 얼마나 객관적인가

이 책의 주된 목적은 주관성과 객관성 사이에 숨어 있는 규칙을 밝히는 것이다. 오늘날 신용 점수가 알고리즘을 기반으로 도출되고 있다면, 그 알고리즘에는 주관적인 가정이 깔려 있음을 부인할 수는 없다(그리고 부인할 생각도 없다). 일단 이렇게 가정하고 나면 평가 결과는 절차에 따라 저절로 도출된다. 여기서의 문제는 신용 점수 알고리즘을 짜기 위해 어떤 데이터를 입력할지 고려하는 일이다. FICO 점수에서 고려하는 요소는 다음과 같다.

- 해당 고객의 과거 청구 금액 납부 이력
- 신용카드 사용 금액, 담보 대출, 융자금 등 현황

- 신용거래 기간 (길수록 좋다)
- 신용거래 분포 (다양할수록 좋다)
- 신규 신용거래 신청 건수 (단기간에 신규 계좌를 너무 많이 개설하지 않는 것이 좋다)

그렇다면 이제 위의 다섯 가지 요소가 모두 똑같은 중요성을 띠는가 하는 질문이 자연스럽게 제기된다. 만약 그 대답이 '그렇다'라고 가정하면 다섯 가지 입력 변수에 각각 20퍼센트씩 가중치를 부여하면 된다. 그러나 각 요소의 중요성은 저마다 다르다고 보는 게 타당할 것이고, 따라서 FICO가 적용하는 가중치는 다음과 같다.[43]

- **청구액 납부 이력 :** 35퍼센트
- **상환 대상 금액 :** 30퍼센트
- **신용거래 기간 :** 15퍼센트
- **신용거래 분포 :** 10퍼센트
- **신규 신용거래 :** 10퍼센트

신용 점수 측정을 위해 고려해야 하는 요소가 무엇인지 아는 만큼 고려하지 않는 요소를 아는 것도 중요하다. 신용 기회 균등법(The Equal Credit Opportunity Act, ECA)은 미국에서 신용 업체들이 인종과 피부색, 종교, 출신국, 성별, 결혼 유무, 나이에 따라 고객을 차별하지 않도록 강제하는 법이다. 몇몇 나라에서도 비슷한 목적(개인의 신용도를 대변하는 일)으로 신용 점수를 운영하고 있는데 법적 환경은 나라마다 조금씩 다르다. 신용 점수를 계산하는 방법은 각 요소의 가중치를 고려한 입력값을 모두 합하는 것이다. FICO 점수는 300에서 850까지의 숫자로 표현된다. 하지만 회사가 점수 계산 과정을 모두 공개하지는 않는다. 어떤 블로거는 이런 글을 남겼다. "FICO는 알고리즘의 주요 골자를 모두 공개해야 한다. 회사 측이 공개하지 않는 이유는 사람들이 알고리즘의 조작을 막기 위해서라지만, 사람들이 집이나 자동차를 사야 하는 절박한 사정을 생각할 때 그것을 FICO만 아는 블랙박스로 남겨둘 수는 없는 노릇이다."

신용 점수 산정의 보이지 않는 규칙

신용 점수 측정이 여느 알고리즘 과정과 다름없이 특정 편향을 없애기보다 이를 숨긴다는 문제가 제기되어 조사가 진행되었다. 세계 굴지의 로펌 중 하나인 화이트 앤 케이스의 전문가들이 작성한 〈알고리즘과 편향 : 대출 기관이 알아야 할 사실〉이라는 보고서는 뚜렷한 중립을 표방하는 재테크 알고리즘도 차별적인 결정을 내릴 때가 있다고 말한다. 왜 그럴까? 바야흐로 빅 데이터의 시대가 된 오늘날, 신용 업체와 대출 기관들은 이른바 비전통적 데이터에 속하는 고객의 인터넷 활동 기록이나 쇼핑 패턴과 같은 데이터를 들여다본다. 이런 정보는 개인의 신용도와 직접적인 관련이 있다고 보기는 어렵다. 그리고 최근 널리 알려진 머신러닝 기술이 이런 데이터를 분석하는 데 사용된다.

전통적인 알고리즘은 설계자가 정의한 산술적이고 논리적인 규칙을 따른다. 예를 들어 '만약' 대출자가 과거에 융자금을 한 번도 연체하지 않고 '상환했다면' 그의 신용 점수를 x만큼 올려준다. 그러나 머신러닝 기술은 과거의 정형화된 알고리즘에 의존하지 않는다. 이 기술은 방대한 데이터에서 추출한 패턴에 근거해 알고리즘을 '생성한다'. 융자 신청 승인 과정을 예로 들어 보자. 소프트웨어는 수천 명에 달하는 과거 고객의 재무 관련 데이터를 저장해 놓고 이를 분석한다. 머신러닝 알고리즘은 일단 신규 신청자의 신용 이력을 띄워 놓은 다음, 예컨대 신청자가 파산할 확률과 같은 수치를 계산할 수도 있다. 그 근거는 바로 과거 데이터의 집합에서 찾아낸 패턴이다.

따라서 알고리즘도 편향된 결정을 내릴 수 있다는 우려가 있다. 특히 소외된 그룹에게 불리한 결정이 나온다는 우려는 정당하다. 원래 신용 업체들은 신용 기회 균등법(ECA)이 승인하는 데이터만 고려해서 대출자를 평가하는 것이 가장 이상적이다. 하지만 현실적으로 대출자들은 자신의 이웃과 친구, 동료로 이루어진 네트워크를 형성하고 있다. 따라서 신용 업체가 이 네트워크를 분석해서 대출자의 신용도를 평가한다면, 의도치 않게 차별을 자행할 수 있다. 특히 거주지 주소는 중요한 요소가 될 수 있다. 여러 나라에서 오랫동안 운영되어 온 특정 지역 제도를 생각해 보면 위험한 변수가 될 수 있다. 이 제도는 역사적으로 미국의 여러 도시에서 주민을 차별하는 주택 정책으로 지적되어 왔다.

머신러닝 알고리즘은 우리의 신용도와 친구나 이웃의 재무적 행동 사이에 상관관계가 있다고 판단할 수 있다. 그렇게 되면 상황이 복잡해진다. 신용 업체는 나와 인맥을 맺고 있는 친구 중에 융자금을 늦게 상환하는 사람이 많다는 이유로 내가 신청하는 융자를 거절해서는 안 된다. 나아가 그들은 나의 신용거래 신청을 거절한 근거를 설명할 수 있어야 한다. 그런데 비전통적인 데이터가 사용되었다면 투명하고 합리적인 설명을 내놓기가 굉장히 어려워진다. 따라서 개인의 네트워크 데이터가 미래의 재무 상황을 평가하는 데 사용되어서는 안 된다고 분명히 해야 한다. 반면 우리는 여러 추천 시스템을 근거로 미래의 행동을 결정한다. 추천 사이트들은 그저 순위도 없는 목록만 제공하는 것뿐이지만 우리가 호텔과 레스토랑, 데이트 상대, 영화 등을 선택하는 데 영향을 미친다. 또한, 추천 알고리즘은 사용자의 취향을 예측하기 위해 '내 친구가 좋아할 만한 것'과 같은 데이터를 사용한다. 이런 알고리즘에 대해서는 8장에서 더 자세히 다루도록 한다.

우리는 알고리즘의 등장을 환영해야 할까? 이 질문에 '아니오'라고 답하기 전에, 그렇다면 개인의 성격에 바탕을 둔 완전히 주관적인 신용평가 체계로 돌아가도 좋다고 생각하는지 곰곰이 생각해 봐야 한다.

금융 기술이 발달할수록 대출 신청 시 허용되는 조건의 경계가 점점 더 넓어지고 있다. 2016년 5월, 오바마 정부의 재무부는 「온라인 대출 시장의 기회와 도전」이라는 제목의 백서를 발간했다. 전통적인 시장 참여자 외에 온라인 시장에서도 대출 업체가 등장하여 소비자와 소기업을 대상으로 신속한 신용거래 서비스를 제공하고 있다. 이런 새로운 신용거래 시스템이 낳은 기회와 위험을 분석하는 일의 중요성을 재무부가 깨달았다는 점은 좋은 소식이라고 할 수 있다.

공정한 알고리즘을 향해

컴퓨터 과학자들은 알고리즘이 의도치 않게 차별을 범할 수 있다는 사실을 깨달았다. 데이터 마이닝 기법은 갈릴레오, 케플러, 뉴턴과 같은 현대 과학의 개척자들이 공통으로 가지고 있던 가정에 근거를 둔다. 그들은 모두 과거를 살펴 미래를 예측할 수 있는 시대가 올 것이라고 내다보았다. 물론 이 방법이 행성의 운동을 예측하는 데는 적중했지만, 과연 사회적 행동의 지난 데이터를 바탕으로 미래를 예측할 수 있을까?

이제는 과거 데이터에 기반하여 범죄를 예측하는 알고리즘도 등장했다. 발생 시간, 계절, 날씨, 위치(바 근처인지, 버스 정류장인지 등) 등의 패턴과 범죄 발생률을 비롯한 각종 데이터는 경찰이 범죄 예방을 위한 자원을 배분하는 데 큰 도움을 준다. 언제나 그렇듯이 예측 방범 predictive policing의 목표가 인종과 무관한 객관성을 추구한다고 하지만, 알고리즘을 사용하는 방식이 보안, 사생활 그리고 시민의 헌법적 권리 면에서 새로운 문제를 불러온다는 우려에도 타당한 측면이 있다.[44] 다시 한 번 말하지만 예측 방범의 바탕이 되는 알고리즘은 법을 집행하는 자원을 배분하는 데 큰 도움을 준다. 그러나 그것이 범죄를 없애는 만병통치약은 아니며 오히려 의도치 않은 결과를 불러오기도 한다. 리투아니아의 데이터 과학자이며 현재 핀란드 헬싱키 대학교에서 조교수로 재직 중인 인드레 즐리오베이트Indrė Žliobaitė는 '공정성을 의식하는 머신러닝'이라는 성명서를 발표했다.[45] "대개 예측 모델은 대부분의 경우 잘 작동하도록 최적화되어 있으나 남아 있는 부정확성에 영향을 받는 최악의 경우는 고려하지 못한다." 숫자의 뒤에는 인간의 얼굴과 운명이 있다는 사실을 우리 모두 잘 알고 있으므로, 이 문제는 매우 어렵고도 심각한 우려를 자아낸다.

중립을 유지하도록 설계한 알고리즘이 성차별 또는 인종차별적 결과를 내놓는 사례가 있다. 그 이유 중 하나는 머신러닝의 대상이 데이터라는 하나의 사례이며, 그 데이터는 인간이 만들어 낸 것이므로 인간의 편견이 포함될 수밖에 없기 때문이다. 따라서 알고리즘 역시 편견과 사회적 위계질서를 그대로 반영하거나 심지어 증폭하는 경우가 발생한다.

사회학자와 컴퓨터 과학자는 협력하여 '도덕적 알고리즘'을 개발할 필요가 있다. 학문으로서의 도덕(도덕철학)은 '선한' 행동과 '악한' 행동을 구성하는 요소가 무엇인지 탐구한다.(그에 대한 대답은 철학자가 해야 할 일이다). 머신러닝의 관점에서 던져야 할 질문은 알고리즘을 어떻게 학습시키면 데이터를 미리 가공하여 비도덕적인 부분을 제거함으로써 도덕적 결정을 내릴 수 있는가라는 것이다. 앞으로 도덕적 알고리즘 구축을 위한 연구가 진행되기를 기대해 본다. 아울러 현재로서는 '공정성'이 제대로 정의된 개념이 결코 아니라는 사실을 인정해야만 한다.

알고리즘을 넘어 : 대출 업계와 신용 점수 게임

학습은 알고리즘만 하는 게 아니다. 사람도 학습한다. 애리조나 대학교의 마크 키어Mark Kear라는 연구자는 이민자들이 ① 신용 점수 게임에 뛰어들어야 한다는 것과, ② 자신의 신용 이력을 개선하는 것이 가능하다는 사실을 배우는 과정을 분석했다.[46] 키어는 대출 업계에 속해 그 사정을 직접 지켜본 사람이었다. 대출 업계는 미션 에셋 펀드(Mission Asset Fund, MAF)라는 이름으로 조직되어 있다. MAF는 샌프란시스코에 본부를 둔 비영리 기관으로 저소득 가정의 신용 점수를 올리는 일을 사명으로 삼고 있다. 이 그룹에 참여한 사람들은 자신의 신용도를 올리는 데 필요한 데이터를 준비하는 전략을 배우게 된다. MAF의 방식을 통해 참가자는 자신의 신용도를 상당히 끌어올릴 수 있었다(168점이나 상승한 사례도 있다).

요약을 대신하여

'우리는 기술의 시대에서 살아남을 수 있는가?'라는 존 폰 노이만의 논문에 아래와 같은 내용이 나온다.[47]

> 시대적으로 기술의 발전에 따라 정치적, 사회적 관계는 근본적인 변화를 겪었다. 지금이라면 충분히 일어날 법한 기술적 변화라고 생각할 수

있지만, 당시에는 작은 변화였다. 우리의 역사적 경험에서 알 수 있는 또 다른 사실은 이런 기술적 변화가 선험적인 것은 아니며, 당시에 이와 관련된 사람들의 '첫 번째 추측'이 모두 틀렸다는 것이다. 따라서 현재 닥친 정치, 사회적 어려움을 그대로 인정해서도, 지금 이루어지는 개혁을 너무 늦게 받아들여서도 안 된다…….

한 가지 분명한 사실은 그런 어려움의 원인이 기술 발전 때문이며, 이는 유용하고 건설적이면서 동시에 위험하다는 것이다. 우리는 필요한 속도를 유지하면서 개선이라는 과업을 이루어낼 수 있을까? 가장 희망적인 대답은 인류가 과거에도 비슷한 시험에 놓인 적이 있으며, 비록 여러 어려움을 겪으면서도 그것을 이겨 내는 선천적 능력을 보여 줬다는 것이다. 완벽한 해결책을 우리 인류에게 미리 요구하는 일은 불합리하다. 단 이에 필요한 인간적 가치를 열거할 수 있을 뿐이다. 그것은 바로 인내, 유연성 그리고 똑똑함이다.

사회를 측정하는 일은 왜 이렇게 어려운가?

객관적인 순위를 매기는 일은 참 매력적인 목표로 보인다. 그러나 이 장에서 살펴보았듯이 우리는 최소한 두 가지 이유로 객관성을 확보할 수 없다. 그것은 바로 무지와 조작이다. 오늘날 우리는 사회심리학에서 말하는 더닝-크루거 효과로 인해, 무능한 사람들이 자신을 과대평가하는 장면을 자주 지켜본다.

사회에는 무지뿐만 아니라 조작도 횡행한다. 측정은 모든 문명에서 중요한 역할을 맡았다. 실증주의라는 낙관적 관점에 따르면 측정은 개선을 위한 첫걸음이다. 사회적 신뢰와 투명성이라는 요구로 인해 정량적 지표는 사회 기관의 성과를 규정하는 핵심 수단으로 자리 잡았다. 그러나 캠벨의 법칙은 성과지표조차 조작의 대상이 될 수 있다(그리고 실제로 그렇다)는 경고 신호이다. 알고리즘은 인사고과에 따른 자동 해고 관행을 고착시켰고 신용 점수는 그런 메커니즘이 사회적 불평등을 증폭시킨다는 사실을 생생하게 보여 주는 사례다. 그렇다고 해서 알고리즘을 포기하고 과거의 주관적인 구두 평가로 돌아갈 수는 없다. 그보다는 사회학자와 컴퓨터 과학자가 힘을 합해 '도덕적 알고리즘'을 개발하는 편이 낫다. 이제 여러분은 우리 모두가 뛰어들고 있는 순위 게임의 가능성과 어려움을 어느 정도 이해했을 것이다. 다음 장에서는 이 게임의 중요한 두 가지 분야, 대학 순위와 국가 순위를 이야기해 보자.

6 순위 게임

10대 환상

어림수 또는 왼쪽 자릿수 효과의 마법

4장과 5장에서 우리는 인지 편향이 일어나는 근본 원인과 그것이 우리의 생각과 행동에 미치는 영향에 대해 알아보았다. 우리는 정보 과잉과 의사 결정 역량의 한계 때문에 정신적으로 손쉬운 방법을 사용하여 주변의 정보에 대처해 나간다. 그런 경험적 방법의 하나가 앞 장에서 설명한 만족화다. 완벽한 수준은 아니지만 그럭저럭 괜찮은 의사 결정을 추구하는 태도를 말한다. 또한 우리가 인지적 한계를 보완하고자 일상에서 무의식적으로 사용하는 경험적 방법은 이외에도 많다. 우리가 목록에 열광하는 현상도 그 일환이라고 볼 수 있다.

잘 알다시피 우리는 수많은 항목으로 이루어진 목록을 마주한다. 포춘 500이나 트레블 앤 레저Travel & Leisure, ESPN 등은 수많은 브랜드의 순위 목록을 발표하고, 이 목록은 소비자의 의사 결정에 지대한 영향을 미친다. 우리는 우리 두뇌가 외부의 정보를 받아들여 어떤 상품을 살지, 어느 팀을 응원할지 결정한다는 사실도 알고 있다. 우리는 두뇌가 주관적인 범주를 생성한다는 사실을 깨달아야 한다. 《보그》나 《GQ》를 비롯한 수많은 매거진과 미디어가 제공하는 순위 목록에 이미 체계적인 정보가 들어 있지만, 두뇌는 그런 정보를 받아들인 후 다시 한 번 정보를 분류한다. 마케팅 심리학에서는 소비자가 순위 목록을 어떻게 분류하고, 기업이 다시 그 정보를 어떻게 활용하는지를 연구한다.[1] 많은 연구에 따르면 우리가 숫자로 된 정보를 인식할 때 어림수가 굉장히 중요한 역할을 한다. 어떤 항목이 10위에 올라 있는 목록을 볼 때, 우리는 그 항목이 11위보다는 8위에 더 가깝다고 인식한다. 마케팅 전략을 세우는 사람들은 바로 이 어림수의 편향을 이용한다. 그리고 이것은 우리의 인식이 어떻게 조작될 수 있는가를 보여 준다.

또 다른 예로, 서양 문화에서는 숫자 정보를 왼쪽에서 오른쪽으로 읽어 나간다. 그래서 19.99달러라고 써 놓으면 20.00달러보다 확실히 작다고 인식한다. 가장 왼쪽에 나타난 1이라는 숫자가 2라고 쓰인 숫자보다 적다고 판단하기 때문이다. 일단 빠른 판단을 내린 다음에 우리 두뇌는 좀 더 느리고 분석적인 영역을 발동하여 센트 단위의 차이가 별것 아니라는 사실을 깨닫지만, 그때는 이미 늦었다. 우리는 (다시 한 번) 인지 편향의 희생자가 된 것이다.

모호한 정보가 정확한 정보보다 더 효율적일 수 있다

합리성이란 개념을 이해하다 보면 정확한 정보가 곧 객관적이라고 생각하게 된다. 그러나 마케팅 담당자들은 이런 생각의 함정을 간파하고 오래전부터 이를 이용해 왔다. 마케팅 담당자들의 목표는 자신의 브랜드에 가장 유리한 이미지를 덧입히는 것이다. 그래서 그들은 '10대 제품'이라고 표현하는 편이 9위라고 말하는 것보다 더 낫다는 사실을 깨달았다. 브랜드의 정확한 순위를 말하기보다 그저 다른 최고의 브랜드와 같은 수준에 있다는 포괄적인 메시지를 전달하는 게 더 유리하다. 예를 들면 다수의 MBA 과정(좀 더 정확히 말하면 MBA 과정의 72퍼센트)은 다른 MBA 프로그램과 비교해 의도적으로 애매모호한 정보를 발표하는 것으로 알려졌다. 즉 그들은 정확한 순위가 아니라 해당 분야에 속해 있는 수준을 언급하는 것이다.[2] 그래서 인식에 대해 알면 알수록 11등은 절대로 피해야 하는 순위다! (사실 필자는 11등을 한 적이 있다. 하지만 그 이야기는 이 책과 관련이 없으므로 참겠다.)

이제 우리는 또 다른 흥미로운 주제를 살펴봐야 한다. '100대 아무개'라는 개념도 대학 교육 업계에서 마법을 발휘하는 숫자 중 하나다. 세계 '100대' 대학교 순위에 오르려는 경쟁 때문에 '세계 수준'의 대학교라는 개념이 대학 행정 담당자들의 노골적인 목표로 바뀌어 버렸다.

대학 순위 : 아무도 좋아하지 않지만 누구나 사용한다

오늘과 같은 복잡한 세상에서 언제나 되풀이되는 질문 중 하나는 조직의 성과를 과연 하나의 점수로만 표현할 수 있는가이다. 대학교, 단과대학, 대학원 등은 다양한 목적을 위해 존재하는 복잡한 사회 기관이며 그들의 성과를 측정하는 일은 매우 조심스럽다. 어떤 대학교의 순위가 27위이고 또 다른 대학교는 42위라는 것은 어떤 의미일까? 이런 숫자는 대학을 선택해야 하는 사람들의 결정에 어떤 영향을 미칠까? 학생과 학부모, 입학 사정관 그리고 대학 당국 등에 말이다. 오늘날에는 대학 순위가 일종의 강박관념이 되었지만, 사실 모두가 이런 풍조를 비판하면서도 한편으로는 그것을 사용하고 있다고 말할 수 있다. 어차피 순위를 무시하고 살 수 없을 바에는 게임의 규칙을 이해하려고 노력하는 편이 더 현명한 선택일 것이다. 이제부터 배울 교훈을 명심해야 한다. 순위는 객관성이라는 환상과 실재의 결합을 보여 주는 것이며, 이것 역시도 조작의 대상이 된다는 사실이다.

우리는 비록 최근에야 순위에 집착하게 되었지만, 대학을 정량적으로 분석하려는 시도는 이미 예전부터 있었다. 체코 프라하 공업대학교의 칼 코지스카Carl Kořistka 교수는 1863년에 유럽 선진국의 공과 대학교를 분석하고 비교한 연구를 발표했다.[3] 코지스카 교수의 분석에 따르면 오늘날 카를스루에 공과대학교Karlsruhe Institute of Technology는 당시에 가장 많은 수의 학생(800명)과 50명의 교수진을 보유하고 있었다. 이 수치가 사실이라면 학생 대 교수 비율은 당시의 16:1에서 오늘날 5:1로 줄어들었다는 말이 된다. 최근 대학들의 평균 학생 수는 2만 5,000명이고 교수 인력은 6,000명에 달하기 때문이다. 흥미로운 사실은 카를스루에 공과대학의 외국인 학생 비율이 학생회 전체 인원의 60퍼센트를 차지한 반면, 당시 베를린 소재 대학의 외국인 학생은 겨우 2퍼센트(374명 중 7명)에 불과했다는 사실이다. 코지스카 교수가 찾아낸 학생 대 교수 비율 중 유효한 데이터로 간주할 수 있는 범위는 8:1에서 18:1 사이이다. (코지스카 교수 본인은 학생 대 교수 비율을 별도로 계산하지 않았다. 이는 아마도 당시 대학 교육기관들의 주요 관심사가 아니었기 때문으로 여겨진다.)

제임스 맥킨 카텔(James McKeen Cattell, 1860-1944)은 유사 학문 수준에 머물러 있던 심리학에 실험과 정량적 연구 방법을 도입하여 이 분야가 어엿한 과학으로 변모하는 데 크게 공헌한 미국의 선구적인 학자이자 교수다. 그에게 영향을 끼친 사람 중에는 프랜시스 골턴이 있었는데, 우리가 알다시피 골턴은 주변의 모든 숫자를 세고 측정하기를 좋아한 사람이었다. 카텔은 과학 분야의 뛰어난 인재들을 연구해야겠다고 생각했다. 그는 각 분야의 유망한 사람에게 자신의 동료를 평가해 달라고 요청했다. 좀 더 구체적으로 말하면 동료 학자 중 스타가 될 만한 사람을 꼽아 달라고 부탁했다. 그런 다음 그는 학교별로 스타급 과학자 대 전체 교수진의 비율을 계산한 후 그 결과를 순위로 나타냈다. 카텔의 목적은 입학생과 학교 양쪽에 도움을 주려는 것이었다. 그 결과가 바로 『미국의 과학자American Men of Science』라는 책으로, 1906년에 초판이 출간되었고 7판은 1944년에 나왔다.[4] 카텔이 취한 방식은 대학의 우수성을 뛰어난 교수진의 수를 기준으로 측정할 수 있다는 점을 시사했고, 오늘날 우리가 생각하는 대학 순위의 개념이 형성되는 데 기여했다. 순위를 매기는 과정에서 '뛰어난 인재'의 중요성이 강조되다 보니 오래된 사립 대학들이 신생 공립대학에 비해 우위를 지니게 되었다. 초기의 순위 체계는 학생들의 졸업 후 성공 여부나 도서관 규모와 같은 기준이 포함되어 있었다. 전자는 교수의 질에 따른 결과물을, 후자는 학생 대 교수 비율과 함께 교육 자원의 투입량을 측정하고자 함이었다.[5]

오늘날 대학 순위에 대한 우리의 집착을 상징적으로 보여 준 사건은 1983년에 《US뉴스 앤 월드 리포트》지에 순위가 등장하면서 매스 미디어가 전면에 등장한 일이었다. US뉴스는 이를 통해 학생과 학부모가 쉽게 정보를 접할 수 있게 함으로써 매체의 가독성과 수익을 증진하고자 하였다. US뉴스 순위는 금세 평판의 척도가 되었고 대학 관계자들은 이 순위를 올리는 일을 자신들의 당면 과제로 삼았다(그들 스스로 그 점을 인정하지는 않았다 하더라도). 이른바 평판 경쟁이 이때부터 본격적으로 시작되었다.

US뉴스는 가장 우수한 대학의 순위와 가장 가치 있는 대학의 순위를 구분했다. 가치 순위는 전체 점수 중 우수성에 60퍼센트의 가중치를 부여하고, 학생들이 받는 보조 장학금에 25퍼센트, 학생들에게 주어지는 평균 할인 금액에 15퍼센트를 부여하여 계산하였다. US뉴스는 이후 제기된 비판을 수용하여 이 방식을 바꾸었고, 지금은 좀 더 객관적인 데이터(교육 자원, 입학생의 우수성 등)와 주관적인 평가를 적절히 혼합하여 입력값으로 사용한다.

이후 미국과 영국의 순위 시스템에 다른 나라도 가세하면서 글로벌 순위가 등장했고, 이에 따라 경쟁은 더욱더 흥미진진한 양상을 띠게 되었다. 글로벌 순위를 발표하는 가장 영향력 있는 기관은 상하이 랭킹 컨설턴시Shanghai Ranking Consultancy와 더 타임즈 고등교육분과The Times Higher Education Supplement, 콰콰렐리 시몬즈Quacquarelli Symonds 등 세 군데이다. 그러나 그들은 교육 성과를 측정하기보다 고등교육기관들이 내놓는 연구에 더 큰 중점을 둔다.

순위에 대한 수요

투명성, 책임, 비교 가능성

고등교육기관을 두고 투명성과 책임 그리고 비교 가능성을 측정하려는 수요는 대중과 정치인 양쪽 모두에서 증가해 왔다.[6] 순위라는 방식을 통해 쉽게 이해할 수 있는 비교가 가능해졌다. 『고등교육기관의 순위와 개조Rankings and the Reshaping of Higher Education』[7]라는 역작을 펴낸 앨런 헤이즐콘Ellen Hazelkorn은 투명성, 책임, 비교 가능성의 검증 수단을 유형별로 분류하는 체계적인 목록을 발표했다.

- **승인 :** 특정 고등교육기관(Higher Education Institution, HEI)에 대해 고등교육기관으로서의 권위 및 자격 요건을 부여하는 정부 또는 기타 기관의 인증 과정
- **진단, 우수성 보증 및 평가 :** 기관의 우수성 관리 프로세스, 연구 및 교수, 학습 수준에 대한 진단
- **벤치마킹 :** 업무 관행 및 성과에 관한 주변 교육기관과의 체계적 비교 과정
- **분류 및 정보 수집 :** 고등교육기관의 다양성을 보여 주는 유형 분류 체계, 대개 해당 HEI의 사명과 종류로 표현된다.
- **대학 안내와 소셜 네트워킹 :** 고등교육기관의 정보를 학생과 교직원, 주변 고등교육기관 그리고 지역 사회에 제공하는 일.
- **순위, 등급, 능력별 학생 분류 :** 성과의 '표준'을 설정하는 특정 지표와 특성에 따라 고등교육기관의 성과를 국내 또는 글로벌 차원에서 비교할 수 있다.

이를 포함한 여러 분류 체계는 과거의 성과를 반영하고 미래 활동 계획을 지원하는 두 가지 목적을 위해 존재한다.

이질성과 포괄성

말콤 글래드웰은 2011년 《뉴요커》에 기고한 〈세상의 이치 : 대학 순위에 숨은 진실〉이라는 기사에서 순위에 관한 기본적인 내용을 설명했다. 그는 US뉴스의 순위 체계가 발전해 온 과정을 설명하면서 '이질성과 포괄성'을 모두 유지하기가 어렵다는 점을 역설했다. 포괄성이란 어떤 대상의 거의 모든 측면을 다룬다는 뜻이고, 이질성은 고등교육기관의 다양성을 설명하고자 사용된 용어다. 이질성에 관해 글래드웰은 다음과 같은 예를 들었다.

> 펜실베이니아 대학교Penn State와 예시바 대학교Yeshiva University의 비교로 이질성을 설명할 수 있다. 전자는 크고 대중적이며, 정부가 제공한 부지에 지은 대학으로, 수업료가 싸고 학생들의 경제 사정도 다양하게 분포되어 있으며, 펜실베이니아 중부의 시골 계곡에 세워졌고, 풋볼팀이 유명하다. 반면 후자는 작고 학비가 비싼 유대계 사립대학으로 학부 과정은 맨하탄에 소재한 두 곳의 캠퍼스(여자 대학은 미드타운에, 남자 대학은 업타운에서도 멀리 떨어져 있다)에서 이루어진다. 물론 풋볼팀은 별로 유명하지 않다.

위 사례에서 분명히 알 수 있는 사실은 두 대학을 비교하는 일이 사과와 오렌지를 비교하는 일보다 훨씬 더 어렵다는 것이다. 2장에서 이미 사과와 오렌지를 비교하는 일이 꽤나 어렵다는 걸 확인했다. 포괄성과 이질성 사이에는 서로 주고받기 관계가 존재한다. 따라서 대학의 순위를 매기는 일은 측정의 문제다. 과연 어떻게 측정해야 할까?

순위는 무엇을 측정하는가? 지표와 가중치

어느 시점이 되면서부터 US뉴스는 개별 고등교육기관에 순위를 부여하는 데 일곱 가지의 지표와 가중치를 사용하기 시작했다.

- **학부 교육에 관한 평판 :** 22.5퍼센트
- **졸업률 및 신입생 재적률 :** 20퍼센트
- **교수진 :** 20퍼센트
- **학생 선발 :** 15퍼센트
- **재정 :** 10퍼센트
- **졸업률 성과 :** 7.5퍼센트
- **동문 기부 현황 :** 5퍼센트

'더 타임즈 고등교육 분과 세계 대학 순위 체계'의 홈페이지에 실린 자사 홍보 문구는 다음과 같다. "우리는 연구 중심 대학의 핵심 사명, 즉 교육, 연구, 지식 전파와 국제적 안목을 기준으로 글로벌 차원의 성과를 평가하는 유일한 기관입니다. 우리는 면밀한 보정을 거친 열세 가지의 성과지표를 사용하여 가장 포괄적이고 균형 잡힌 비교를 제공하며, 이는 학생과 학계, 대학의 지도자, 산업계와 정부의 전폭적인 신뢰를 얻고 있습니다." 물론 다소 무작위로 설정된 가중치 요소도 존재한다. 그들의 수치는 다음과 같이 설정되어 있다.

- **교육** (학습 환경) : 30퍼센트
- **연구** (양적 성과, 연구비, 평판) : 30퍼센트
- **인용도** (연구의 영향력) : 30퍼센트
- **국제적 안목** (교직원, 학생, 연구) : 7.5퍼센트
- **산업계 소득** (지식 전파) : 2.5퍼센트

내가 만드는 순위

플로리다 애틀랜틱 대학교Florida Atlantic University에서 복잡계와 뇌과학을 연구하는 똑똑하고 매력적인 프랑스인 교수 엠마뉴엘 타그놀리Emauelle Tognoli가 필자의 블로그에 놀라운 글을 남겼다.

> 앞으로 우리가 컴퓨터 사용 능력을 더 깨우치면서 수십 년이 흐른 뒤에는 마치 '개인화된 약품'이 존재하듯이 '개인화된 순위'도 등장하지 않을까 생각합니다. 누구나 각 요소의 가중치를 계산하고(순위 = 교육 30% + 등등) 각자의 방정식을 써서(또는 방정식을 대신 써주는 웹 사이트의 도움을 받

거나) 자신의 우선순위에 따른 맞춤형 순위를 확인할 수 있게 되는 거지요. 사실 이것은 오래전부터 대학을 선택하거나 컴퓨터를 살 때 우리의 인식 작용이 달성하고자 했던 목표입니다. 물론 고차원적인 수준의 정보 처리에 한계가 있음을 알면서도 말이죠. 그런데 정보의 소스나 권위가 맡은 역할이 달라지면, 사용자가 가중치를 현명하게 조정하는 데 있어 해당 요소가 왜 중요한지 설명하기까지는 시간이 더 필요하게 됩니다. 님께서는 그렇게 다양한 순위가 기존의 엄격한 순위 체계만큼 성공과 인기를 누릴 것으로 생각하시는지요? 그런 것이 출현한다면 얼마나 유용하다고 생각하십니까? 또 사용자에게 미치는 영향은 어떨까요(즉 나에게 알맞은 대학을 찾는데)? 순위의 대상이 되는 기관의 이해 당사자들에게는요(대학 당국들)? 그리고 순위 설정 자원을 제공하는 사람들(더 타임즈 고등교육 분과 순위가 말하는 대학들)에게는 어떤 영향이 미칠 것으로 생각하십니까?

글로벌 순위가 처음 발표되었을 때 충격에 빠진 유럽은 새로운 프로젝트를 시작했다. 이때 시작된 유 멀티랭크U-Multirank 프로젝트[8]의 '나만의 순위를 만들자'라는 구호는 엠마뉴엘이 제안한 내용과 상당히 유사하다. 유 멀티랭크 구상은 학생들이 자신에게 중요한 대학, 즉 전체적으로 가장 좋은 대학이 아니라 자신에게 가장 잘 맞는 대학을 선택할 수 있게 하자는 아이디어에서 출발했다. 학생들은 자신이 어떤 분야를 좋아하는지 뚜렷하게 모르는 경우가 많다. 따라서 그들에게는 좀 더 간단한 질문이 필요하다. 즉 내가 공부해야 하는 내용은 무엇인가? 나는 어느 대학에 가고 싶은가? 와 같은 질문이다. 유 멀티랭크의 목표는 사용자들이 최적의 비교 환경을 선택할 수 있는 좀 더 유연한 체계를 마련하는 것이다. 이 프로젝트는 다차원성, 통합 연구, 교육 및 학습, 국제화, 지식 전파, 지역 사회 참여 등의 가치를 강조한다.

따라서 유 멀티랭크의 관점은 자연스럽게 복합적인 성격을 띠게 된다. 유 멀티랭크가 데이터의 비교 가능성과 신뢰도 면에서 어려움이 있다고 느끼는 사람도 있다. 또한 이 시스템이 채택하는 지표가 다양한 대학과 국가에 걸쳐 일관성 있게 적용될 수 있는가라는 근본적인 우려가 나오기도 한다.

어떤 순위 체계도 대학의 모든 측면을 포착해낼 수 없다는 사실을 인정해야 한다. 우리는 또다시 주관성과 객관성 사이에서 길을 찾고 있다. 완벽하고 객관적인 순위 체계는 없다. 순위는 어떤 지표가 중요한지 물음이 따라오고, 특정 데이터를 분석할 때 가중치를 어떻게 활용하느냐에 따라 주관성이 개입되는지 물어야 한다.

후광 효과의 재조명 : 평판의 편향적 효과

US뉴스는 매년 전국 대학의 총장과 교무처장, 입학처장들(일부 고교의 입학 상담자를 포함해서)에게 해당 분야의 모든 대학을 1점에서 5점까지의 점수로 평가해 달라는 설문 조사 요청서를 발송한다. 예를 들어 국립대학 담당자에게는 전국의 나머지 261개 국립대학의 순위를 말해 달라는 식이다.

글래드웰은 존재하지도 않는 로스쿨의 순위를 매긴 어떤 법률 전문가들의 이야기를 소개한다.

> 수년 전 이와 유사한 일이 있었다. 미시간주 대법원의 전 수석 재판관 토마스 브래넌Thomas Brennan은 백여 명에 이르는 동료 법률가에게 가장 우수한 10대 로스쿨의 순위를 꼽아 달라는 설문지를 발송했다. 브래넌은 이렇게 말했다. "회신해 온 내용 중에는 하버드, 예일, 미시간 대학교 등 유명 대학의 이름이 대거 포함되었습니다. 또 존 마샬이나 토마스 쿨리 같은 비교적 덜 알려진 학교도 있었습니다. 그런데 펜실베이니아 대학교 로스쿨이 목록의 한가운데에 떡하니 포함되어 있던 게 기억납니다. 아마 10개 대학 중 5위 정도로 순위를 매겨 놓았던 것 같습니다. 물론 펜실베이니아에는 로스쿨이 없습니다." 그 사람들이 펜실베이니아 로스쿨에 관해 아는 것이 무엇이든 그것이 환상이라는 사실은 분명하지만, 그들이 그렇게 했던 이유는 펜실베이니아가 중간 정도에 해당하는 브랜드라는 인식 때문이었다. 교육의 우수성을 올바르게 판정하기 위해서는 그 판단이 눈에 쉽게 띄지 않는 개별적인 특성에 근거하여 이루어져야 한다. 그러나 명성을 기준으로 순위를 매기다 보면 대학의 정체성에 관한 광범위하고 눈에 쉽게 띄는 특성, 예컨대 대학의 역사나 언론에서의 유명세, 아니면 아름다운 건물에 쉽게 영향을 받는다. 그것은 다름 아닌 편견이다.

프린스턴이나 하이델베르크 등에도 똑같이 적용되는 이런 현상이 바로 후광 효과가 실제로 드러난 사례라고 할 수 있다. 기억하겠지만, 우리가 가진 전체적인 인상은 개별적인 특성을 평가하는 데 영향을 미친다.

물론 이 이야기를 긍정적으로 해석할 수도 있다. 지금은 펜실베이니아에 두 개의 로스쿨이 설치되었고 실제로 그 순위를 확인해 보면 딱 중간 정도에 위치한다. 따라서 전문가들의 편견이 실제 값과 매우 큰 상관관계를 보여 주므로, 우리는 그들의 판단이 집단 지성의 예견 능력을 보여 줬다고 볼 수 있다. 고등교육의 전세계적 차원에서 비교는 아무런 대안도 갖지 않는다. 자칭 우수 대학으로 선전하거나 스스로 높이 평가해 봤자 학생이나 경쟁 학교, 다른 이해관계자에게는 전혀 먹히지 않는다. 단 하나의 '이상적인' 순위 체계는 존재할 수 없다. 피상적인 수준에서조차 연구의 우수성과 교육의 탁월함은 서로 뚜렷하게 구분된다. 그러나 입학 대상 학생들은 해당 지역의 환경에 더 관심을 기울일지도 모른다. 아울러 이상적인 순위 체계는 개별 학과 단위의 교육과 연구 면에서의 성과를 모두 평가해야 할 것이다.

널리 알려진 후광 효과의 또 다른 예로 독일의 경제 신문《한델스블라트Handelsblatt》가 제공하는 순위를 들 수 있다. 이 신문은 직장인이 경영 대학원을 대상으로 매긴 순위를 발표한다. 그들은 일반적으로 명성이 높은 하이델베르크 대학교를 6위에 올려놓았지만, 이 학교는 사실 경영대학원 과정을 개설한 적이 없었다.

순위 게임 : 투영에서 대응으로

웬디 에스펠란드Wendy Espeland와 마이클 소더Michael Sauder는 그들의 논문과 『불안의 동력Engines of Anxiety』[9, 10]이라는 책에서 학교 순위가 그저 수동적인 거울이 아니라 변화를 자극하는 동력이 된다는 사실을 보여 준다. 한편으로 순위는 국가, 기관 그리고 각 대학으로부터 고등교육기관을 향해 탁월함을 자각하라고 촉구하는 경고 신호로 작용한다. 글로벌 시장에서는 자체 인증이나 자기 자랑의 관행이 사라지는 대신 공식적인 국제적 비교가 자리하는 게 낫다. 다른 한편으로 관행은 현실에 대응하여 변화할 수 있는 원동력이다. 순위에 따른 반응은 두 가지 방식으로 나타난다. 바로 자기 충족적 예언과 호응이다.

자기 충족적 예언은 아주 작은 변화를 증폭시키는 행동 원리를 말한다. 어느 해에 순위 변화가 조금만 발생해도 그 차이는 다음 해의 순위와 내실에 영향을 미친다. 따라서 변별 점수가 달라지고, 그것은 다시 순위 계산에 원인 변수로 작용한다. 결국 통계적으로 대수롭지 않은 측정 오차만 일어나도 순위에 중요한 차이를 불러온다. 기존의 순위는 평판에 내재된 편향 효과 때문에 다시 새로운 순위에 영향을 미친다.

호응은 순위에 의한 반응 중 두 번째로 중요한 행동 원리다. 첫째, 정성적인 특성은 비교 가능한 양으로 전환된다. 비용 대비 효과의 비율, 가격, 표준화된 테스트 등 우리는 이미 일상생활에서 이런 내용을 잘 알고 있다. 호응이란 우리가 주의를 기울이는 대상을 위한 틀을 형성하는 과정이다. 제한된 관심은 인간의 인지 능력 한계에서 오는 핵심적 특징이므로, 호응은 굉장히 중요하다. 참가자들은 어떤 것을 논의의 주제로 삼고 어떤 것은 제외할지 결정한다. 브라이언 존스와 프랭크 바움가트너[11]는 관심의 정치학에 관한 그들의 저서에서 여기서 두 단계로 볼 수 있는 과정을 정의한다. 첫 번째 단계는 이른바 의제 설정이다. 즉 실용적인 차원에서 지표를 선택하는 과정이다. 수치로 표현할 수 없는 특성은 일단 무시한다. 둘째, 우리의 반응은 불균형적이다. 즉 어떤 정책 결정 체계라도 항상 미온적 대응과 과잉 대응을 보일 수 있다. 현시점에서는 아직 순위 알고리즘이 '학내 발언의 자유'라든가 양성평등 시설 보유 수와 같은 개념은 고려하지 않고 있다. 앞으로는 그래야 할까? 호응은 함축과 단순화로 이어진다.

다양한 이해관계자들은 어떻게 순위를 사용할까?

두 가지 사례를 살펴보자. 유럽의 170개 대학 관계자들에게 다음과 같은 질문을 던졌다. "순위는 귀 대학의 전략에서 중요한 일부분을 차지합니까?" 이에 대한 대답은 다음과 같았다.

- 아니다. : 39퍼센트
- 그렇다. 우리 대학은 국내 순위에 있어서 명확한 목표를 수립하고 있다. : 14퍼센트

- 그렇다. 우리 대학은 국제적 순위에 대해 명확한 목표를 수립하고 있다. : 18퍼센트
- 그렇다. 우리 대학은 국내 및 국제 순위 모두 명확한 목표를 수립하고 있다. : 29퍼센트

필자도 몇몇 학부 고학년생에게 순위 체계를 대학원 선택에 어떻게 활용하고 있는지 물어봤다. 아래의 글은 학생의 답변 중 하나다.

저는 학부에서 컴퓨터과학을 전공하는 학생이며 현재 머신러닝 분야에서 박사 과정을 밟기 위해 준비 중입니다. 저는 해당 대학원에 응시할지 말지를 선택할 때 순위를 대단히 중요하게 참고합니다. 《US뉴스U.S. News》 사이트에 올라온 '최고의 대학원 과정 : 인공 지능 분야'를 포함해서 여러 목록을 찾아봤습니다. 수백 개의 대학 중에 살펴볼 범위를 우선 좀 좁혀 놔야 할 것 같아서요. 그래서 저는 순위를 하나의 출발점으로 생각합니다. 모든 대학을 다 살펴볼 것이 아니라 상위 40개 정도를 검토하는 거죠. 다음으로는 지역을 고려합니다. 이건 좀 더 주관적인 기준이죠. 다른 사람들과 다른 저만의 선호도가 있는 거니까요(저는 태평양 북서부 지역의 비 오고 습한 날씨를 좋아합니다). 이렇게 범위를 좁힌 다음, 관심이 가는 교수진과 연구실을 보유한 학교를 선택합니다. 제 경험으로는 제가 찾는 광범위한 기준에 맞는 학교를 선택하는 데 있어 순위는 하나의 필터 역할을 한다고 생각합니다.

순위 게임을 해야 할까 말아야 할까?

세계 고등교육 데이터베이스(World Higher Education Database, WHEI)에 등록된 고등교육기관은 1만 8,000개가 넘지만, 그중에서 단 0.5퍼센트만 100위 안에 들 수 있다. 나는 세상에 가장 좋은 것이 단 하나뿐이라는 생각에 동의하지 않는다. 경쟁이 긍정적인 동력을 불러온다고 하지만, 모든 대학이 같은 출발선에 서야 한다는 주장은 비현실적이다. 특히 신흥 국가일수록 소규모의 신생 대학이 많은데, 이들은 대개 막대한 재정을 비롯한 각종 자원을 보유하지 못한 경우가 많다. 이런 대학들은 순위를 끌어올리기가 사실상 불가능한 형편이다. 물론 다른 카테고리도 많다. 예컨대 US뉴스는 국립대학, 인문대학 그리고 지역별 대학 순위를 별도로 발표한다. 중하위권 대학도 사회에는 필요하다. 그러나 그들 대학의 입장에서는 학생들의 자격과 취직을 돕는 데 집중하는 편이 순위 게임에서 좋은 이미지를 얻느라 너무 많은 에너지를 투입하는 일보다 더 나은 선택이다. 물론 필자의 생각이 틀렸을 수도 있다.

세계 '최고' 국가란 과연 존재할까?

잘 알다시피 인류는 국가라는 이름의 지정학적 단위를 형성해 왔다.

역사적으로 사람들은 특정 국가에 속해 정체성을 공유하는 편을 선호해 왔다. '유유상종'은 아득한 옛날부터 내려온 인류의 특질이다. 자신과 비슷한 사람들끼리 뭉치고 싶은 것은 우리의 본능이다. 민족 국가라는 개념이 진부한 사고방식이며 갈등의 원인이 될 뿐이라고 생각하는 사람도 있지만, 국가는 여전히 주민을 통제하고 사회를 구성하며 부의 분배를 관리하는 가장 중요한 수단이다.

오늘날 국가들은 엄청나게 다양한 기준으로 순위와 등급이 매겨지고 있다. 그리고 그 기준을 채택하는 주체는 수백 개의 다양한 기관으로, 이들은 특정 국가(주로 미국)와 강하게 연관된 경우가 많다. 알렉산더 쿨리Alexander Cooley와 잭 스나이더Jack Snyder가 쓴 국가별 순위를 다룬 책[12]을 보면 개별 국가를 평가하고 비교하는 데 사용되는 95개의 지표가 제시되어 있다. 이들 지표는 다시 '경영 경제', '국가 위험', '민주주의와 거버넌스', '환경', '언론 출판', '안보 문제와 갈등', '사회 복지' 그리고 '투명성' 등의 범주로 분류된다.

아마르티아 센 박사가 정의한 사회후생함수에 따라 산출된 국가별 순위 목록은 미국 중앙정보국(Central Information Agency, CIA)이 제공하는 데이터를 근거로 매년 작성되며, 또 다른 버전의 목록은 국제통화기금(International Monetary Fund, IMF)과 국제연합(United Nation, UN)의 데이터를 이용한다. [센 박사의 사회후생함수는 1에서 사회 불평등 계수를 뺀 값을 1인당 국내총생산과 곱한 값(SWF = GDP(1-G), 여기서 G는 지니계수 -옮긴이)이라는 내용을 기억할 것이다. 이 값의 단위는 연간 인당 달러이다.]

이 순위가 가장 최근에 발표된 해는 2015년이며 그중 일부는 다음과 같다.

1. 카타르 82,884
2. 룩셈부르크 49,242
3. 노르웨이 47,861
4. 싱가포르 43,518
5. 스위스 42,335
6. 네덜란드 34,853
7. 스웨덴 34,443
8. 덴마크 33,907
9. 독일 33,719
10. 아이슬란드 33,695
11. 미국 33,260

카타르는 선진 산유국으로 석유 산업이 국가 GDP의 60퍼센트를 차지하는 나라다. 이 나라가 높은 GDP를 보이는 이유 중 인구가 적다는 점이 큰 몫을 차지한다(그런데 근로 인력의 급속한 유입으로 인구가 빠르게 성장하고 있다). 하지만 젊은 남성의 이주에 따른 인구 폭발로 성비의 극심한 불균형이 야기되고 있다. 총 2,500만 인구 중에 여성은 약 70만 명에 불과하다. 다가올 월드컵 대회에 대비한 기반 시설을 건설하기 위해 이 나라에 온 사람들이 사는 곳은 근로자 합숙소다. 그러나 지니 불평등 계수가 측정하는 값은 소득 불평등 수준이지 사회적 불평등을 다룬 내용이 아니므로, 카타르는 여전히 순위의 맨 앞을 달리고 있다.

뒤쪽에 자리한 여섯 개 나라의 점수는 서로 매우 비슷하므로 개별적 순위는 별로 중요하지 않다. 그렇다 하더라도 미국이 10위에 진입하지 못했다는 것은 다소 놀라운 사실이다.

말은 소보다 클까 작을까?

페렌츠 야노시(Ferenc Jánossy, 1914-1997)는 헝가리의 유명한 가문 출신(그의 양아버지는 '서구 마르크스주의' 철학의 창시자 중 한 사람이라 할 수 있는 죄르지 루카치George Lukács였다)의 공학자이자 경제학자로, 『경제 개발 단계의 측정 가능성과 새로운 측정 방법The Measurability and a New Measuring Method of Economic Development Level』이라는 헝가리어로 된 책을 썼다. 이 책은 당시만 해도 앞날을 내다보는 탁월한 역작이었다. 야노시는 동물을 서로 비교하는 문제를 일화로 인용하여 자신의 관점을 설명했다.

> 첫 번째 문제는 서로 다른 성질을 가진 대상을 어떻게 정량적으로 비교하는가이다. 아이들은 모두 코끼리가 참새보다 크다는 사실을 안다. 아이들은 소가 코끼리보다는 작고 참새보다는 크다는 데 조금도 망설임 없이 동의할 것이다. 마찬가지로 동물을 크기 순서로 나열하는 문제라면 아이들

> 은 고양이를 소와 참새 사이에 두는 걸 전혀 주저하지 않을 것이다. 그러나 말이 등장하는 순간 아이들은 난처해진다. 말은 어디에 위치해야 하는가? 말은 소보다 큰가, 작은가? 서로 다른 특성을 가진 대상을 비교할 때 순위 부여는 간단한 문제가 아니다. 서로 다른 특성을 고려하다 보면 순위가 모두 달라지기 때문이다. (말은 소보다 키는 크지만 몸통은 좁다.)

야노시는 위의 논리를 일반화하여 두 대상의 정성적 차이가 클수록 그에 따른 정량적 차이도 커야만 믿을 만한 순위를 매길 수 있다고 주장했다. 정성적 차이는 정량적 비교 가능성을 제한한다. 이것이 바로 야노시가 말하는 '비교 가능성의 기준'이다. 비교 대상이 되는 특성에 따라 임계점이 달라진다는 것은 분명한 사실이다(키만 가지고 순위를 매긴다면 말과 소의 딜레마는 애초에 발생하지 않는다). 그러나 순위는 최종 목적이 아니라 수단일 뿐이다. 따라서 순위를 쉽게 매기자고 비교 기준을 바꿀 수는 없다. 구성 원리를 좀 더 명확하게 정의하여 임계점을 낮출 수는 있겠지만 그것을 없앨 수는 없다.

이제 순위에서 측정으로 넘어가 보자. 어떻게 하면 정량적인 표현을 사용할 수 있는가? 예컨대 스웨덴이 터키보다 발전된 나라라는 말을 정량적으로 표현하려면 어떤 조건이 충족되어야 하는가? 어떤 특성에 더하고 뺄 수 있는 성질이라는 가산성을 찾아낼 수 없다면 그 특성을 측정할 수도 없다. 어떤 특성을 측정할 수 있다는 말은 두 대상의 비교가 '고정된 척도에 따라 수치를 측정하는' 두 단계로 나뉠 수 있다는 의

미이다. 다시 말해 측정 가능성의 임계점이 특정한 절대적 척도와 그 것이 가진 비교 가능성의 한계와 들어맞는다는 뜻이다. 대상의 특성을 조사한 결과, 그것이 절대 척도에 따라 측정할 수 있다면 임계점은 수치로 표현될 수 있다.

이 사례는 순위와 등급을 매기는 적절한 방법이 있으며 그 방법에는 한계가 있다는 점을 시사한다. 비교 가능성에 한계가 있다는 사실을 인정하는 것은 매우 중요하다.

세금을 많이 내면 행복해진다

국가 순위를 매기는 방법은 실로 무한하다고 말할 수 있지만, 한 나라가 얼마나 행복한가라는 질문이야말로 가장 중요한 기준 중 하나라는 데 많은 사람이 동의할 것이다. 2011년 유엔 총회는 국가별로 국민의 행복을 측정하는 프로젝트를 출범했다. 그러나 국가의 행복도는 어떻게 측정할 수 있는가? 측정 방법은 대체로 단순하다. 조사 대상국의 상당수 인구를 대상으로 이런 질문을 던지는 것이다. "열 개의 계단이 있는 사다리를 생각해 보십시오. 밑바닥에서 꼭대기까지 0에서 10의 번호를 매겼을 때 맨 꼭대기는 최고의 인생이며 밑바닥은 최악의 삶을 나타냅니다. 현재 귀하가 누리는 삶은 몇 번째 계단에 해당한다고 느끼십니까?"

2017년에 유엔이 발표한 보고서에 따르면 세계에서 가장 행복한 나라는 노르웨이였다(여러분은 이미 닭 무리 속에서 서열이 형성되는 현상이 발견된 나라가 노르웨이이며, 노르웨이의 마그누스 칼센이 체스 선수 중 엘로 등급이 가장 높은 사람이라는 사실을 알고 있을 것이다. 또 여러분 중에 신경생물학 분야를 잘 아는 사람이 있다면 마이브리트 모세르May-Britt Moser와 에드바르드 모세르Edvard Moser 부부가 공간지각 정보를 처리하는 격자 셀이라는 형태의 특정 뉴런을 발견한 공로로 2014년 노벨 생리 의학상을 수상한 사실을 알고 있을 것이다). 그런데 정작 놀라운 것은 이에 대해 에르나 솔베르그Erna Solberg 노르웨이 총리가 보인 반응이었다. "비록 이 통계에서 1위를 차지했다고는 하지만 우리는 계속해서 정신 건강 관리 문제를 최우선 과제로 추진할 것입니다."

사실 가장 행복한 다섯 개 나라 사이에 통계적으로 유의미한 차이는 없다. 모든 나라가 7.5점을 중심으로 촘촘히 분포되어 있다(노르웨이 7.54, 덴마크 7.52, 아이슬란드 7.50, 스위스 7.49, 핀란드 7.47). 맨 꼴찌는 -2.69점을 받은 중앙아프리카공화국이었다.

2018년도에는 핀란드가 1위를 차지했고, 미국은 156개 설문 국가 중 18위에 올라 2017년에 비해 4단계 내려갔다. 미국은 강한 경제력을 보유하고 있음에도 기대 수명과 자살률 등의 사회적 측정 지수에서 꽤 낮은 점수를 보인다. 이렇게 순위가 낮아지게 된 주요 원인으로는 계속되는 진통제 남용 문제, 경제적 불평등 심화 그리고 정부를 향한 신뢰 저하 등이 있다.

정신 건강 관리를 위한 투자는 대개 평균적인 행복 수준과 상관관계가 있다. 이런 투자 수준을 알 수 있는 가장 대표적인 지표는 인구 1

인당 정신 건강 분야에서 일하는 의료 인력의 수다. 이 계산에 비춰보면 정신 건강 관리 투자 규모가 높은 나라일수록 평균적 행복도가 높게 나타난다.[13] 좋든 싫든 정신 건강이 발달한 곳일수록 항우울제 사용 빈도가 높을 것이고, 따라서 최근 세계적으로 가장 행복한 나라에서는 항우울제 사용량이 증가하고 자살률은 줄어드는 경향을 보인다.

살펴봐야 할 행복의 또 다른 측면은 바로 자살률이다. 헝가리는 역사적으로 높은 자살률을 보여 왔으며 이는 한 세기가 넘는 옛날부터 이미 통계적으로 검증되어 온 사실이다.[14] 1960년부터 2000년까지 헝가리의 자살률은 늘 세계 최고 수준을 보였다. 나는 헝가리인의 자기 정체성에 문제가 있다는 생각에 동의하는 편이다. 헝가리는 확실히 고립된 언어를 쓰고 있으며 자주적으로 서유럽의 구성원이 되어 본 적이 한 번도 없는 데다, 그렇다고 동양적 뿌리를 간직하고 있지도 않다. 그러나 지난 20년간 어느 정도의 발전은 있었다. 흥미롭게도 자살률은 사회 경제적 발전과 직접적인 연관이 없다. 이 점은 리투아니아와 대한민국이 자살률 면에서 세계 '최고'의 수치를 보인다는 사실만 봐도 알 수 있다.

행복과 돈

개별 순위는 우리가 살아가는 이 복잡한 세상이 1차원으로 투영된 결과 중 하나일 뿐이다. 따라서 다른 차원을 고려하면 상황은 훨씬 더 복잡해진다. 흔히들 행복을 돈 주고 살 수 있냐는 말을 많이 하지만 이를 학문적으로 접근하면 바로 행복과 부의 상관관계를 다룬 연구가 된다.

이른바 '이스털린의 역설(서던 캘리포니아 대학교 경제학과 교수 리처드 이스털린Richard Easterlin의 이름을 딴 용어)'에 관한 논쟁이 지금도 계속되고 있다.

- 한 사회 내에서 부유한 사람들은 가난한 사람보다 훨씬 더 행복하다.
- 그러나 부유한 국가가 가난한 국가에 비해 더 행복한 것은 아니다.
- 나라가 부유해질수록 행복도는 떨어진다.

경제학자 벳시 스티븐슨Betsey Stevenson과 저스틴 울퍼스Justin Wolfers는 이스털린의 주장에 오류가 있음을 발견하고[15] 소득과 행복 사이에는 단순 증가 관계가 성립한다고 주장했다. 그러나 그 증가 곡선은 선형 함수가 아니라 로그 함수의 형태를 보인다(이 책에서 필요한 수학적 지식은 로그 함수 곡선의 형태를 이해하는 것뿐이라는 말을 기억하시기 바란다). 소득이 일정 수준을 넘어선 다음부터 벌어들이는 단위 소득당 행복은 언제나 더 적으며, 따라서 행복도는 곧 포화 상태에 이른다. 오랜 세월이 흐른 후에야(수학자들은 이를 점근 한계라고 부른다) 이 역설이 옳다고 입증된다. 이스털린의 역설이 공격을 받기도 하고 반대되는 데이터가 발견되기도 했지만, 우리가 돈 버는 데 쓰는 시간을 줄이고 가정생활과 육체적, 정신적 건강에 더 많은 시간을 투자해야 한다는 말은 틀린 말이 아니다!

신용 등급에 따른 국가별 순위 :
다시 등장한 객관성 대 주관성 문제

우리는 이미 개인에게는 '신용 점수', 기업이나 국가에 대해서는 '신용 등급'이 매겨진다는 사실을 알고 있다. 각국 정부 입장에서 등급이 필요한 이유는 돈을 빌리기 위해서다. 신용 등급은 투자 대상으로서의 적격성 여부를 나타내기도 하며 한 국가의 신용 등급은 그 나라의 정치, 경제적 상황에 좌우된다. 나아가 국가의 신용 등급이 필요한 또 다른 이유는 무엇일까?[16]

> 많은 나라는 외국 투자자에 의존하여 차관을 도입한다. 그리고 이 투자자들은 신용 등급 기관이 제시하는 신용 등급에 대단히 민감하다. 한 나라의 신용 등급이 높을 때는 외국 자본을 조달할 수 있는 이점 외에도 외국의 직접 투자와 같은 또 다른 형태의 자본도 유치할 수 있다. 예컨대 어떤 나라가 다른 나라에 공장을 설립하고자 할 때는 투자를 결정하기 전에 맨 먼저 그 나라의 신용 등급을 통해 안정성 여부를 파악한다.

대외 차관 규모로는 미국이 세계 1위이며 그다음을 영국이 따르고 있다. 룩셈부르크가 다른 어느 나라보다 1인당 차관 규모가 크다는 사실은 놀라운 일이다. 룩셈부르크가 주요 금융 중심지 중 하나로 알려져 있고, 따라서 막대한 금액의 외국인 소유 계좌를 보유한 결과로 보인다.

원칙상 등급 부여 과정에는 객관적이고 독립적인 진단 절차가 포함된다. 이 절차가 완벽하게 객관적이라면 신용 등급 기관(Credit Rating Agency, CRA)은 단 하나로도 충분하다. 그러나 미국에만 해도 3대 신용 기관(피치Fitch, 무디스Moody's 그리고 스탠다드 앤 푸어스Standard & Poors)을 비롯한 여러 중소 규모 기관이 있으며 이들은 모두 다양한 데이터베이스와 (사설) 알고리즘을 사용하여 (조금씩) 서로 다른 결과를 산출하고 있다.

3대 유명 신용 기관의 간략한 역사

1860년, 헨리 푸어(Henry Poor, 1812-1905)는 『미국 철도와 운하의 역사History of Railroads and Canals in the United States』라는 책을 출간했다. 이 책은 운송 기업의 재정적 상태를 다룬 정보를 종합하여 소개하는 역할을 했다. 한편 스탠다드 스태티스틱스Standard Statistics라는 회사도 1906년부터 각종 채권의 등급을 발표하기 시작했는데, 1941년에 이들이 합병하여 스탠다드 앤 푸어스라는 회사를 설립했다. 그리고 이 회사가 발표하는 S&P 500은 경제 활동성을 가늠하는 주식시장의 지표가 되었다. 1913년에는 존 놀스 피치John Knowles Fitch가 피치 퍼블리싱 컴퍼니를 설립하여 투자자들의 의사 결정에 도움을 주는 금융 통계를 발표하기 시작했다. 이 회사가 1924년에 선보인 AAA부터 D까지의 등급 체계는 채권 등급의 산업 표준이 되었다.[17] 존 무디(John Moody, 1868-1958)와 그의 회사는 1900년에 『무디스 매뉴얼Moody's

Manual』을 최초로 발간했다. 무디스 인베스터스 서비스는 거의 모든 정부 채권 시장의 등급을 발표해 왔으며, 오늘날에는 가장 중요한 신용 등급 기관의 하나로 성장했다.

라틴어 속담에 '퀴스 쿠스토디에트 입소스 쿠스토데스Quis custodiet ipsos custodes?'라는 말이 있다. 의역하면 '감시인은 누가 감시하는가?'라는 뜻이다. 신용 등급 기관을 상대로 등급을 매기는 주체는 누구인가라는 질문이 자연스럽게 떠오른다.[18] 1975년, '국가 공인 통계 평가 기관' 지정 제도가 수립되었다. 투자자들은 그들이 가진 자원을 할당하기 위해 신뢰도 높은 정보가 필요했다. 이런 수요는 엄청나게 성장, 확대되어 거대한 신용 평가 산업이 형성되는 데 영향을 미쳤다. 2006년 신용 평가 기관 개혁법The Credit Rating Agency Reform Act of 2006은 증권거래소에 국내의 신용 평가 프로세스를 규제하는 주관 기관의 역할을 부여했다. 2008년 금융 위기에서도 신용 등급 기관은 중요한 역할을 담당했는데, 그 상세한 내용은 이 책의 범위를 훨씬 뛰어넘는다. 내가 마이클 루이스Michael Lewis의 베스트셀러[19]를 읽고 깨달은 교훈은 '도박과 투자의 경계는 인위적이며 모호하다'라는 것이었다.

신용 등급 기관의 주관성에 대한 비판

신용 등급 기관이 컨설팅 서비스도 함께 제공한다는 점은 평가 업무에 편향성이 개입될 여지가 있다는 충분한 근거가 된다. (다른 동물을 제멋대로 판단했던 늑대 이야기를 떠올려 보라. 그 판단은 곧바로 사형 선고나 다름없었다!) 신용 평가 시장이 형성될 수 있는 조건은 평가 기관의 주 수익원이 그들이 평가하는 상품의 생산 주체, 즉 기업으로부터 오는 구조에 있다.[20] 신용 등급 기관은 편향된 평가와 함께 객관성의 원칙을 위반했다는 비판을 꾸준히 받아 왔다. 이에 대한 신용 등급 기관의 전반적인 입장은 어떠한 이해의 충돌도 없었다는 것이다. 평가 결정은 어느 개인이 단독으로 하는 것이 아니라 위원회에서 이루어지며, 애널리스트들은 그들이 내린 평가에 대해 어떠한 보상도 받지 않는다고 말했다.

오늘날 평가 기관들은 수학적 모델을 사용하는데 그 자세한 내용은 전부 공개되지 않고 있다. 수학적 모델의 바탕에는 인간의 가정이 있다는 사실을 우리는 이미 알고 있다. 게다가 어떤 모델의 결과도 인간에 의해 바뀔 수 있다(이런 과정을 '평가 위원회'라고 부르는지도 모른다. 그들이 어떤 일을 하는지 우리는 여전히 모른다). 2010년에 제정된 도드-프랭크 금융 개혁법Dodd-Frank Wall Street Reform and Consumer Protection Act은 평가 절차의 투명성을 높이기 위해 신용 등급 기관에게 그들이 사용하는 평가 방식을 공개하도록 의무화했다. 이후 일부 조항이 폐지 또는 변경되기도 했지만 신용 등급 기관을 규제한다는 큰 틀은 여전히 유지되고 있다.[21, 22] 결론적으로 우리가 던지고 싶은 질문은 이것이다. 최종 권한은 누구에게 있는가, 컴퓨터인가, 아니면 사람인가?

객관적 알고리즘 대 주관적 이해 상충

우리는 또다시 딜레마에 빠졌다. 신용 평가에서 주관성과 객관성의 차이는 무엇인가? 주관적 신용 평가란 한 개인 또는 신용 등급 기관의 관점에 따라 이루어지는 평가다. 거기에는 특정 애널리스트의 전문 지식과 그가 속한 기관의 알고리즘이 반영된다. 반면 객관적 신용 평가라고 하면 공개된 데이터베이스와 오픈 소스 알고리즘에 따라 이루어져야 한다.

신용 등급 기관이 정말 객관적이라면 이들이 둘 이상이어야 할 이유도, 평가 결과가 여러 가지일 이유도 없을 것이다. 평가 방법이나 결과가 오직 하나라면 신용 등급 기관이 그토록 막대한 수익을 올릴 근거도 없다. 하나의 평가 기관이 제공한다면 그것은 공개되어야 하며 일관적인 기준으로 누구나 (객관적인) 신용 등급을 산출할 수 있을 테니 말이다. 만약 그렇다면 평가를 조작하여 수익을 창출하려는 동기는 점차 사라질 것이다.

당사자들의 불만 : 중국에서 유럽까지

수년 전, S&P는 중국의 신용 등급을 내렸다. 그러자 중국이라는 이 거대한 나라의 재정부장이 S&P의 절차와 결과를 모두 격렬하게 비난했다. 다른 개발 도상국, 그중에서도 특히 인도는 신용 등급 기관에 계속해서 저항하는 태도를 보였다. 인도와 피치는 한 차례 분쟁을 겪었고 그 결과 피치는 2006년 이래 매년 새롭게 발표하는 신용 등급 목록에서 인도를 제외하고 있다. 최근 인도는 더 많은 외국 투자를 유치하기 위해 애쓰고 있으므로 신뢰도 면에서 좋지 못한 등급을 받는 것은 매우 고통스러운 일이다.

유럽 사람들은 대체로 '3대' 신용 등급 기관이 미국에 대해 편향적인 시각을 드러낸다고 느낀다. 미국은 늘어나는 적자와 높은 수준의 국가 채무에도 불구하고 어떻게든 AAA 등급을 유지하고 있다. 그러나 2011년, S&P는 사상 최초로 미국의 신용 등급을 한 계단 내린 AA+로 발표했다. 다른 두 기관은 미국에 대해 여전히 최고 등급을 부여하고 있다. 하지만 S&P는 2018년에도 미국에 대해 향후 2년간 긍정적 및 부정적 요소들이 균형을 이룰 것으로 예상하며 AA+를 유지했다.

순위 게임을 해야 할까 말아야 할까?

신용 등급의 가치에 대한 여러 논쟁이 있지만, 여전히 국제 금융 시스템을 떠받치는 핵심 역할을 담당하고 있다. 이 책의 정신은 미국 싱크탱크의 하나인 외교 관계 협의회Council on Foreign Relations의 서배스천 맬러비Sebastian Mallaby 선임 연구원의 평가와 궤를 같이한다.[23] 그의 주장에 따르면 3대 신용 기관의 독점적 권력에 대항하는 가장 좋은 방법은 투자자들이 그들의 평가 결과에 지금처럼 큰 비중을 두지 않는 것이다. "서브프라임 버블 사태나 유럽 전역의 국가 부채 위기가 일어난 이유는 크게 보면 눈먼 투자자들이 신용 등급에 의존한 채 채권을 마구 사들이면서도 정작 자신이 해야 할 일, 즉 채권에 숨어 있는 실제 위험을 직접 확인하지 않았기 때문이다."

순위 부정 : 관용과 비난

부패 행위 : 내용과 원인 그리고 방식

《뉴욕 타임스》 기록 보관소에서 부패라는 키워드를 검색하면 총 16만 2,751건의 기사 제목이 나온다(2018년 9월 19일 기준). 그 목록의 일부가 아래에 나열되어 있는데, 이것만 봐도 공적 권위와 자원을 이용해 정치적, 또는 개인적 이득을 취해 온 관행이 얼마나 만연해 있는지를 알 수 있다.

- 멕시코 부패
- 전 영역에 걸친 도널드 트럼프의 부패
- 전 아르헨티나 대통령 가족의 부패 수사
- 남아프리카공화국, 부패 종식 선언. 새로운 지도자도 문제의 일부인가?
- 과테말라 지도자, 부패 검사 복귀 저지
- 온두라스 부패와의 전쟁, 엘리트 계층의 반격
- 우크라이나 부패와의 전쟁, 단계별 진행 중
- 페루의 민주주의는 부패 속에서도 살아남을 것인가?
- 루마니아, 수만 명 부패 시위 도중 폭력 사태 발발

국제 투명성 기구(Transparency International, TI)의 정의에 따르면 가장 심각한 형태의 전면적 부패란, "다수의 희생을 발판으로 소수의 이익을 취하기 위해 고위 권력을 남용하는 행태로, 개인과 사회에 심각하고도 광범위한 폐해를 초래한다. 대개 이런 행태에 어떠한 처벌도 가해지지 않는다."[24]고 설명한다. 이런 경우에는 국제사회가 단결해서 행동할 책임과 의무가 있다.

부패의 이면에는 사회 경제적 저개발 상태와 인종적 분열 그리고 신뢰 부족 등이 중요한 요소로 작용하는 듯하다. 부패는 확실히 정치 시스템 전체를 뒤흔드는 효과를 발휘하며, 이로 인해 외국인 투자자의 접근이 가로막혀 결국 경제 발전이 늦어진다. 따라서 부패의 부정적 결과를 정량적으로 분석하기 위해 척도를 정의하는 작업이 진행되어 왔다.

부패 측정

TI는 독일 베를린에 본부를 둔 비정부 기관으로 전 세계에서 일어나는 부패 상황을 체계적으로 감시하려는 목적으로 설립되었다. 이 기구는 매년 보고서를 발간하며, 이른바 부패 인식 지수(Corruption Perception Index, CPI, 100[매우 청렴]에서 0[심각한 부패]까지의 점수로 구성된다)를 통해 각 나라마다 점수를 매긴다. CPI는 대략 법치 질서 지수Rule of Law Index의 역수라고 생각하면 된다. 그렇다면 이 점수는 어떻게 계산되며 현실을 얼마나 객관적으로 반영하는 것일까? TI는 약 십여 개의 기관이 수행한 설문과 진단의 결과를 취합하고 여기에 정성적 평가를 반영하여 하나의 숫자를 산출해 낸다. 여기에 함수 알고리즘이 사용되었다고는 생각하지 않는다. 물론 알고리즘이 있다고 해도 누구나 사용할 수 있도록 공개하지는 않을 것이다.

미리엄 골드먼과 루치오 피치[25]는 좀 더 객관적인 부패 척도를 제안했는데, 이 척도의 기본 바탕은 바로 사회 기반 시설 생산액과 거기에 투입된 공적 자금의 차액이다. 투입된 자금과 현존하는 기반 시설 규모 사이에 격차가 클수록 뇌물과 사기 등의 이유로 자금이 샌 것이므로 부패 정도가 심하다고 볼 수 있다.

세 번째 척도는 세계은행이 개발한 세계 거버넌스 지수Aggregation Worldwide Governance Indicators로, 여기에는 부패 정도를 측정하는 거버넌스의 여섯 가지 핵심 측면(언론 및 책임, 정치 안정과 폭력의 여부, 정부의 효과성, 규제 능력, 법치 질서 그리고 부패 통제)이 포함된다. 그러나 비판론자들은 이 지수가 부풀려진 측면이 있다고 말한다. 즉 세계은행은 이 지수가 '거버넌스를 신뢰할 수 있는 척도'라고 홍보하지만, 이 자체도 객관적인 지표와는 거리가 멀다는 비판이다.

객관성 대 주관성 문제

TI는 이렇게 말한다. "이런 숫자의 뒤에는 각 나라에 사는 사람들이 매일 겪는 현실이 자리한다. 지표는 이런 현실 속에서 각 개인이 느끼는 좌절을 담아내지는 못하지만 전 세계의 분석가와 기업인 그리고 전문가의 정통한 시각은 반영한다." 최근 발표된 CPI 점수에서 덴마크와 뉴질랜드는 90점을 기록하며 1위를 달렸고, 소말리아는 10점으로 최하위를 기록했다. 1년 새 가장 큰 낙폭(10점)을 보인 사례로는 카타르(71점에서 61점)를 들 수 있고, 반대로 수리남은 9점 상승했다(36점에서 45점).

객관적인 부패 척도를 개발해야 한다는 요구는 분명히 있다.[26] 물론 CPI가 완전히 객관적이라고 믿기는 어렵지만 TI는 어디에나 존재하는 부패 문제를 예의 주시하는 중요한 역할을 감당하고 있다.

불만의 반응

그러나 TI가 부패에 관심을 돌리는 데는 성공했지만, 동시에 각 나라와 국제 사회의 이해관계자로부터 반발을 사고 있는 것도 사실이다. 일부 국가들이 TI의 조사를 거부하는 경우도 있다. 예를 들면 TI의 1996년 보고서가 발간된 지 얼마 지나지 않아 파키스탄의 베나지르 부토 총리가 이 나라에 만연한 부패에 항의하며 일어난 시위대로부터 거센 사퇴 압박을 받게 되었다. 또 다른 예로 나이지리아 정부는 무하마드 부하리 대통령이 기울인 부패 억제 노력에도 불구하고 CPI 점수에서 180개국 중 148위를 기록하자, TI 관련자를 상대로 허위 보고서 작성 혐의를 제기했다. 그러나 TI는 아홉 군데의 정보원을 이용하여 나이지리아의 점수를 매겼으며, 이 정보원 중 개인은 한 명도 없었다고 발표했다. (이 책에서 계속 되풀이되어 등장하는 주제, 즉 등급과 순위에 사용되는 데이터의 또 다른 예시이다!) TI는 각국별 점수와 순위를 매기는 데 사용되는 데이터를 직접 생성하지 않고 독립적인 정보원들로부터 획득한다고 말했다. TI의 결론은 "TI의 직원이나 관련자가 한 나라의 CPI 순위에 영향을 미친다는 혐의는 불가능하다"는 말이었다.[27]

TI는 또 다국적 기업에서 비롯된 부패에 상대적으로 소홀하다는 비판을 듣는다.[28] 아울러 TI와 세계 거버넌스 지수가 '비서구형 부패'를 감지하고 파악하는 데에는 민감하면서 일부 서구형 부패에는 '정상적인 관행'이라는 방패를 씌워준다는 비판도 듣는다. 게다가 CPI와 같은 측정 지표가 압도적인 위상을 차지하는 현상은 '부패가 깊숙이 뿌리내린 나라에서 경제 개발 원조가 이루어질수록 원조 없이는 개혁을 달성하기 어려워지는 악조건이 형성되는' 데 오히려 일조하게 된다.[29]

종합하면 TI는 부패에 대한 인식이 관용에서 비난으로 바뀌는 데 중요한 역할을 해 왔지만, 동시에 그로 인한 논쟁을 불러일으키기도 했다.

자유도 순위

자유, 특히 정치적 자유에는 집회, 결사, 선택 그리고 언론의 자유가 포함된다. 영어에서 Freedom과 Liberty는 서로 차이가 있지만 필자의 모국어에서 자유를 지칭하는 말은 이 아름다운 하나의 단어, 사보첵

szabadság밖에 없다. 영국의 역사학자 액튼 경(Lord Acton, 1834-1902)은 다음과 같은 유명한 말을 남겼다. "자유는 우리가 하고 싶은 것을 할 수 있는 힘이 아니라, 우리가 해야 할 일을 할 권리이다." 그는 또 이렇게 말했다. "한 나라가 진정으로 자유로운지 판단할 수 있는 가장 확실한 방법은 소수자의 안전이 얼마나 보장되고 있는지를 살피는 것이다." 자유의 유일한 정의가 존재할 수 없다는 점은 분명하다. 개인의 자유와 공동체의 이해 사이에는 분명히 상충 관계가 존재할 수밖에 없기 때문이다. 그러나 우리가 알다시피 자유를 기준으로 국가의 순위를 매기기 위해서는 어쨌든 측정이 필요하다.

자유의 측정

미국을 근거지로 한 프리덤 하우스Freedom House가 1972년부터 매년 발표하는 세계 자유 현황Freedom in the World에는 정치적 권리와 시민의 자유를 기준으로 모든 나라에 매겨진 순위와 등급이 나타나 있다. 각 나라는 이 두 측면의 점수를 기준 삼아 세 등급으로 나뉜다. 즉 자유 국가, 부분적 자유 국가 그리고 비자유 국가이다. 프리덤 하우스 측은 평가 과정에서 객관적 및 주관적 요소가 결합된 방식을 다음과 같이 설명한다.[30]

> 애널리스트가 제안한 점수는 여러 차례 검토 회의에서 논의와 설득을 거치게 됩니다. 이 회의는 해당 국가별로 개최되며 프리덤 하우스 직원

과 전문가로 구성된 패널이 참가합니다. 최종 점수는 애널리스트와 전문가 패널 그리고 프리덤 하우스 직원의 합의로 도출됩니다. 물론 주관적 요소가 완전히 배제될 수는 없겠지만, 평가 과정에서 가장 중시되는 요소는 일관된 방법론, 엄밀한 지성 그리고 균형 있고 치우치지 않은 판단과 같은 덕목입니다.

방법론에 관하여 프리덤 하우스가 답해야 할 가장 중요한 질문은 서로 다른 지표를 종합하여 하나의 숫자로 표현하는 과정이라는 걸 우리는 이미 알고 있다. 또 이와 밀접한 관계가 있는 질문은 최종 순위가 얼마나 믿을 만한가, 그리고 개별 지표의 가중치가 변화하는 상황이 발생할 때마다 순위는 어떻게 달라지는가다. 프리덤 하우스는 점수 → 등급 → 순위라는 세 단계 과정을 채택하고 있다.

했던 말을 계속 반복하고 있다는 걸 필자도 알지만, 모든 모델은 가정에 바탕을 두고 있다. 여기에서의 가정은 정치적 권리의 정량화를 위해 세 가지 요소를 더했고 각각의 최대값은 임의로 부여되었다는 것이다.

점수 = 선거 과정 + 정치적 다원주의 + 정부 기능의 작동

이 세 분야의 최대값은 각각 12, 16 그리고 12로 설정했다. 즉 한 나라가 받을 수 있는 최대 점수의 합계는 40이 된다. 그러면 합계 점수가

24점이나 33점인 나라는 순위 목록에서 어디쯤 위치할까? 프리덤 하우스는 점수 구간별로 등급을 부여하기로 결정했다. 36점에서 40점까지는 1등급, 30에서 35는 2등급, 이런 식으로 계속해서 등급을 부여하면 마지막 0에서 5점까지는 7등급이 된다. 그러나 숫자는 숫자일 뿐이고 사람들에게는 언어로 된 설명이 필요하다. 그래서 프리덤 하우스는 숫자를 언어로도 표현했다.(표 6.1) 좀 더 정확히 말하면 정치적 권리와 시민의 자유를 합한 결과를 근거로 산출한 점수에 어울리는 해당 국가의 상태를 언어로 표현한 것이다. 그러나 필자가 여기서 주목하고 싶은 것은 주관적인 판단과 객관적인 분석이 상호 의존적인 관계에 있다는 사실이다.

예를 들면 러시아의 정치 권리 점수는 총 40점 중 5점으로 7등급에 해당한다. 그리고 종합적 상태는 '비자유 국가'다. 프리덤 하우스의 보고서는 "국가 및 지방 선거는 친정권 후보의 승리를 보장하기 위해 조작되는 사례가 흔하다"고 말하므로 선거 과정에 대한 점수는 0점이다. 정치적 다원주의(그리고 참여도)에는 3점을 매겼다. 그 이유로는 정치 및 정부 조직에서 여성을 대변하는 조치가 부족한 점을 들 수 있다. 예를 들어 전체 내각 구성원 32명 중 여성은 단 3명에 불과하다. 정부 기능 작동에 12점 중 단 2점밖에 주어지지 않은 이유는 무엇보다 투명성에 심각한 문제가 있기 때문이다. "막후에 있는 정체불명의 소수 인원에 의해 주요 의사 결정이 이루어진다."

| 표 6.1 | 점수대별 등급 구분

점수	등급
1.0-2.5	자유 국가
3.0-5.0	부분적 자유 국가
5.5-7.0	비자유 국가

단순한 경고 신호 그 이상 : 10여 년간의 쇠퇴

지난 12년간 단 한 해도 빠짐없이 많은 나라에서 민주주의가 쇠퇴하는 경향을 보여 왔다. 그중에서도 터키는 최근 가장 극심한 침체기에 빠져 있다. 우리는 다음과 같은 우려가 널리 퍼져 있음을 안다. 독재 국가의 수가 늘어나면 그보다 더 큰 나라에까지 정세 불안정이 전염되어 극단적 폭력주의자들이 비집고 들어와 설칠 여지가 커진다는 우려다.

'10대 목록'을 좋아하는 분들의 성향에 맞춰 또 다른 10대 목록을 작성해 보았다. 최근 프리덤 하우스 점수가 가장 크게 떨어진 10개 국가를 한데 묶어 본 목록이다.[31]

- 터키
- 중앙아프리카공화국
- 말리
- 부룬디

- 모리타니
- 에티오피아
- 베네수엘라
- 예멘
- 헝가리

헝가리는 10년 연속 프리덤 하우스 점수가 하락하여 '전환기 국가' 중에서 가장 큰 누적 침체 국면에 빠진 나라가 되었다. '전환기 국가'란 프리덤 하우스가 과거에 '공산 국가'라고 부르던 이름이 바뀐 것이다.

순위 게임을 해야 할까 말아야 할까?

국가 순위가 무조건 정확하다고 생각하는 것은 곤란하며 유사한 대상들 사이에 존재하는 차이를 민감하게 들여다봐야 한다. 필자는 국제적 지표 순위가 널리 알려져 있지만 동시에 위험하기도 하다는 주장에 동의한다.[32] 그러나 수학적인 접근 방식은 더 많을수록 좋다고 생각한다. 현대적 통계 기법이 점수의 불확실한 면을 드러내는 데 도움을 줄지도 모른다. 물론 그렇게 되면 다소 모호한 내용의 결론이 나올 수도 있다. 예를 들면 다음과 같이 말이다. "이하의 17개 국가는 이러이러한 범주에서 10대 국가에 들 수 있는 현실적 후보이다."

게임은 아직 끝나지 않았다

대학과 법 집행 기관, 보건 단체에 이르는 모든 기관의 성과 측정에 각종 지표를 사용하는 한계와 전망에 관해서는 아직도 논쟁이 진행 중이다. 숫자는 조작과 왜곡에 쉽게 노출된다는 문제가 있지만 그렇다고 데이터를 사용하여 사회적 프로그램과 기관을 개선할 수 있다는 희망을 쉽사리 포기해야 한다고는 볼 수 없다.

중요한 비중을 차지하는 시험이 많아질수록 응시자의 부정행위도 자연스럽게 늘어나지만, 이것이 학생의 학업 성취도를 평가하기 위해 주관적인 방법을 도입해야 한다는 근거가 될 수는 없다. 게다가 순위 알고리즘은 적절한 요소의 가중치를 반영하기 위해 숫자의 '고정값'을 사용한다. 그러나 가중치가 달라지면 결과도 바뀌므로, 사용자가 지정한 가중치를 기반으로 삼는 '개인화된 순위'가 활성화된다면 이해관계자 모두에게 큰 도움이 될 것이다.

오늘날 전 세계 국가는 수많은 기준에 따라 순위와 등급을 부여받고 있다. 이 기준을 채택하는 주체는 수백 개에 달하는 기관으로, 이들은 특정 국가(주로 미국일 경우가 많다)와 강하게 연결되어 있는 경우가 많다. 이런 점수와 등급에 불만을 품은 해당 국가의 지도자들은 어쩔 수 없이 반응할 수밖에 없다. 그러나 이 게임은 끝나지 않았다. 다음 장에서는 평판을 관리하기 위한 우리의 투쟁을 이야기해 본다.

7 평판을 놓고 벌이는 싸움

무관심에서 적극 관리까지

평판은 예술가, 가수, 과학자에게도 중요하다. 특히 최근 뉴스에 나오는 테일러 스위프트(Taylor Swift, 미국의 가수, 작곡가, 영화배우 - 옮긴이)의 '평판' 콘서트를 이야기해 보면 좋겠다는 생각이 들었다.

대중문화 속 평판은 인터넷과 소셜 미디어에서 강력한 영향력을 행사한다. 지인과 익명의 누군가에게 퍼지는 소식은 순식간에 평판을 만든다. 우리는 자신이 좋은 모습으로 비치도록 세심한 주의를 기울이지만 동시에 타인에게서 엄격한 감시의 대상이 되며, 그들의 언행에 어떠한 영향도 미치지 못한다. 때로는 그들에 의해 만들어지는 내용이 우리가 스스로에 대해 말하는 내용보다 더 중요해질 수 있다.

최근 테일러 스위프트의 정규 음반 「평판Reputation」이 큰 인기를 끌고 있다. 이 현상은 디지털 시대에 평판이 갖는 영향력과 통제 불능을 상징적으로 보여 주는 하나의 청사진이다. 스위프트와 래퍼 카니예 웨스트Kanye West 사이의 입씨름에서 시작된 이 음반은 스위프트가 온라인에서 겪어 온 사람들의 부정적인 반응과 그로 인해 그녀의 평판에 미친 막대한 피해를 직접 노래하면서, 평판이 얼마나 조작되기 쉽고 오해를 불러올 수 있는지를 드러낸다.

노래 가사 중 "지금 내 평판은 최악이에요. 그러니 제발 나를 좋아해 주세요"에서 스위프트는 누구나 매일 고심하는 공적 자아와 사적 자아의 차이를 말하고 있다. 예술가로서 스위프트의 평판은 그녀의 명성을 의미하므로 일반적인 사람의 평판과는 근본적인 차이가 있지만, 온라인에서 만들어진 평판이 얼마나 쉽게 왜곡될 수 있는지를 알리려는 그녀의 갈망은 이 책에서 계속 다뤄 온 주관성과 객관성 사이의 딜레마를 보여 주는 사례라 할 수 있다. 또한, 스위프트는 2018년 미국 중간선거 기간에 〈보수파, 테일러 스위프트의 민주당 지지로 그녀에게 등 돌려〉와 같은 기사 때문에 정치적으로도 연루되었다. 일각에서는 "테일러 스위프트가 정치 관련 글을 올리면 그녀에 대한 트럼프의 선호도가 25퍼센트 하락한다"는 농담이 나왔다.

이전 동료였던 유디트 센트Judit Szente에게 이 노래에서 '평판'이라는 단어가 어떤 역할을 맡고 있는지를 물어봤더니, 그녀는 1981년에 발표된 조앤 재트Joan Jett의 〈나쁜 평판〉을 더 좋아한다는 내용의 답신을 보내왔다. "내 평판 따위에는 아무 관심도 없어요."[1]

록 음악에서 평판이라는 개념이 이렇게나 중요했나 싶어 다소 놀라기도 했지만, 프랑스 파리에서 활동했던 이탈리아 철학자 글로리아 오리기Gloria Origgi가 다음과 같은 질문을 남겼다. "좋은 평판을 얻는다는 것은 어떤 의미인가? 평판을 잃었을 때 우리는 무엇을 잃게 되는가?"[2] 우리의 성격과 행동이 평판을 형성하며, 그 평판은 일종의 화폐가 된다. 따라서 평판은 다른 사람이 우리에게 투자할 때, 거래할 때 그리고 보상을 제공할 때의 판단 여부를 결정한다.

누가 평판을 결정하는가?

현실적으로 우리는 얼마나 많은 친구를 사귈 수 있을까? 페이스북에서 홍보하는 바와 달리, 실제로 수천 명의 친구를 사귀는 일은 불가능하다. 그저 알고 지내는 사람이라도 천 명이 되기는 어렵다. 영국의 인류학자 로빈 던바Robin Dunbar는 우리가 안정적으로 친교를 나눌 수 있는 사람의 수가 150명 정도이며 넓게 보면 100명에서 200명 사이라고 추산했다. 나는 aboutranking.com이라는 블로그를 시작하면서 내 사이트에 방문해 달라고 부담 없이 부탁할 수 있는 사람이 얼마나 되는지 보려고 메일함을 확인한 후 깜짝 놀랐던 기억이 있다. 확인한 명단은 149명이었다(그리고 그중에 60명만 친절하게 '팔로우' 버튼을 눌러주었다). 그들은 나의 성격과 행동을 어느 정도 아는 사람이었으므로 나의 평판은 그들이 기억하는 내 행동에 바탕을 둔 것이었다. 그러나 넓게 보면 내 평판은 나를 제외한 모든 사람이 지닌 의견의 총합이다.

많은 사람이 알고 있듯이, 평판을 쌓는 데는 시간이 필요하다. 그리고 아무리 좋은 평판이라 해도 한순간에 무너질 수 있다는 사실을 모두가 알고 있다. 워렌 버핏이 말했듯이, "평판을 구축하는 데는 20년이 걸리지만, 그것을 무너뜨리는 데는 5분이면 족하다. 그 사실을 생각하면 행동이 달라질 것이다." 불행히도 악의적인 소문 한 번에 평판은 물거품이 된다. 친구들 사이에서 좋은 평판을 유지하는 것은 좋은 일이다. 그들은 나도 모르는 사이에 든든한 방패가 되어 줄지도 모른다.

전통적으로 평판이 구축되는 과정은 일종의 계층 구조를 보여 준다. 먼저 나와 가장 가까운 사람, 즉 친구를 중심으로 평판이 형성되고 그 친구의 친구, 다시 그들의 친구로 층을 넓혀 가며 평판이 퍼져 나가는 식이다. 그런데 오늘날의 미디어는 또 다른 방식으로 하룻밤 사이에 유명세를 만들어내는 능력을 보여 준다. 최근에 기억나는 하룻밤 스타의 사례로 배디 윙클Baddie Winkle을 들 수 있다. 그녀는 증손녀가 자신의 사진을 인스타그램에 올린 덕분에 수많은 이의 마음을 빼앗았다. 그녀는 지금 수백만 명의 팔로워를 거느리고 있다.[3] 물론 하룻밤 스타가 된다고 해서 반드시 (긍정적) 명성을 얻을 수 있는 것은 아니다. 평판은 한 사람과 그의 행동이 지닌 가치의 사회적 정보다. 예컨대 사업을 운영하려면 자신의 신용을 고객에게 전달하기 위해서라도 좋은 평판을 지녀야 한다. 혼자 정직한 것만으로는 충분하지 않다. 다른 사람의 눈에 정직한 사람으로 비쳐야 한다(다소 삐딱한 성격이 있는 나로서는 정직한 사람으로 비쳐야 한다고 해서 꼭 실제로 정직해야 한다고 생각하지는 않는다).

간접 호혜에서 진화론적 협력까지

진화론에서 평판은 여러 사회적 문제를 푸는 중요한 요소로 간주된다. 과연 자연선택만으로(즉 자발적인 행동 원리) 이기적인 주체들이 협력이라는 도덕적 규칙을 개발할 수 있을까? 정치학자 로버트 액슬로드 Robert Axelrod[4]는 이 문제에 오랫동안 천착해 왔다. 그는 먼저 ① 생물학적 진화는 이타주의의 이점을 성공적으로 이용해 왔고 ② 유전적 알고리즘이 진화의 원리를 성공적으로 이용해 왔다는 사실을 논리의 출발점으로 삼았다.

일반적으로 자연선택 이론은 자신의 효용 함수를 극대화하는 강하고 이기적인 주체를 상정한다. 그러나 인간 사회의 조직 원리 속에는 (희망적으로) 이타적이고 협력하는 상호작용이 존재한다. 원래 이기적이었던 인간이 협력을 이룰 수 있었던 것은 '간접 호혜indirect reciprocity'가 행동 원리로 작용했기 때문이다. '당신이 내 등을 긁어 주면 나도 당신 등을 긁어 준다'는 직접 호혜 방식과 달리 여기서는 '내가 당신을 도와주면 다른 누군가가 나를 도와준다'는 원리가 작용한다. 간접 호혜가 성립하는 과정에서 결국 평판이 구축되었다. 진화론적 게임 이론은 간접 호혜가 평판의 확장을 이용하여 사회적 규범의 진화를 불러온 행동 원리가 되었다는 가설을 제시한다. 평판이 좋은 사람과 협력하는 일은 그렇지 않은 사람과 협력하는 것보다 쉽다. 평판이 사람들 사이에 신뢰를 형성하는 데 일조한 셈이다.

3장에서 언급했듯이 마틴 노왁과 칼 지그문트[5]는 누군가로부터 도움을 받은 사람이 은혜를 갚지 못했다 하더라도 협력은 발생할 수 있다는 수학적 모델을 제시했다. 이것이 가능한 이유는 남을 돕는 행위가 자신의 평판을 개선하여 결과적으로 누군가로부터 도움을 받을 기회를 증대시켜 주기 때문이다. 간접 호혜는 임의로 선택된 두 주체 사이에서 이루어지는 비대칭적인 상호작용의 모델이 되었다. 여기서 상호작용이 비대칭적이라는 말은 둘 중 한쪽이 이른바 '제공자'로서 협력의 여부를 결정하는 주체이며, 다른 한쪽은 그 도움을 수동적으로 받기만 하는 역할이라서 그렇다. 그러나 이 결과는 둘 사이에만 머물지 않는다. 주변 사람 중 상당수가 둘 사이의 이런 행동을 지켜본 후 그 소식을 전파하게 된다. 따라서 협력은 그 사람의 평판을 개선해 준다. 남을 잘 도와준다는 평을 받는 사람은 남들로부터 도움받을 기회도 많아진다. 간접 호혜를 계산하는 것은 확실히 쉬운 일이 아니다. 협력을 제공하는 사람은 역시 자신처럼 협력자로 보이는 사람을 그 대상자로 삼으려 하지, 배신자와 협력하려고 하지는 않을 것이다. 누군가의 평판을 알 확률 q는 이타적인 행동에 따르는 비용(C) 대 이익(B)의 비율보다 높아야 한다.

$$q > C / B$$

평판 게임

이 장의 뒷부분에서는 우리가 참가하는 평판 게임을 다룬다. 우리 주변에는 "내 평판 따위에는 아무런 관심도 없다"는 태도를 서슴없이 보이는 사람도 있다. 은둔형의 내성적인 사람은 자신의 평판을 높이기 위해 인맥을 쌓는 데 굳이 시간을 쓰려 하지 않는다. 우리가 살아가는 성공 지향적 사회 속에서 취할 수 있는 한 가지 전략은 외적 성공을 위해 평판과 사투를 벌이는 삶과 내적 평화를 유지하는 태도 사이에서 균형을 찾는 것이다. 예술가, 과학자 그리고 크고 작은 기업을 운영하는 사람은 평판을 놓고 경쟁을 펼친다.

평판에는 세 가지 차원이 있다. 그것은 바로 자기 자신, 내가 말하는 나 자신 그리고 다른 사람이 말하는 나이다. 첫 번째 차원은 나의 성격과 정체성을 규정한다. 두 번째는 내가 가진 다른 사람과의 소통 전략과 내가 남에게 어떻게 보이기를 바라는지 보여 준다(고양이가 '남들이 사자로 봐주면 좋겠어'라고 생각하듯이). 세 번째는 이 게임에 참여한 다른 사람이 나와 나의 행동을 어떻게 보고 있는지를 말해 준다. 이 게임의 규칙은 대개 눈에 띄지 않으며, 우리는 늘 이 게임에 참가할지 망설인다. 우리는 평판에 대한 집착을 줄여야 할까, 아니면 수단과 방법을 가리지 않고 평판을 관리해야 할까? 이제 이 문제를 좀 더 자세히 살펴보기로 하자.

디지털 평판

인터넷 시대를 사는 우리에게는 디지털 평판이 주어진다. 이때 우리가 얻는 평판은 숫자로 표현되기도 한다. 나의 동료 중 한 명(149명 중 한 명)의 학술 논문은 무려 4만 회가 넘는 인용 횟수를 자랑한다. 따라서 그는 인용 횟수를 늘리고자 어떠한 조작도 필요하지 않다. 왜냐하면 오프라인과 온라인 양쪽에서 명성을 얻고 있기 때문이다. 그에게 내 사이트를 팔로우해 달라고 부탁했더니 이런 답장이 왔다. "귀하께서 새로 시작하신 프로젝트는 무척 흥미롭습니다. 저는 블로그나 트위터, 페이스북 등을 하지 않지만 관련 내용을 보내주시면 기꺼이 제 의견을 드리겠습니다."

이분은 나와 같은 연배라서 그렇다 치고, 그럼 밀레니얼 세대(1980년대 초반에서 2000년대 초반 출생한 세대, 정보 기술에 능하며 대학 진학률이 높다는 특징이 있다 - 옮긴이)는 어떨까? 에스터 하르기타이Eszter Hargittai는 밀레니얼 세대가 온라인에 얼마나 능숙한지 연구해 온 사회학자다.[6] 그녀의 연구 결과는 우리 같은 대학교수들이 강의실에서 느끼는 바, 학생들 사이에도 이질성이 분명 존재한다는 느낌을 연구를 통해 확인해 준다. 확실히 학생들의 사회 경제적 지위와 자신의 디지털 명성을 구축하는 기술 사이에는 상관관계가 성립하는 것 같다. 반면 페이스북에 글을 포스팅할 때 그 글이 자신의 이미지에 어떤 영향을 미칠지는 전혀 생각지 않고 그저 올리기만 하는 학생도 많다. 학생들에게 단지 디지털 명성이 중요하다는 말만 해 줘도 좋겠지만 사적인 면과 비즈니스 측면 양쪽에서의 디지털 명성을 구축하는 방법을 가르쳐 주면 더 좋지 않을까. 정직이야말로 디지털 명성의 구축에 필수적이라는 말이 사실이기를 바란다.[7]

2005년에 아마존은 1,114명의 자사 입점 상인을 상대로 소송을 제기했다. 그들은 자신의 상품에 별 다섯 개짜리 가짜 리뷰를 만들어 주는 사람에게 돈을 지불하고 의뢰했다. 다음 해에 가짜 리뷰를 구매한 입점 상인이 전년도보다 더 많아지자 아마존은 이들 역시 고소했다. 한정된 자원(일자리, 배우자감, 시장 점유율 등)을 놓고 경쟁을 펼치는 개인이나 브랜드 그리고 기업은 이제 디지털 명성을 구축하지 않고는 성공을 꿈꿀 수 없다. 취업할 때나 회사가 온라인에서 긍정적인 이미지를 구축하려 할 때 강력한 디지털 명성이 있다면 수많은 사람(혹은 기업)으로부터 자신을 차별화하는 데 큰 도움이 된다. 오늘날 인사 담당자들은 채용 과정에서 입사 지원자의 디지털 측면의 인적 사항을 조사해 본다는 사실이 잘 알려져 있다. 다음은 인사 담당자들이 지원자를 탈락시키기 전에 먼저 파악하는 사항을 순서 없이 나열한 목록이다.[8]

- 지원자의 생활 양식에 관한 사안
- 지원자가 작성한 부적절한 글 또는 언급 사항
- 부적합한 사진이나 영상, 정보

- 친구나 친척이 남긴 부적절한 언급이나 글
- 전 직장 상사나 동료, 고객을 비판한 언급
- 동료나 업무상 알게 된 지인이 남긴 부적절한 언급이나 글
- 소속된 특정 집단이나 네트워크
- 지원자가 공유한 정보가 거짓으로 판명된 일
- 온라인에 노출된 의사소통 능력 부재
- 지원자의 재정적 배경에 관한 사안

평판의 측정

루 해리스(Lou Harris, 1921-2016)는 대중의 의견을 측정하는 방법을 개발하여 이를 실제로 적용했다. 그는 유권자와 소비자의 '사회적 온도'를 수동적으로 측정했을 뿐 아니라 유권자의 관심 주제를 바라보는 후보자의 관점을 어떻게 바꿔야 하는지 의사소통 전략을 제공했다. 그는 1960년 대선에서 존 F. 케네디 진영의 선거 전략 수립을 담당한 것으로 유명하다. 지금은 해리스 폴Harris Poll이라는 이름으로 알려진 그의 회사는 '평판 지수(Reputation Quotient, RQ)'라는 개념을 도입했다. 이 지수는 기업의 평판을 정량적 수치로 표현하며 이렇게 도출된 점수는 연간 가장 눈에 띄는 100대 회사 순위의 근간이 된다. RQ는 다시 기업

의 평판에 영향을 끼치는 여섯 가지 차원(감성 소구, 상품 및 서비스, 비전과 리더십, 근무 환경, 재무 성과, 사회적 책임)에 기초해, 총 스무 가지의 변수를 고려한다. 순위를 산출하는 과정은 크게 추천 단계와 등급 부여 단계로 구성된다. 추천 단계에서는 미국에 사는 수천 명(2017년의 경우 4,244명이었다)의 성인을 대상으로 설문을 진행하여 100대 최고 기업을 파악한다. 반면 등급 부여 단계에 참여하는 사람은 2만 5,800명에 달한다. 늘 그렇듯이 점수 계산에 사용되는 요소 중에는 임의로 선택된 요소도 있다. RQ의 최대 점수는 100점이다. 한 회사가 얼마나 우수한지, 사람들이 의견을 제시하면 이를 토대로 점수가 산출된다. 그러나 여기서도 숫자는 어디까지나 숫자일 뿐이므로 해당 점수에 대한 특성을 말로 표현할 수 있다. 실제로 RQ 점수 범위는 다음과 같다.

80점 이상 : 탁월

75점에서 79점 : 매우 우수

70점에서 74점 : 우수

65점에서 69점 : 양호

55점에서 64점 : 부족

50점에서 54점 : 매우 부족

50점 미만 : 심각

아마존은 해리스 폴 RQ 점수에서 3년 연속으로(2016-2018) 1위를 지키고 있다. 그러나 최근 "기업의 평판과 관련하여 수퍼마켓이 새로운 수퍼스타로 떠오르고 있다"는 다소 새로운 현상이 관찰된다. 2018년에 무려 네 개의 수퍼마켓 체인(웨그먼스Wegman's, HEB 그로서리HEB Grocery, 퍼블릭스 수퍼마켓Publix Super Market, 알디Aldi)이 RQ 순위 10위 내로 진입했다. 같은 해에 두 개의 거대 기업의 순위는 내려앉았다. 수년 전과는 달리 획기적인 신제품을 내놓지 못한 탓이었다. 꼼꼼한 독자들은 이미 알고 있겠지만 이런 종류의 측정에는 주관적 요소가 포함되므로 여러 가지 방법이 있을 수밖에 없고 그에 따른 결과도 다르게 나온다는 걸 기억할 것이다. RQ의 평가 결과는 아마존을 1위로 치켜세우지만 《포브스Forbes》는 레퓨테이션 인스티튜트Reputation Institute의 분석 결과, 지난 3년간 1위를 유지한 회사는 롤렉스Rolex였다고 보도했다. 이 스위스 시계 회사는 꾸준함과 변화의 이미지를 동시에 가지고 있다. 꾸준함이란 신제품의 외관이 50년 전에 만든 비슷한 상품과 눈에 띄게 다르지 않다는 점이고, 변화란 그럼에도 이 회사가 늘 혁신의 선두 주자였다는 사실을 말한다. 예를 들어 롤렉스는 세계 최고 수준의 방수 손목시계를 개발했고 세계 최초로 자동으로 날짜가 바뀌는 손목시계를 선보인 바 있다.

과학계의 순위 게임

학술 저널 순위

논문 출간 과정 : 모두 알다시피 과학자는 자신의 연구 결과를 과학 저널에 게재한다. 노벨상 수상자이며 트랜지스터의 공동 발명자이기도 한 윌리엄 쇼클리(William Shockley, 1910-1989)는 학문적 생산성에 관한 우리의 관념을 분석하여 혁명을 불러왔다.[9] 쇼클리의 설명에 따르면 논문을 발표하기 위해서는 ① 파고들기에 적합한 문제를 선별할 수 있어야 하고, ② 해당 연구를 수행할 역량을 갖추어야 하며, ③ 연구 결과의 가치를 알아보는 안목이 있어야 하고, ④ 연구를 일단락할 지점을 선택한 후 논문 작성에 착수할 줄 알아야 하며, ⑤ 결과와 결론을 제대로 발표할 능력을 갖추어야 하고, ⑥ 해당 연구에 관심을 보이는 사람들이 제공하는 비판에서 얻을 점을 찾아내야 하며, ⑦ 발표용 논문을 완성하고 제출하는 끈기를 가져야 하고, ⑧ 논문 심사 위원들의 비판에 긍정적으로 반응할 줄 알아야 한다.

《영국 왕립 학회지Philosophical Transactions of the Royal Society》는 영어로 된 최초의 순수 학술 저널로 알려져 있다. 학술적 연구 결과는 누군가(또는 기관이) 검증하고 평가해야 하므로 다음과 같은 의문이 따라온다. 저널 편집자는 저널에 발표하는 논문의 독창성을 어떻게 보장하는가, 즉 그 논문이 실제적이고 중요한 결과를 담고 있음을 어떻게 아는가? 오늘날 학술 저널의 발간 주체는 대부분 상업적인 학술 출판사들이다. 그들은 간행물의 품질을 보장하기 위해 '동료 심사peer review'라는 제도를 채택하고 있다.

출간 과정은 상당히 복잡하다. 학술 저널에는 대개 편집장이 있으며, 해당 저널에 제출되는 모든 논문을 가장 먼저 접수받는 사람이다. 편집장은 수십 명으로 구성된 편집진에 논문을 적절하게 배당한다. 해당 논문을 맡은 편집 위원은 보통 두 명으로 구성된 심사자를 지정하며, 심사자는 저널의 심사 결과를 제안한다(대개 '수락', '수정 게재', '거절'의 세 범주로 나뉜다). 동료 심사 체계는 논문 심사 자체가 명예로운 일이라는 도덕적 가정에 바탕을 두지만 현실은 꼭 이와 같다고 볼 수 없다. 잘 알다시피 현대인은 누구나 바쁜 삶을 살고 있으며 아무런 보상도 없이 다른 사람의 연구를 심사하는 데 기꺼이 시간을 내겠다는 사람을 찾기는 너무나 어려운 일이다. 대개 논문을 제출하고도 심사 위원의 제언에 따라 다시 수정 보완해야 하는 경우가 더 많으며, 최종적으로 편집 위원의 기준을 충족한 후에 논문 게재가 수락된다. 논문이 채택되면 순진한 우리 과학자들은 심사 위원과의 길고 긴 싸움이 이제야 끝났다는 사실과 논문이 발표되어 자신의 명성이 오를 생각으로 기뻐한다. 과학자에게는 학계에서의 평판이 박사 학위와 연구비, 승진 등을 신청하는 데 가장 중요한 역할을 한다.

논문이 수락되면 출판사 측으로부터 서신을 한 통 받게 된다. 요즘에는 보통 서신에 두 가지 선택 사항이 담겨있다.

1. 출판사는 해당 논문을 인쇄한다(최근에는 아예 인쇄를 생략하고 논문을 해당 저널의 웹 사이트에 올린다). 과학자는 출판사에 저작권을 판매하고 논문의 소유권은 출판사 측에 귀속된다. 즉 논문의 판권도 출판사가 가진다는 뜻이므로 저자에게는 판매 수입이 돌아가지 않는다.
2. 저자가 출판사 측에 자신의 논문을 인쇄 및 업로드하는 비용을 지불할 수도 있다. 이렇게 되면 그 내용을 모든 사람이 무료로 다운로드할 수 있다. 이 선택안을 지칭하는 위선적인 명칭이 바로 '오픈 액세스', 즉 공동 이용제라는 것이다.

바야흐로 출판계 전체가 위기를 맞이한 지금, 무료 이용이 곧 대세가 된다는 말은 많지만 과연 누가 비용을 부담해야 하는지는 여전히 불투명한 상황이다. 분명한 건 '공짜 점심은 없다'는 말이 언제 어디서나 진리라는 것이다.

피인용 횟수에 따른 평판 : 수많은 논문이 아주 적은 횟수의 피인용 실적을 기록하는 반면, 극소수의 논문이 대다수의 피인용 횟수를 차지하고 있다. 우리처럼 평범한 과학자들은 이 사실을 뼈저리게 깨닫고 있다. 《피지컬 리뷰》에 게재된 논문을 분석한 결과(1893년 7월호부터 2003년 6월호까지 총 35만 3,268편의 논문과 311만 839회의 인용을 분석했다)는 다음과 같은 사실을 보여 준다.[10]

- 피인용 횟수 1,000회를 초과한 논문은 11편이었다.
- 피인용 횟수 500회를 초과한 논문은 79편이었다.
- 피인용 횟수 300회를 초과한 논문은 237편이었다.
- 피인용 횟수 100회를 초과한 논문은 2,340편이었다.
- 피인용 횟수 50회를 초과한 논문은 8,073편이었다.
- 피인용 횟수 10회 미만인 논문은 24만 5,459편이었다.
- 피인용 횟수 5회 미만인 논문은 17만 8,019편이었다.
- 피인용 횟수가 단 1회인 논문은 8만 4,144편이었다.

보다시피 피인용 횟수는 매우 비대칭적인 분포를 형성한다. 단 11편의 논문이 1,000회 이상의 피인용 횟수를 기록한 반면, 대다수 논문은 고작 10회도 인용되지 않았다. 전문적인 용어로 표현하면 논문의 피인용 횟수는 멱함수 연령 분포를 보여 준다.

피인용 횟수, 영향력 계수, 평판 : 학술 논문은 과거 연구 결과를 인용한다. (뉴턴은 유명한 말을 남겼다. "내가 조금이라도 멀리 내다본 일이 있다면 그것은 내가 거인들의 어깨 위에 올라섰던 덕분이다.") 세상에는 수천 종의 학술 저널이 있지만, 그 모든 저널은 다루는 주제나 평판이 제각각 다르다. 유진 가필드(Eugene Garfield, 1925-2017)는 학술 커뮤니케이션 및 정보 분야의 선구자 격 인물이다. 1955년에 그는 학술 활동에 대한 피인용 횟수를 제안하는 논문을 발표했다.[11] 가필드는 영향력 계수(Impact

Factor, IF)라는 개념을 도입하여 학술 저널의 효율성을 판단하는 측정 지표를 만들었다. 영향력 계수는 특정 저널에 게재된 최근 논문들이 받은 평균 인용 횟수로 정의된다. IF는 분수의 형태를 띠며, 이때 분자는 직전 2년간 발표된 연구 내용을 당해 연도에 인용한 횟수, 분모는 동일하게 이전 2년간 발표된 실질적인 논문과 보고서의 총수를 각각 나타낸다. 여기서 2년이란 기간이 선택된 이유는 급격히 변화하는 연구 분야에 더 많은 가중치를 부여하려는 의도와 역사적 영향력을 고려하는 측면을 절충한 결과다.

IF는 '같은 분야'의 저널을 서로 비교할 때 사용된다. 예컨대 수학자와 세포 생물학자가 인용하는 문헌은 서로 완전히 다르므로 이 두 분야를 직접 비교하는 것은 아무 소용이 없다. 연구자들은 좀 더 영향력 있는, 즉 '영향력 계수'가 높은 저널에 논문을 게재함으로써 자신의 명성을 높이고자 치열한 경쟁을 펼친다. 연구자가 게재하는 저널의 IF는 종신교수 지정, 승진, 연구비 획득 등을 결정할 때 중요한 기준이 된다. 어떤 교수가 자신의 논문이 실린 학술 저널의 IF가 낮아서 종신교수 임용 심사에서 낙방했다는 이야기는 학계에 있는 사람이라면 누구나 한 번쯤 들어봤을 것이다.

최근 이런 방식에 대한 반발이 표면으로 불거져 나오기 시작했다. '연구 평가에 관한 샌프란시스코 선언(The San Francisco Declaration on Research Assessment, DORA)'의 목적은 저널의 영향력 계수와 특정 과학자의 연구 수준을 연관 짓는 관행에 제동을 걸기 위한 것이다.

DORA는 이런 관행이 학술 연구를 평가할 때 선입견과 오류를 불러온다고 주장한다. 아울러 DORA는 IF가 '개별 연구 논문의 우수성, 또는 채용이나 승진, 연구비 지원 등을 결정하는 척도'로 사용되어서는 안 된다고 주장한다.

에이미 퀸Amy Qin은 《뉴욕 타임스》에 훌륭한 기사를 한 편 게재했다. 그녀는 이 기사에서 과학자들이 학술적 평판에 시달리는 현실 때문에 가짜 연구 결과를 발표하는 현실을 거론했다.[12] 정량적인 척도, 특히 IF는 연구자의 진로 형성에 결정적인 영향력을 발휘한다(그래도 정치적 입장이 연구자의 진로에 영향을 미치는 것보다는 훨씬 낫다고 생각한다). 2017년 6월, 중국 쓰촨성 야안시의 쓰촨 농업대학교는 학술 저널 《셀Cell》에 논문을 게재하는 데 성공한 연구진에게 200만 달러의 상금을 지급했다. 《셀》은 IF 수치가 30에 달하는 뛰어난 수준의 저널이다. 이렇게 오랫동안 높은 명성을 유지해 온 저널이라면 여전히 신뢰할 만한 동료 심사 체계를 유지하고 있다고 믿는다. (우리처럼 IF 수치가 훨씬 낮은 저널의 편집자들은 믿을 만한 심사자를 찾는 일이 얼마나 어려운지 잘 안다.)

나는 이 기사의 핵심을 이렇게 요약할 수 있다고 본다. "미국에서 고의로 데이터를 조작한다면, 그날로 학자로서의 경력은 끝난다." 장 교수는 이렇게 말했다. "그러나 중국에서는 속임수를 쓰는 데 따른 대가가 아주 낮습니다. 물론 당장 승진하기는 어려울 수도 있겠지요. 그러나 사람들이 잊어버릴 때쯤 되면 다시 기회가 오는 경우가 많습니다." 그래서 신경 네트워크 분야의 동료 학자인 상하이의 후앙 드 슈앙에게 의견을 구해 봤다.

순위에 관한 제 생각을 말씀드리겠습니다. 중국에서 후보 논문의 영향력 계수는 학자로서의 성장과 연구비 획득 등에 있어 대단히 중요합니다. 그것은 해당 연구자의 학문적 성취 능력과 해당 분야의 전문성을 보여 주기 때문입니다. 또 순위는 일종의 참고 기준이 됩니다. 미국과 일본을 포함한 여러 나라에서도 사기 사건이 종종 일어나는 점을 비추어 중국에서는 이런 일이 훨씬 더 빈번하지 않을까, 아니면 그런 관점은 단지 서구에서 바라보는 편견에 불과한 것일까라는 질문을 하는 사람도 있을 텐데요. 제가 보기에 중국에서도 최근 인터넷 미디어가 급속하게 발전해 왔습니다. 인터넷 사용자의 규모는 실로 어마어마합니다. 그러므로 이제는 사기 사건이 한번 발생하면 온 세상이 금방 알게 됩니다. 그렇다고 중국에서 그런 일이 많이 일어난다는 뜻은 아닙니다. 그것은 일방적인 시각일 뿐이라고 생각합니다. 어떤 사람은 중국에서 드러나지 않은 사기 사건이 미치는 영향이 미국보다 훨씬 미미하다고 생각할지도 모릅니다. 그러나 분명히 말씀드리지만 중국은 절대 그런 곳이 아닙니다. 위에서 말씀드렸듯이 중국은 이미 인터넷 소셜 미디어가 거대한 규모로 잘 발달한 나라입니다. 사기 사건이 한번 드러나면 그 결과는 매우 심각하고 돌이킬 수 없습니다.

나쁜 소식은 전 세계적으로 사기 기법이 날로 정교해지고 있다는 사실이다. 어쩌면 가짜 연구를 일삼은 개인이나 기관은 상당 기간 학계에 발을 들여놓지 못하게 하는 조치가 효과를 발휘할 수도 있다. 그러나 이런 생각 자체가 아직 너무 낙관적인 태도일지도 모른다.

우리가 신뢰하는(혹은 신뢰하지 않는) 측정 지표 : IF는 이제 쇠락해 가는 것 같다. 언제나 그렇듯이 저널의 명성을 규정하는 새로운 측정 지표가 속속 개발되고 있다. 이 명성은 최소한 두 가지 요소의 결합으로 결정되는데, 하나는 피인용 횟수, 또 하나는 인용 주체의 명성이다. 물론 피인용 횟수가 클수록 명성이 높은 저널이다. 그러나 페이지랭크 알고리즘과 유사하게 학술 저널의 과학적 영향력을 측정하는 새로운 지표인 'SCImago 저널 랭크'는 좀 더 중요한 저널에서 인용된 횟수가 명성에 더 큰 영향을 미친다고 본다.

책을 꼼꼼히 읽어 온 독자라면 캠벨의 법칙을 기억할 것이다. 그것은 너무 중요한 내용이기 때문에 여기서 다시 한 번 설명한다. "사회적 의사 결정을 내리기 위해 정량적 사회 지표에 더 많이 의존할수록 그것이 어떤 종류의 지표이든 부패에 노출되는 정도가 심해지고, 그 지표가 감시하고자 하는 사회적 절차 역시 왜곡되고 부패할 가능성이 커진다." 따라서 일부 저널의 편집장은 편집진에게 특정한 과제를 요구함으로써 해당 저널의 명성을 조작하려고 한다. 예를 들어 편집장이 편집 위원에게 모종의 서신을 발송하는 것이다.

편집 위원회가 각 위원에게 요구하는 내용은 다음과 같다.

- 이 저널에 높은 수준의 논문을 매년 최소 한 편 이상 게재할 것
- 제출된 논문을 매년 한 편 이상 심사할 것
- 같은 분야에 있는 다른 저널의 심사 위원 또는 편집 위원으로서, 적절한 저자에게 우리 저널에 실린 논문을 인용하도록 추천할 것
- 매년 귀하의 논문에 우리 저널에 실린 논문을 최소 다섯 편 이상 인용해 줄 것
- 기타 여러 방법으로 우리 저널을 적극 노출, 홍보, 추천해 줄 것

물론 사람마다 취향과 의문점이 다를 수 있다. 하지만 나로서는 IF를 조작하는 행위가 결코 건전하다고 생각지 않는다. 한편, 나는 《리서치 폴리시》라는 저널에 실린 벤 마틴Ben Martin의 사설을 즐겨 읽는 편이다. 그는 서섹스 대학교에서 과학 기술 정책을 연구하는 교수다. 내가 보는 관점도 그의 결론과 유사하다. "규칙이 불투명하거나 없는 경우에 특정 편집 행위의 적절성 여부를 판단하는 유일한 방법은 그것을 대중에 공개해서 조사해 보는 것이다."[13]

또 다른 대안으로 떠오르는 측정 지표가 바로 알트메트릭스Altmetrics다. 이 지표가 내세우는 근거는 새로운 기사와 블로그 게시물, 트위터, 페이스북, 링크드인, 레딧 그리고 구글 플러스에 올라온 게시물이 특정 저널이나 기사의 평판에 중요한 요소로 작용한다는 것이다. 내가 어떤 질문을 할지 여러분은 이미 알 것이다. 도대체 어떻게 다양한 요소와 인터넷 자료를 고려하여 점수를 계산한다는 말인가? 주

관적, 임의적 요소는 어떻게 한다는 말인가? 여러분은 이미 알고 있다. 각 요소에 대해 가중치를 부여할 때부터 주관성이라는 심각한 문제가 발생한다는 것을. 친구가 트위터에 올린 글보다 신문에 실린 이야기가 연구 활동에 더 많은 관심을 불러온다고 생각하는 건 자연스럽다. 현재 알트메트릭스가 각 요소에 부여하는 가중치는 다음과 같다.

뉴스 : 8

블로그 : 5

트위터 : 1

페이스북 : 0.25

레딧 : 0.25

특허 : 3

나는 사람들이 기존의 기관이나 전문가에게 가지는 신뢰가 떨어지면 대중적인 측정 지표가 더 많은 신뢰를 얻을 수 있다고 생각한다. 알트메트릭스는 순수한 학문적 영향보다 그에 대한 대중의 반응을 더 측정한다. 알트메트릭스가 출현한 초기에 이미 점수와 피인용 횟수 사이에 상관관계가 존재하는지를 다룬 통계적 관점의 연구가 있었다.[14] 아마도 알트메트릭스가 전통적인 측정 지표를 대체하지는 않겠지만 연구 활동의 사회적 영향을 가늠하는 보조 기능은 분명히 수행할 것이다. 알트메트릭스의 출현에 대해 필자는 복잡한 심경을 갖지만, 전통적인 동료 심사 기반형 논문 발표 시스템에 찾아온 위기로 인해 발표 후에 형성되는 반응이 과거보다 훨씬 중요해졌다는 점을 조심스럽게 인정할 수밖에 없다. 물론 대다수의 학술 논문은 알트메트릭스에서 다루는 비전통적 매체에서 거의 언급되지 않는다. (실제 상황은 훨씬 더 심각하다. 발표 논문의 절반 정도가 거의 아무에게도 읽히지 않는다. 간혹 편집자들이 읽을 수 있겠지만, 그것도 그들이 아주 바쁘지 않을 때 뿐이다.) 학문 분야에 따른 편향도 분명히 존재한다. 100대 순위에 포함된 논문 중 대부분이 생명과학 및 보건 분야와 관련된 논문이다.[15]

과학자 순위 : 다시 등장한 객관성 대 주관성 문제

20세기 초에 제임스 카텔이 과학자의 체계적 순위라는 개념을 널리 알렸다. 그는 순위 매기는 일을 전문가에게 맡겼으므로 그 결과가 주관적인 건 당연하다고 말했다. 그때 이후로 등장한 현대적 지표들은 모두 좀 더 객관적인 척도가 있지 않을까 하는 희망 속에서 만들어졌다. 오늘날에는 웹 오브 사이언스Web of Science나 클래리베이트 애널리틱스(Clarivate Analytics, 톰슨 로이터스Thomson Reuters의 이름이 이렇게 바뀌었다), 엘스비어Elsevier 출판사가 내놓은 스코퍼스Scopus 그리고 구글 스칼라Google Scholar 등과 같은 온라인 데이터베이스의 존재가 객관적인 분석에 상당한 도움이 되고 있다. 이런 데이터베이스를 뒤져보면 특정 과학자의 영향력을 정확하게 분석할 수 있다. (검색에 사용되는 데이터베이스에 따라 결과가 달라질 수 있으므로 여기에도 어김없이 주의가 필요하다.)

따라서 이런 의문이 든다. 가장 영향력 있는 과학자는 누구인가? 논문을 엄청나게 많이 쓴 사람일 수도 있다. 이것은 어느 정도 맞는 말이지만 아무리 많은 논문을 써도 관심을 기울이는 사람이 없다면 무슨 소용이겠는가?(아마도 IF 점수가 낮은 저널에 출판해서 그런 것이리라.) 피인용 횟수가 많은 논문은 그렇지 않은 논문보다 훨씬 더 중요하다고 생각할 수 있다. 그러나 그 과학자의 학술 활동이 오랜 기간에 걸쳐 일관성을 보여 주었는지도 고려해야 한다. 아르헨티나 출신의 미국인이며 물리학을 연구하는 호르헤 E. 허쉬Jorge E. Hirsch 교수는 어떤 과학자가 발표한 논문 수와 각 논문의 피인용 횟수를 결합한 학술 활동 측정 지수를 소개했다. 그것이 바로 h 지수라는 것이다. 예를 들어 나의 연구 실적이 발표 논문은 열 편이고 피인용 횟수는 그 모든 논문에 대해 각각 10회 이상이지만, 발표 논문 열한 편과 최소 피인용 횟수 11회 이상에는 미치지 못한다고 가정해 보자. 이런 경우 나의 h 지수는 10이다. 이렇게만 써 놓으면 다소 체계가 없다는 느낌이 들 수 있다. 그렇다면 좀 더 전문적인 표현을 쓸 수도 있다. 어떤 과학자가 발표한 논문 총 N건 중 H건이 최소 H회 이상의 피인용 횟수를 기록했다면 그의 h 지수는 H가 된다. 지금까지 여러 차례 드러난 바와 같이, 이런 종류의 지표는 하나의 구조라고 할 수 있다. 따라서 우리는 h 지수가 영향을 미치는 범위와 그 한계를 더 자세히 살펴볼 필요가 있다. 이런 지표는 얼마나 유용한가? 허쉬 교수는 h 지수가 등장한 지 10년 만에 본인이 먼저 재평가 작업을 시작했다. 그리고 나는 그의 상세한 발언을 여기에 옮겨도 된다는 허락을 얻었다.

> 나는 이 지표가 여러 과학자를 평가하고 비교하는 '객관적' 요소로 유용하게 쓰일 수 있다고 생각합니다. 이것은 명망이나 동료의 의견과 같은 '주관적' 요소뿐 아니라 각 개인의 자질에 비하면 다소 간접적인 요소, 예컨대 학자들이 속한 연구 기관이나 그들의 논문이 실리는 학술지의 권위까지도 보완할 수 있기 때문입니다. 과거에는 어떤 과학자의 '탁월함'을 빈틈없이 입증하지 않고도 쉽게 주장할 수 있었습니다. 그런데 이제는 h 지수가 저조한 어떤 과학자를 두고 '탁월하다'는 주장을 펼치면 h 지수가 낮은 이유를 설명하라는 요구가 곧바로 날아들 것입니다. 물론 그럴듯한 이유가 있을 수도, 없을 수도 있습니다. 바꿔 말하면 예전에는 영향력이 크더라도 눈에 띄는 연구 업적이 없다면 쉽게 무시할 수 있었습니다. 따라서 나는 h 지수를 고려하는 것이 과학자의 채용과 승진, 보상, 각종 명예 회원 선출에 있어 더 나은 결정을 내릴 수 있고, 여러 학자가 제출한 제안서 사이에서 연구 자원을 배분해야 하는 기관에게도 훨씬 도움이 된다고 생각합니다. 제 생각에는 이 지수가 올바르게 사용되기만 한다면 과학 발전에 긍정적으로 공헌할 뿐 아니라 그런 진보에 이바지한 사람들을 훨씬 더 공정하게 보상하는 데에도 도움이 되리라고 봅니다.

측정 지표에 대한 집착으로 인해 h 지수에서 비롯된 다양한 지표를 설명하는 거대한 산업이 형성되었다.[16]

측정 지표를 사용해야 할까, 말아야 할까?

과학적 측정 지표는 좋은 목적과 나쁜 목적으로 사용될 수 있다. 측정 지표의 가장 심각한 문제는 사람들이 측정할 수 있다면(예컨대 피인용 횟수가 높은 저널에 논문을 발표한 횟수 등) 그것이 무엇이든 자신의 행동을 왜곡하는 데 이용하면서도, 측정할 수 없다면(교육의 질을 예로 들 수 있다) 기꺼이 포기한다는 것이다.

이제 분명한 사실은 '누가 더 영향력 있는 과학자인가'라는 게임이 초반에 결정되는 경우가 압도적으로 많다는 것이다. 초반부터 2 대 1의 점수로 펼쳐지는 축구 경기를 생각해 보자. 그리고 지금부터 골을 넣을 확률은 이미 얻은 골의 수에 비례한다는 법칙이 성립한다고 가정하자. 그러면 경기가 끝난 후에는 45 대 3이라는 말도 안 되는 결과가 나온다. 예로 든 축구 경기 점수는 특정 과학자의 영향력을 의미하는 측정 지표와 비교할 수 있다. 처음부터 성적이 좋을수록 미래에도 좋은 성과를 올릴 수 있다.

성공 예측

말콤 글래드웰은 자신의 베스트셀러 『아웃라이어 : 성공의 기회를 발견한 사람들』[17]에서, 성공하기 위해서는 기회를 포착하고 시간을 투자

하는 노력이 필요하다는 점을 확고히 밝혔다. 그가 소개한 두 가지 유명한 사례를 보면 어떤 분야에서든 필요한 기술을 익히는 데 1만 시간을 투자해야 그 분야에서 성공할 수 있다. 그중 하나는 비틀즈의 사례였다. 역사상 가장 큰 인기를 누린 이 록 밴드는 함부르크에서 밤샘 공연을 선보였다. 또 하나의 사례는 빌 게이츠였다. 2018년 기준 세계 최고 부자 순위 2위에 오른 그는 이미 십 대 시절 오랜 시간을 컴퓨터에 쏟아부었다(당시 다른 아이들은 컴퓨터와 전화기가 대중화되기 전의 시대를 살고 있었다).

이 시대에 가장 성공한 과학자 중 한 사람인 알버트 라슬로 바라바시Albert-László Barabási야말로 성공의 과정을 탐구하기에 적격인 사람이다. 몇 주 전 그의 신간[18]이 영어보다 헝가리어로 먼저 출간됐는데 마침 나는 부다페스트에 있었다. 그리고는 그 책을 24시간을 꼬박 바쳐 단숨에 읽어 버렸다. 서론에서 그는 단도직입적으로 말한다. "성공은 혼자 하는 것이 아니라 함께 이루어 가는 것이다." 특히 학술적으로 인용된 데이터를 풍부하게 확보한 그로서는 과학 분야에서 장기적 성공을 가능하게 해주는 정량적 법칙을 연구하는 일이 너무나도 자연스러운 일이었다.[19]

예측하기 위해서는 모델을 세워야 한다. 그리고 잘 알다시피 모델은 가정을 바탕으로 수립된다. 바라바시의 연구팀은 성공하는 데 세 가지 독립적 요소가 작용한다고 가정했다.

1. **시작할 때는 미세했던 차이들이 점점 증폭되는 현상 :** 발표 초기에 많은 피인용 횟수를 기록한 논문은 그렇지 못한 논문에 비해 다시 인용될 확률이 증가한다. 바라바시가 처음에 가정했던 세계관은 월드 와이드 웹의 발달과 더불어 그가 발견한 '선호적 연결' 작용이 만들어 낸 엄청난 인용 횟수에서 나왔다. 선호적 연결 원리는 이 책의 4장에서도 언급한 바 있다.
2. **시효 효과 :** 어떤 논문의 신선함은 시간이 지날수록 퇴색되고 새로운 아이디어라고 생각했던 내용도 이후 연구 결과에 포섭된다.
3. **적합성 :** 이 교묘한 작용 원리 덕분에 후발 주자도 성공의 기회를 보장받을 수 있다.

바라바시는 『포뮬라』에서 성공의 다섯 가지 법칙을 찾아냈는데, 이 중 세 번째 법칙이 예측 능력이다. 즉 미래의 성공 가능성은 과거의 성공에 적합성을 곱하여 계산할 수 있다는 내용이다. 나는 이 법칙을 『포뮬라』라는 책의 성공 여부를 예측하는 데 적용하고 있다. 우리는 순위의 적합성에 관해서는 별로 아는 바가 없으므로 이 부분은 좀 더 두고 봐야 한다! 그 대신 처칠의 말에서 힌트를 얻을 수는 있다. "성공은 최종 결과가 아니며 실패했다고 다 끝난 것도 아니다. 오직 멈추지 않고 나아가는 용기가 중요하다."

예술 분야의 등급과 순위

심미적 가치에 따라 예술 작품에 순위를 매기는 일은 쉽지 않다. 그러나 1930년경 미국 최고의 수학자 조지 버코프(George D. Birkhoff, 1884-1944)는 질서와 복잡성의 비율로 정의되는 심미 척도aesthetic measure를 소개했다.[20] 복잡성이란 한 마디로 해당 작품이 얼마나 많은 요소로 이루어져 있는가를 나타내며, 질서는 그 작품이 보이는 규칙성의 수로 표현된다. 이후 이 척도는 주로 정보 이론에 근거하여 여러 가지 버전으로 등장했지만, 수학자들은 현명하게도 미적 경험의 복잡한 성격을 수학 이론으로는 다 포착해낼 수 없다는 점을 인정했다. 버코프 자신도 자신이 제안한 척도에는 예술 작품을 감상하는 사람의 정서적이고 지적인 반응이 전혀 반영되지 않았다는 사실을 잘 알았다. 하지만 인상주의 작품을 만나 본 사람이라면 정형화된 그림보다 훨씬 복잡하다는 사실을 누구나 직관적으로 느낄 수 있다. 역사적으로 미술계가 인상주의로 넘어가는 과정에서 새로운 비즈니스 모델의 출현이 큰 역할을 담당했고, 그 결과 예술품에 대한 시장 주도형 등급 및 순위 시스템이 새로 등장했다는 사실은 매우 놀라운 이야기다.

화가의 평판 변화 : 살롱에서 시장으로

살롱, 낙선전 그리고 인상주의의 등장 : 역사적으로 미술 아카데미Académie

des Beaux-Arts는 프랑스 미술계를 지배하면서 그 내용과 형식을 모두 통제하는 역할을 해 왔다. 종교 및 역사를 주제로 한 그림과 인물화가 장려되었던 반면 풍경화와 정물화는 사실상 금기시되었고 정확한 필법을 특징으로 하는 화풍이 유행했다. 수 세기에 걸쳐 파리에서는 살롱에 그림을 전시해야 미술가의 명성과 경력을 확립할 수 있는 필수 조건이 있었다.[21] 그렇기 때문에 살롱에서의 성공은 높은 명성으로 이어지는 길이었다. 다시 말해 일류 직업(국립 미술 학교 교수직 등)과 상훈(예컨대 나폴레옹이 제정하고 이후 모든 프랑스 정부가 유지한 레지옹 도뇌르 훈장을 들 수 있다)이 기다리고 있었다는 뜻이다. 전시 작품의 선정 과정은 아카데미 회원의 관할 아래 살롱의 심사 위원단이 주도했다. 그러나 살롱 심사 위원단과 같은 선정 위원회가 현상 유지에만 급급한 태도를 보이는 일은 어느 곳에서나 볼 수 있는 일이었다. 그것은 인간의 본성에 기인한 일이므로 비난할 수만은 없을 것이다. 어쨌든 미술가들의 평판은 이 기득권 조직에 좌우되었다. 1847년에 귀스타브 쿠르베(Gustave Courbet, 1819-1877)가 살롱에 제출한 그림이 모두 거절된 후 그가 남긴 유명한 말이 있다.

> 이런 일이 벌어진 것은 다 심사 위원단 나리들의 편견 때문이다. 이분들은 자기들과 같은 유파에 속하지 않은 사람은 무조건 배척한다. 이따금 들라크루아Delacroix, 드캉프Decamps, 디아즈Diaz 같은 예외가 한두 명 있지만, 그 높으신 분들조차 이들을 배겨 낼 수 없다. 이들에 비해 대중

에 덜 알려진 나머지 모두는 이렇다 할 말도 한마디 못 듣고 쫓겨난다. 그것조차 그들이 판단할 문제이니 나는 전혀 개의치 않는다. 그러나 불행히도 그림을 전시해서 이름을 드러내야 하는 화가의 처지로는 그곳만이 유일한 통로라는 것이다.

낙선 작품 전시회Salon des Refusés는 1863년부터 시작된 것으로, 살롱 선정 위원회로부터 배제된 미술가들을 위한 위로이기도 하면서, 동시에 이들에게 남아 있는 대안적 진로였다. 이 1863년은 이른바 현대미술이 탄생한 해로 일컬어진다. 에두아르 마네(Edouard Manet, 1832-1883)가 당시만 해도 알려지지 않았던 그림 「풀밭 위의 점심 식사」를 전시한 해였기 때문이다. (1863년은 또 영국 축구 협회가 발족한 해이기도 하다. 미국에서 1863년은 남북 전쟁의 전기가 마련된 게티즈버그 전투가 벌어진 해였다. 따라서 현대 미술과 현대 스포츠 그리고 현대 미국은 모두 같은 시기에 태어난 셈이다.) 1874년, 인상주의 화가들이 개최한 최초의 전시회를 기점으로 돌파구가 열렸다. 클로드 모네, 에드가 드가, 오귀스트 르누아르, 카미유 피사로, 베르트 모리조 등은 자신들의 모임을 '익명의 화가, 조각가, 판화가 협회'라고 불렀다. 그들은 현대적 화풍을 선보였다. 정물화와 초상화뿐 아니라 풍경화에 이르기까지 섬세하고 가늘면서도 뚜렷한 필법을 구사했다. 1874년 이후 폴 고갱, 조르주 쇠라를 비롯한 주요 화가들은 살롱을 거치지 않고도 화단에 이름을 올릴 기회를 얻었다. 살롱 심사 위원의 영향권 밖에서도 화가로서의 생명을 이어갈 수 있게 된 것이다!

시장 주도형 명성의 출현 : 폴 뒤랑뤼엘(Paul Durand-Ruel, 1831-1922)은 인상주의 화가의 가치를 발견했다는 평가를 받는 사람이다. 유명한 일화가 있다. "어느 날 그가 지원하는 미술가 중 한 명이 젊은 프랑스인 화가를 데리고 들어오더니 이렇게 소개했다. '이 미술가가 앞으로 우리 모두를 앞지를 걸세.' 그 젊은 미술가가 바로 클로드 모네였다."[22] 그는 혁신적이면서도 위험한 방식으로 사업을 운영했다. 즉 무명 화가들의 작품을 대량으로 매입하는 방식이었다. 뒤랑뤼엘은 일찌감치 화가 단독 전시회를 기획한 인물이기도 했다. 당시에는 이를 두고 '1인 쇼'라고 불렀다. 그가 창간한 저널은 이후 현대 미술이라고 불리는 장르를 설명하고 지원하는 역할을 했다. 그는 미술사학자가 아니라 사업가이자 미술품 거래상이었다. 그러나 타고난 직관력을 바탕으로 완전히 새로운 화가 집단을 신뢰하며 투자했다. 인상주의자들은 얼마 지나지 않아 자신들의 독립적인 전시회로 어느 정도 명성을 얻었고 뒤랑뤼엘은 1882년과 1884년 사이에 모네, 피사로, 르누아르 그리고 시슬리Sisley 등의 작품을 대량으로 사들였다.

거래상과 비평가로 구성된 새로운 시스템이 새롭게 시장을 형성해 가더니 이윽고 기존의 아카데미 시스템을 추월하기 시작했다. 화랑이 나타나 현대 미술을 위한 토론의 장을 열어 대중의 욕구를 충족했다. 그러나 인상주의 화가들의 명성이 서서히 높아졌지만, 예술적인 측면

뿐 아니라 금전적인 면에서도 성공을 거두기에는 부족했다. 이때 뒤랑뤼엘은 또 한 번의 혁신을 시도했다. 기존의 파리에 이어 런던과 뉴욕에서 전시회를 개최하며 시장의 세계화를 추진했던 것이다. 1886년에 뒤랑뤼엘은 미국 뉴욕 화랑가에서 전시회를 열어 총 289점의 인상주의 미술품을 선보였다. 미국인들은 모네, 르누아르 등의 작품에 열광했다. 판매된 많은 작품은 미국의 주요 미술관에서 인상주의를 대표하는 소장품이 되었다. 미국의 수집가들 덕분에 예술과 재정 모두에서 성공을 거둔 뒤랑뤼엘은 드디어 모든 빚을 청산할 수 있었다. 최초의 진정한 현대 미술가였던 인상주의 화가들의 명성이 앞서가는 미술계를 중심으로 빠르게 형성되었다. 이후 20세기 초 일군의 영리 목적 화랑들이 급속하게 성장하면서 진정한 경쟁 시장이 형성되었다. 아카데미가 독점해 왔던 미술계는 비로소 시장 지향적인 현대 미술로 완벽하게 전환되었다.

예술적 성공의 정량화

예술 작품이 언급된 횟수는 학술 논문의 피인용 횟수와 유사한 역할을 할 수 있을까? : 빅 데이터가 출현하기 이전 시대(즉 구글 페이지랭크 알고리즘이 처음 선보였던 20년 전)에, 데이비드 갤런슨David Galenson은 재미있는 주장을 들고나왔다. 예술 작품은 33종의 미술사학 교과서에 등장한 횟수로 그 중요성을 판별할 수 있다는 주장이었다. 1위로 오른 작품은 총 28회 등장한 피카소의 1907년 작 「아비뇽의 처녀들」이었고, 2위는 모두 25권의 책에 실린 소련의 화가이자 건축가 블라디미르 타틀린 Vladimir Tatlin의 작품 「제3인터내셔널 기념탑the Monument to the Third International」이었다. 이 수치는 위 두 작품을 구글에서 검색한 결과 알게 된 1억 5천 8백만 회와 23만 회라는 등장 횟수와는 매우 다르다.[23]

미국의 3대 현대 미술 화가인 잭슨 폴록과 재스퍼 존스 그리고 앤디 워홀은 어떻게 우열을 가릴 수 있을까? 교과서에 등장한 횟수와 구글 검색 횟수로 보면 흔히 우리가 생각하는 결과와는 사뭇 다르다는 것을 알 수 있다. 교과서에 등장한 횟수와 검색 횟수에서 잭슨 폴록은 135건과 2,740만 회, 재스퍼 존스는 124건과 1,240만 회 그리고 앤디 워홀은 114회와 4,860만 회를 각각 기록했다.

워홀의 그림 중 가장 고가에 팔린 작품은 1963년 「은색 자동차의 충돌」로 거래 금액이 1억 500만 달러에 달했고, 존스의 그림 중에는 「깃발」이 1억 1,000만 달러에 팔렸으며, 폴록의 「넘버 5」는 개인적 거래를 통해 1억 4,000만 달러에 판매되어 세계에서 가장 비싼 그림이 되었다. 그러나 이것은 모두 숫자에 불과하다. 그림의 가격 이야기가 나온 이상, 바라바시의 두 번째 법칙을 언급하지 않을 수 없다. "성과를 내는 데는 한계가 있지만, 성공에는 한계가 없다." 예술 작품의 가격에 관한 최근의 정량적 분석 결과도 이런 관점을 지지한다. 지난 30년간 전 세계 경매 시장에서 거래된 예술 작품들의 가격 중 상위 1만 개를 분석한 결과는 우리가 예상한 내용과 거의 일치했다. 소위 80 대 20 법칙이었다. 각 시대별(이탈리아 르네상스 시대, 1600년경의 네덜란드 및 플랑드

르 미술 그리고 1800년대 런던과 파리의 미술품 경매 시대 등) 예술 작품 가격은 정규 분포 곡선에서 크게 벗어나 가장 널리 알려진 비대칭 형태인 멱함수 분포를 보인다. (이 경우에는 특히 3차 멱함수 형태를 보인다.)[24] 또한 극소수의 혁신적인 예술가의 작품은 그 뒤에 따라오는 예술 작품보다 가격이 높았다.

오늘날 예술가의 명성은 개인 수집가와 기업, 화랑 그리고 경매 전문회사 등 여러 이해관계자의 상호작용으로 형성된다. 현대 미술의 경제학은 이제 거대한 연구 분야가 되었으며[25, 26] 정량적 분석은 미술가의 명성이 형성되는 과정을 밝히는 데 큰 도움이 되고 있다.

미술품의 네트워크 이론 : 오늘날 시각 미술계는 사상 유례없는 양상으로 접어들고 있다. 두 세기가 넘는 파리 살롱의 역사를 통해 선보인 작품이 13만 점이 넘지만, 지금 페이스북에는 단 하루 만에 3억 5천만 개가 넘는 그림이 업로드되고 있다.[27] 물론 업로드된 이미지가 모두 미술 작품은 아니지만 방문자 수가 많은 페이지에서는 수많은 미술가 사이의 치열한 경쟁이 펼쳐지고 있다.

미술가들 역시 다양한 성격을 가진 사람과의 네트워크 속에서 일하는 존재다. 여기에는 다른 미술가와 화랑 운영자, 미술품 거래상, 아트 컨설턴트, 비평가, 경매 운영자, 미술관 종사자를 포함한 여러 이해관계자가 참여한다. 신인 화가들은 이런 사람과의 연계를 통해 명성을 쌓아 간다. 신인이 유명 화가와 같은 화랑에 속해 유대를 맺는 일은 명성에 큰 도움이 된다. 여기서 바라바시의 말을 다시 한번 되새겨야 한다. "성공은 혼자 하는 것이 아니라 함께 이루어 가는 것이다." 미술가의 경력은 몇 단계로 이루어지며 한 단계에서 다음 단계로 넘어가는 과정은 그리 만만치 않다. 그 단계는 대체로 다음과 같다. 즉 ① 대학의 미술 분야 ② 소도시 화랑 ③ 유력 도시의 주요 화랑이 개최하는 전시회 ④ 회고 전시회 그리고 ⑤ "A급" 미술관 전시회이다.

중요한 첫걸음은 바로 작품을 전시해 줄 화랑을 찾는 것이다. 화랑이 소개할 화가를 찾는 데 어떤 규칙을 이용할까? 당연하게도 그들은 성공하기 위해 도움이 될 작품을 찾는다. 여기서 성공의 의미는 화랑마다 다르다. 그것을 꼭 작품의 판매량으로만 측정하지 않는다. 학술적인 성격을 띤 화랑들은 재정적 성공 외에도 지역 사회의 관심을 불러일으키려는 목적을 가질 수도 있다.

미술 시장은 집단적인 성격을 가지므로 관람객과 미술품 거래상, 화랑 운영자, 개인 수집가 등이 어떤 반응을 보이느냐가 매우 중요하다. 영국 출신의 미국인 화가 수잔 힐러Susan Hiller는 명성을 향한 치열한 경쟁에 너무 깊이 몰두하지 말라고 충고한다.

젊은 미술가에게 제가 하고 싶은 말은, 그저 매일 매일 최선을 다하면서 결과는 겸허히 기다릴 줄 알아야 한다는 겁니다. 다른 사람들이 어떻게 판단하든 너무 걱정하지 마세요. 비판에 공감이 가면 경청하되 그렇지 않다면 관심을 기울일 필요가 없는 겁니다. 예술가에게 자기 회의란 언제든 따라다니는 겁니다. 문제를 정의하고 과연 내가 그것을 해결했는지 자문하는 것이야말로 우리의 할 일이자 우리가 가진 특권이기 때문입니다.

그러나 이 전략이 곧바로 명성으로 이어지지는 않는다. 그 사이에는 미술가와 주요 중개자인 화랑이 서로 만나는 과정이 있다. 화랑은 시장에서 화가의 작품을 판다. 그들은 새로운 미술가와 그들의 잠재적 고객과의 사이를 연결해 주는 전문가들이다. 그들은 또 새로 등장한 미술가들이 시장에서 자리를 잡고 명성을 얻기까지 지원을 아끼지 않는다. 물론 화랑들 사이에도 영향력이 제각각 달라서 힘이 센 곳도 있고 그렇지 않은 곳도 있다. 미국의 미술관에서 열리는 단독 전시회의 3분의 2를 오직 다섯 개의 화랑이 주최한다. 가고시안 갤러리Gagosian Gallery, 페이스Pace, 마리안 굿맨 갤러리Marian Goodman Gallery, 데이비드 즈워너David Zwirner, 하우저 앤 워스Hauser & Wirth, 이 다섯 개 화랑이 오늘날 부유한 개인과 기관을 위한 현대 미술을 독점하고 있다. 최근(2018년 11월) 하우저 앤 워스는 스위스의 유명한 산악 리조트 타운인 생모리츠St. Moritz에 화랑을 열었다. 이미 몇 번이나 언급했던 그 정량 법칙이 경매 시장에도 똑같이 적용된다. 크리스티와 소더비가 국제 미술품 시장 전체의 80퍼센트를 차지한다.

미술가로서 높은 명성을 얻기 위해서는 다음의 세 가지 원칙이 권고된다. 단, 읽어 보고 수긍하는 분에 한한다.

1. 열심히 노력한다.
2. 자신의 시간 중 80퍼센트는 마케팅에, 나머지 20퍼센트는 본업에 투자한다.
3. 상충하는 1번과 2번 원칙을 서로 조화롭게 실천할 수 있는 방법을 찾는다!

최고의 미술가가 누군지 계산하는 법 : 최고의 미술가는 누구인가? 좋든 싫든 그것을 결정하고 정의하는 주체는 바로 공동체다. 이 주제를 놓고 치열한 논쟁이 오가는 유명한 웹 사이트가 바로 2004년에 출범한 독일의 미술 정보 사이트 아트팩츠넷(ArtFacts.Net, AFN)이다. 우리가 이미 알고 있듯이 모든 순위 체계에는 데이터베이스와 순위 알고리즘이 필요한데, AFN은 1863년 파리에서 시작된 '낙선전' 이후 모든 전시회의 정보가 담긴 데이터베이스를 사용한다. AFN의 디렉터 마렉 클라센Marek Claassen이 전하는 메시지는 분명하다. 오직 연결성과 가시성만이 중요하며, 따라서 AFN이 채택한 알고리즘에는 이런 특징이 최우선으로 반영된다는 것이다.[28]

우리는 국제 무대에서 활동하는 미술가가 얼마나 되는지를 측정하는 정량적 방법을 도입했습니다. 먼저 미술가와 그들을 대변하는 화랑이나 수집상들과의 장기적 관계부터 측정하기 시작했습니다. 이들의 관계는 아주 오랫동안 강하게 결속되어 있습니다. 우리는 미술가가 활동하는 국가의 수 그리고 수집상과 화랑의 수를 셉습니다. 그런 다음 단독 및 단체 전시회를 조사했지요. 어떤 화랑이나 미술관에 국제적인 미술가가 많이 소속되어 있을수록 그곳에서 개최되는 전시회의 수준이 높아집니다. 예를 들어 수천 명의 미술가가 소속된 테이트 모던Tate Modern 미술관을 생각해 봅시다. 그곳에서 단독 전시회를 한 번만 열어도 그 모든 미술가와 연결점을 확보할 수 있어 내 순위가 급격하게 상승합니다. 소장품 전시회 역할을 하는 단체 전시회를 비엔날레라고 하는데, 이것의 가치는 여기에 전시되는 작품과 작가들에 좌우됩니다. 따라서 앤디 워홀이 포함된 비엔날레는 그 가치가 매우 높아지게 됩니다.

위와 같은 관점의 글을 내가 운영하는 블로그, aboutranking.com에 올리자 수학자인 내 친구 존(자동차를 가져본 적 없다는 그 친구를 기억할 것이다)이 이런 댓글을 달았다. "충격적이군, 말도 안 돼! 그러니까 결국 인맥이 좋아야 훌륭한 미술가가 된다는 거야? 확실한 증거가 있어?" 이 자리를 빌려 친구에게 답을 전하고 싶다. 존, 우리는 그림의 심미적 가치를 정량화하려는 시도가 오래전부터 이어져 왔다는 것을 알지만(정보 이론과 프랙탈 이론 등의 다양한 방법을 통해), 좋든 싫든 명성이 바로 정량화할 수 있는 상품이라네. 명성은 미술 시장의 이해관계자들이 집단 지성을 발휘한 결과물이지.

사실 최근 AFN은 자사 사이트의 주요 순위 알고리즘에 모종의 변화가 있었다고 발표했다.[29] 그것은 순위 목록이 이렇다 할 변화 없이 그대로라는 불만을 반영한 것이었다. 이미 고인이 된 앤디 워홀과 파블로 피카소가 여전히 맨 앞자리를 다투는 게 현실이었다. 이에 따라 두 가지 변화가 있었다. 첫째, 순위 하락 요소가 도입되었다. 오래된 전시회일수록 현재 순위에 미치는 영향력을 더 낮게 계산한다. 둘째, 5년 이상 경과한 전시회 실적은 현재 순위에 영향을 미치지 않도록 순위 알고리즘을 조정했다. 이 순위에 경영적 요소는 반영되지는 않았다. AFN은 순위 알고리즘에 재정 관련 데이터는 포함하지 않았기 때문이다.

미술가의 순위 : 워홀과 피카소는 여전히 순위의 앞자리를 차지하고 있다. 그 뒤를 바짝 뒤쫓는 화가가 바로 게르하르트 리히터Gerhard Richter이다. 그는 구소련이 주도하던 '사회주의 리얼리즘'에 공공연히 대응하는 이른바 '자본주의 리얼리즘' 사조의 대표적인 인물이다. 여류 미술가로서 가장 높은 순위에 오른 사람은 전체 6위의 기록을 보이는 신디 셔먼Cindy Sherman이라는 사진가다. 상위 100대 미술가 중 여성은 15명이며 100명 중 65명이 현재 활동하고 있다.

100대 순위에 포함된 사람 중 최연소 미술가는 1970년생인 카더 아티아Kader Attia로 그의 순위는 62위다. 그는 파리와 알제리에서 유년기를 보낸 현대 미술가다. 따라서 인격이 형성되는 시기에 아랍과 유럽의 사고방식을 동시에 경험하면서 '서구 기독교와 북아프리카 이슬람 그리고 알제리계 유대인 사회'를 오가는 세계관을 지니게 되었다.[30] 뿐만 아니라 그는 아프리카 국가인 콩고와 남미의 베네수엘라에서도 수년간 생활했기 때문에 매우 폭넓은 국제적 시각을 지니고 있다. 아티아는 1990년대에 파리와 바르셀로나에서 교육을 받았고 현재는 알제리의 수도 알제와 베를린, 파리 등지에 거주한다. 이렇게 대단히 다문화적인 성장 배경 덕분에 그는 자신만의 아주 독특한 개념을 발전시킬 수 있었고, 이것이 그의 예술 활동을 구성하는 원리로 보인다. 그것은 바로 복구라는 개념이다. 과거의 고통, 트라우마 그리고 상처로 표현되는 복구 과정이 아티아의 작품에 반복적으로 등장하는 양식이다.

아티아가 예술가로 성공할 기회를 얻었음은 물론이다. 그는 1996년 콩고에서 첫 번째 사진 전시회를 단독으로 개최했다. 그러나 이것이 성공을 향한 최선의 출발점이었다고 볼 수는 없다. 실제로는 이후 파리의 여러 화랑에서 단독 전시회를 개최한 것이 결정적 계기가 되어, 결국 2003년 베니스 비엔날레라는 본격적인 무대에 입성할 수 있지 않았나 생각한다. 이후 방 하나를 가득 채우는 규모의 설치 미술 작품, 「서구 문명에서 탈서구 문명으로의 복구」로 그는 일약 유명 인사가 된다.

아티아는 마르셀 뒤샹 상(2016), 호안 미로 상(2017) 등을 비롯한 여러 수상 경력이 있다. 그는 이미 뉴욕 현대 미술관MoMA, 런던의 테이트 모던, 파리의 퐁피두 센터 그리고 뉴욕의 구겐하임 미술관 등에서 개최된 단체전에 작품을 선보인 바 있다. 그가 앞으로 이런 미술관에서 단독 전시회를 개최할 가능성은 충분하며, 100대 미술가 목록에서도 그의 순위는 충분히 오를 것이다. 여기서 한 가지 의문점이 있다. 위키피디아에는 아직 아티아에 관한 영어 사이트가 없고 프랑스어와 독일어로는 있다. 과연 영문 위키피디아의 도움을 받지 않고도 한 예술가의 성공 스토리가 전 세계로 퍼질 수 있을까? 아티아의 유일한 약점은 미국 대학생이 그를 주제로 한 작문 숙제를 잘 하지 않을 것 같다는 점이다.

노벨상과 오스카상 : 후보와 수상자

노벨상

명성을 얻었는지 알 수 있는 중요한 시금석은 자신의 분야에서 유명한 상을 받았는지 보는 것이다. 노벨상을 받으면 사실상 그 분야의 정상에 오른 것이라는 말이 있다. 노벨상은 알프레드 노벨의 이름을 딴 상으로, 그는 화학자이자 발명가, 엔지니어, 기업가 그리고 작가였으며 다이너마이트를 발명했고, 자신의 생애를 통틀어 총 355건의 발명을 한 사람이다. 그는 자신의 재산을 물리학, 화학, 생리·의학, 문학 그리고 인도주의와 평화 분야에 뛰어난 업적을 세운 사람에게 상을 수여하는 데 사용하라는 유언을 남겼다. 1901년부터 스웨덴 왕립 학회와 카롤린스카 연구소, 스웨덴 아카데미 그리고 노르웨이 의회가 선출한 위원회가 공동으로 노벨상 수여 업무를 맡아 왔고, 1968년부터는 여기에 스웨덴 은행이 마련한 경제학상이 추가되어 나머지 분야의 노벨상과 함께 수여되기 시작했다. (노벨상에 수학상이 없는 이유를 놓고 계속 뒷이야기가 떠돌고 있다. 여러 가지 소문이 있지만 그중 하나는 스웨덴 최고의 수학자 예스타 미타그레플레르Mugnus Gösta Mittag-Leffle와 노벨이 한 여인을 사이에 놓고 연적 관계에 있었기 때문이라고 한다. 그러나 이 소문은 신빙성이 별로 없다.)[31] 2018년 현재까지 총 590개의 노벨상이 모두 935명의 수상자에게 수여되었다.

후보 추천과 선정 과정 : 노벨상 수상자 후보 추천 및 선정 과정에는 약 1년여의 기간이 소요되며, 각 수상 분야별로 10여 차례의 검토 회의 및 전문가 상담을 통해 비로소 수상자가 결정된다. 평화상을 제외한 다른 분야에서 추천서 접수는 추천자에게 추천 요청서를 보내는 것으로 이루어지며, 추천서 양식은 수상 년도 전년 9월까지 발송된다. 추천 요청서는 대개 엄선된 대학교수나 기존 노벨상 수상자에게 보내지며, 요청을 받은 사람은 다음 해 1월 31일까지 자신이 추천하는 명단을 제출하면 된다. 이 과정을 통해 대략 250명에서 350명 사이의 추천 후보 명단이 확보된다. 그러면 이후 수개월에 걸쳐 전문가들의 조언을 바탕으로 각 후보자의 적격성 여부를 조사하는 과정이 이어진다. 노벨상 위원회는 각 분야의 수상 기관에 제출할 보고서를 9월에 제출하며, 수상자는 다수결 투표와 발표를 통해 10월에 선정된다. 시상식은 11월에 열린다.

문학상, 베팅에서 추문까지 : 최근 15년에 걸쳐 거대 스포츠 베팅 업체래드브로크Ladbrokes는 노벨 문학상 수상자를 맞추는 온라인 베팅을 주최해 왔다(오직 문학상만 대상으로 삼은 이유는 아마도 다른 분야에 대한 대중의 관심이 훨씬 적기 때문일 것이다). 경마의 경우 경주에 나선 모든 말에 대해 배당률을 지정하고, 축구의 경우 승점에 대해 일정한 배당률을 지정하면 되지만, 노벨상을 놓고 베팅을 펼치는 일은 결코 만만한 일이 아니다. 스포츠 경기에는 과거 기록과 선수의 부상을 비롯한 방대한 데이터가 쌓여 있다. 기존 데이터의 경향에 따라 예측하는 일은 그리 어렵지 않다. 그러나 문학 분야에 주어지는 상을 예측하는 일은 쉬운 일이 아니다. 위원회가 어떻게 행동하고 어떤 결정을 내리는지 모델을 세워야 하기 때문이다.

노벨상 수상자에 대한 베팅에는 대중의 요구가 어떻게든 반영되므로 선정 위원회가 대중의 의견을 철저히 무시할 가능성도 없지는 않다. 실제로 우리는 예상외로 노벨상을 받지 못한 수많은 이름을 기억하고 있다. 그 명단에는 레오 톨스토이, 안톤 체호프, 마르셀 프루스트, 프란츠 카프카, 버지니아 울프, 제임스 조이스, 블라디미르 나보코프 등이 있다.

2017년 노벨문학상 수상자는 일본 출신 영국 작가 가즈오 이시구로였다. "그의 소설에는 우리가 세상과 연결되어 있다고 생각하는 환상에 숨겨진 내면의 깊은 곳을 파헤치는 강력한 정서적 힘이 있다"는 것이 선정 위원회의 평이었다. 마거릿 애트우드, 응구기 와 시옹오, 무라카미 하루키 등이 비록 더 높은 배당률을 기록했지만 가즈오 이시구로의 수상은 베팅 업계에서도 대체로 수긍하는 분위기였다.

선정 위원회와 베팅 과정 사이에 모종의 공모가 있을 가능성은 없을까? 내 생각에 그런 일은 가능하지 않다고 본다. 위원회는 문학계의 명망 있는 인사로부터 매년 200명 정도의 추천 명단을 접수한다. 그중 10에서 15퍼센트 정도가 처음으로 추천된 사람이다. 내 생각이 틀렸을 수도 있겠지만 최초로 추천된 사람은 처음 추천될 당시의 수상 확률이 지금보다 더 높았을 것이다. 라빈드라나트 타고르(Rabindranath Tagore, 1861-1941, 1913년 수상), 싱클레어 루이스(Sinclare Lewis, 1885-1951, 1930년 수상), 펄 벅(Pearl Buck, 1892-1973, 1938년 수상), 버트런드 러셀(Bertrand Russell, 1872-1970, 1950년 수상), 윌리엄 포크너(William Faulkner, 1897-1962, 1949년 수상) 등은 모두 후보로 지명된 지 1년 만에 노벨 문학상 수상자가 되었다. 2018년도 수상자가 섹스 추문[32]으로 상을 박탈당한 사건은 노벨 문학상 역사상 가장 큰 오점으로 남을 것이다.

객관성이라는 환상과 조작, 성차별은 존재하는가? : 이미 언급했듯이 1901년에 노벨상이 시작된 이래 지금까지 총 935명이 상을 받았다. 그중 여성은 단 51명뿐이었다(마리 퀴리는 2회 수상했다). 즉 노벨상 수상자 중 여성의 비율은 6퍼센트에 불과하다는 말이다. 화학자이자 과학 저술가인 막달레나 허기타이Magdolna Hargittai가 지적하듯이 과학 분야에서는 이 비율이 더욱 낮아져 물리학상, 화학상, 생리·의학상을 수상한 여성은 노벨상이 시작된 이래 총 19명에 지나지 않았다. 이처럼 극단적으로 낮은 비율로 인해 노벨상이 여성 과학자에 대해 편견을 보인다는 의혹이 제기되었다.

확실히 노벨상 수상자를 추천하고 선정하는 과정에서 여성 과학자들이 소외되어 왔다. 그러나 노벨상을 받은 여성이 남성보다 적은 이유는 노골적인 차별이라기보다 보이지 않는 편견 때문이었을 가능성이 더 크다. 여성이 과학 기술 분야에서 교육과 경력을 이어가는 일을 가로막는 고정 관념이 여전히 존재하기 때문에, 물리학, 화학, 의학 분야에서 박사 학위를 받는 여성이 남성보다 상대적으로 적고, 여성의 수가 늘어나고 있다고는 하지만 인구 통계적 관점에서는 여전히 낮은 비율에 머물러 있다.

물리학 분야를 예로 들어보자. 미국 물리학회에 따르면 1975년 물리학 박사 학위를 취득한 여성의 비율은 5퍼센트에 불과했다. 2017년에 이 비율은 18퍼센트가 되었다. 전체 물리학 박사 학위 중 현실적으로 여성이 받는 학위는 5분의 1이 채 되지 않기에 노벨 물리학상을 받는 여성은 훨씬 더 적다. 박사 학위를 취득한 이후에도 여성들은 고용이나 논문 발표 등의 측면에서 눈에 띄지 않는 편견에 부딪히기는 마찬가지여서, 여성은 자신의 학문적 능력보다 외모나 신상 정보와 같은 피상적 요소로 더 많이 판단된다는 것을 많은 연구 결과에서도 알 수 있다. 연구 논문에서도 여성의 논문은 남성보다 피인용 횟수가 훨씬 적을 뿐 아니라, 그들의 연구는 남성의 업적으로 귀속되는 경우가 많으며 저널에 게재되는 비율도 훨씬 낮다. 이런 요소들이 모두 작용하여 학술회의에 초청되어 자신의 연구 결과를 발표하거나 각종 시상의 대상자로 추천될 기회도 훨씬 더 적게 주어진다. 노벨상 선정 위원회는 후보 추천 명단을 접수한 후 50년이 될 때까지 그 내용을 발표하지 않기 때문에 과학 기술 분야에서 노벨상 후보로 추천된 여성의 비율을 파악하기가 쉽지 않다. 그러나 물리, 화학, 생리·의학 분야에서 현실을 비춰볼 때 여성과 남성이 같은 비율로 수상자로 추천되었을 것으로 보기는 매우 어렵다. 여성들이 경력의 모든 단계마다 제도화된 편견을 마주친다는 점을 생각하면, 과학 기술 분야에서 노벨상을 받은 여성의 수가 이렇게 적은 것도 결코 놀라운 일이 아니다. 편견이 존재한다는 것은 확실하지만, 그 존재 방식이 워낙 광범위하고 뿌리 깊어서 과연 여성의 경력 중 어느 단계에서 노벨상 수상의 기회가 대폭 줄어드는지를 정확하게 지목하는 일은 쉬운 일이 아니다. 어쩌면 그 병목 구간은 여성 과학자의 이름이 노벨상 선정 위원회에 도착하기 훨씬 전에 존재할지도 모른다.

오스카상은 인종을 차별하는가?

아카데미상에 뿌리박힌 인종차별주의를 놓고 벌어지는 최근 논쟁만 봐도, 어느 분야든 주류 사회의 지배적인 태도가 드러난다는 사실을 알 수 있다. 책의 앞부분에 등장했던 스스로 판관이 되기를 자처한 늑대가 다시 우리 앞에 나타난 것이다. 노벨상에서 제기되었던 유사한 비판이 아카데미상(즉 오스카상)에도 제기되었다. 이번에는 인종차별의 문제다. 오스카상 수상자들을 인종별로 조사해 보았더니 남녀를 불문하고 백인이 압도적 다수를 차지했다. 놀랍게도 2010년 인구 조사에 따르면 히스패닉은 미국 인구의 약 16퍼센트를 차지하는데도 오스카 수상자의 비율은 단 3퍼센트에 불과했다. 더구나 영화계에서 유색 인종이 맡은 역할도 차별 문제가 불거지고 있다. 이것은 단지 유색 인종 배우가 주인공을 맡지 못하는 경우가 많다는 문제에 국한되지 않는다. 설혹 그들이 주인공을 연기하게 된다 해도 전형적인 인종적 고정 관념을 반영하는 역할, 예컨대 2011년작 영화 〈헬프〉에서 비올라 데이비스가 맡은 가정부나 유모 같은 역으로만 출연한다는 사실이다. 한 사이트가 조사한 바에 따르면 유색 인종 배우에 수여된 오스카상 중 50퍼센트 이상이 그들을 전형적인 고정 관념에 따라 묘사한 영화에 주어진 상이었다. 이런 수치 역시 특정 개인에 대한 노골적인 차별이라기보다는 장기적으로 형성된 구조적 편견이 작용한 결과라고 보는 것이 더 합당하다. 물론 그것조차 할리우드에 만연한 백인 중심주의를 드러내는 일이지만 말이다. 그런데 한편으로는 할리우드 자체가 기성세대의 집합소라는 시각이 있다. 높은 자리에는 언제나 백인 남성이 자리를 차지하고 앉아 어떤 대본을 채택하고 어느 영화에 투자하며 어떤 배우를 등용할지 좌지우지한다는 말이다. 즉 노벨상의 경우와 비슷하게 여기서는 유색 인종이 신인 오디션부터 각종 시상식에 이르는 모든 단계에서 보이지 않는 편견의 희생자가 된다. 그런 편견이 겉으로 드러나지 않고 은근히 숨어 있다고 해서 해롭지 않은 건 결코 아니다. 또한 평판은 권력의 최상층에 있는 사람에게도 해당되며, 그들도 결코 자유로울 수만은 없다. 객관적인 위치를 나타낼 줄 알았던 것에도 사실은 주관적인 편견이 들어 있다는 사실을 안 이상, 우리는 이런 편견과 계속 싸워나가야 한다.

성공의 뒤안길 : 검색엔진의 조작 효과와 그 영향

두 종류의 평판 관리 업체

웹 사이트를 좀 더 눈에 띄게 해주는 거대한 산업이 출현했고, 이 일을 수행하는 검색엔진 최적화 기업이 등장했다. 심지어 평판을 관리하는 회사조차도 순위가 매겨진다. 마치 서부 영화에서처럼 흰 모자를 쓴 사람과 검은 모자를 쓴 사람, 즉 영웅과 악당으로 나뉜다고 볼 수 있다. 이들 검색엔진 최적화 업체 중에서도 이른바 '선의의 해커'라 불리는 측이 바로 흰 모자 파며, 정보를 조작하는 나머지 업체가 검은 모자 파다. 검은 모자 파는 검색엔진 알고리즘에 '장난'을 치려고 한다. 민주주의 사회라면 다 그렇듯이 처음에는 공동체에 속한 모두가 일정한 규칙을 공유한다. 그런데 시간이 지나면서 누군가가 이 규칙을 피해가려고 한다. 우리로서는 어떻게든 이런 말썽꾼을 적발하여 그런 시도를 무력

화할 수밖에 없다. 여기서 우리가 명심할 일이 있다. 검은 모자 파는 우리 웹 사이트를 단기간에 순위의 맨 꼭대기에 올려놓을 수 있다. 그러나 엄밀히 말하면 이런 행위는 완전히 불법이다. 엄중한 처벌을 받고 앞으로 구글 순위에서 영원히 사라지고 싶지 않다면, 검은 모자 파의 유혹을 절대 피할 것을 강력히 권고하는 바이다.

'최고의 온라인 평판 관리 서비스'라는 목록도 있을까? 이 목록에서 1위에 오른 업체는 어디일까? 물론 실제로 최고의 서비스를 제공하는 업체도 있을 것이다. 반면 평판을 가장 잘 관리하는(자사의 평판을 포함해서) 업체도 있을 것이다.

제안 1 : 자신의 디지털 평판을 잘 관리해야 한다.

제안 2 : 그러나 조작을 해서는 안 된다!

우리는 심지어 완전히 부당한 평가도 견뎌 내야 한다. (지금까지 나는 부당한 긍정 평가는 한 번도 들어본 적이 없다. 그런 말을 충분히 들을 수도 있었을 텐데 말이다. 여러분은 어떤가?) 사실은 아무리 말도 안 되는 내용이라 해도 모든 부정적 평가에는 배울 점이 있다. 먼저 내용을 찬찬히 읽고 마음을 가라앉히자! 그런 다음 프로답게 신속한 회신을 보낸다! 빠른 행동은 부정적 의견이 불러올 화를 미연에 방지하고 순위가 내려가는 것을 최소화할 수 있다.

정치적 편향을 조작하다

검색 결과를 통해 정치적 편향을 조작하는 일이 부동층 유권자에게 미치는 영향은 20퍼센트가 넘는다.[33, 34] 검색 순위를 통해 편향을 조장하는 일은 새로운 종류의 사회적 영향력으로 여겨지며, 이런 일이 과거에 유례가 없을 정도의 규모로 일어나고 있다. 한 실험에 따르면 페이스북 사용자 6,100만 명에게 '투표합시다'라는 광고를 잠깐 보여 주었더니 광고를 보지 않았더라면 투표하지 않았을 34만 명이 결국 투표를 했다고 한다.

이 실험의 일환으로 로버트 엡스타인을 비롯한 연구진은 검색엔진에 검색 결과가 편향된 내용을 담고 있을 수 있다는 경고문을 추가한 결과, 앞서 말한 검색엔진 조작 효과가 상당히 줄어든 사실을 발견했다.

확증 편향에서 가짜 뉴스의 확산까지

희한하게도 우익 증오 사이트가 알고리즘을 조작하여 관련 내용을 바꿔 넣는 바람에 구글의 편집 인력이 직접 개입할 수밖에 없었다는 이야기가 있다. 영국의 《가디언》 지가 '트럼프 재임 전'에 〈구글, 민주주의 그리고 인터넷 검색의 진실〉이라는 기사를 발표한 적이 있다. 우익에서 시도한 조작 횟수가 좌익이 저지른 시도보다 많은지 믿을 만한 데이터를 찾아낸다면 좋겠지만, 나로서는 그리 큰 확신이 가지 않는다. 확증 편향이란 중립적이다. 우리로서는 확신할 수 없는 정보를 '누구나' 곧잘 공유한다. 우리는 자신과 생각이 비슷한 사람들과 연결을 유지하는 데 도움이 되는 정보를 기꺼이 전달하고 공유한다. 그러다가 사실이 아니거나 문제가 될 만한 내용조차 확인할 틈도 없이 서둘러 전달한다.

이제 우리는 검색엔진 조작이 선거 결과에 영향을 미칠 수도 있다는 심각한 우려를 느낀다. 민주주의 사회에서 사람들은 검색엔진을 사용하여 후보를 조사한다. 그런데 이 검색엔진은 민간 회사가 만들었다. 아주 중립적인 검색엔진조차 선거 결과에 영향을 미칠 수 있다. 여기서 그런 결과를 과연 누가 책임져야 하는가라는 질문에 대답하기는 매우 어렵다. 집단 지성에 기대를 걸기보다 더 좋은 해결책은 잘 떠오르지 않는다. 그 방법이 잘 되기를 바라는 수밖에 없다.

순위 게임의 도구가 되는 평판 관리

평판은 순위 게임의 핵심 요소다. 평판은 측정할 수 있고, 이것을 관리하기 위한 여러 전략이 있다. 외적 성공에 대한 평판을 두고 벌이는 사투와 내적 평화에 대한 갈구, 즉 내면의 동기 사이에서 조화를 추구하기 위해 어떤 전략을 취할 것이냐는 어디까지나 개인이 결정할 문제다. 과학자와 예술가는 특히 더 평판 게임에 노출된 사람들이다. 따라서 이들이 따라야 하는 규칙은 다른 분야의 규칙보다 더 정교하게 마련되어 있다. 평판은 곧 성공으로 이어지고 오늘날에는 학문적, 또는 예술적 성공을 예측하는 정량적 방법도 등장했다. 성공이란 집단 속에서 이루어지며 공동체에 속한 여러 사람의 의견에 좌우되는 일이다. 방금 문장은 필자의 머릿속에 내내 들어 있던 내용이다.

어쨌든 개인의 지혜는 매일매일 도전에 처한다. 알고리즘은 갖가지 상품과 활동, 경험을 점점 더 많이 우리에게 추천한다. 다음 장은 추천 시스템의 기본 사항과 함께 그에 대한 대처법을 알아본다.

8 추천 시스템과 온라인 비즈니스

추천 게임 : 중요한 것은 신뢰다

오늘날 대다수는 물건을 구매할 때 인터넷을 참고한다고 생각한다. 예를 들어 아마존 홈페이지에 접속하면 크리스마스 선물용 장난감 목록의 맨 위에 스타워즈 드로이드 제작 키트가 올라 있다. 아마 누군가는 이 목록을 보고 선물을 고르는 데 참고할 것이다. 나도 수십 년 만에 리버풀에 다시 돌아갔을 때 트립어드바이저TripAdvisor를 통해 정보를 얻었다. 그때 서비스를 사용하고 나서 이 책의 제목이기도 한 랭킹에 대해 리뷰를 남겼다.

나는 옐프(Yelp, 여러 도시의 식당, 백화점, 병원 등에 평판을 추천해 주는 서비스 –옮긴이)는 거의 사용하지 않는다. 부다페스트에는 스피노자Spinoza에서 포조니 키스벤데글로Pozsonyi Kisvendéglö까지 내가 아끼는 단골집이 즐비하기 때문이다. 어쩌면 맨하탄에 사는 주민에게도 추천 사이트는 필요하지 않을 수 있다. 하지만 추천 사이트는 존재하고, 불필요하다고 생각될 수 있지만 누군가에게는 필요로 다가온다.

전자 상거래가 생활의 일부가 되면서 일종의 추천 게임이 만들어지기 시작했다. 두 부류의 참여자인 판매자와 구매자가 있다. 그리고 여기에는 온라인 서비스를 통해 그들을 서로 연결해 주는 작동 과정이 있다. 또한 사고판다는 말보다 중매한다는 표현이 어울리는 게임도 있다. 현재 데이트 사이트 중에서 1위는 매치닷컴Match.com이고 제이데이트Jdate는 인기 순위 15위에 올라 있다.

역사적으로 상인들은 언제나 자신의 잠재 고객을 알아보았고, 과거 구매 기록을 바탕으로 추천 정보를 제공할 줄 알았다. 그러나 전혀 다른 시대에 사는 우리는 과거에 판매자와 소비자가 맺던 사적인 관계를 놓쳐 버린 탓에 오히려 수많은 선택지에 묻히는 처지에 놓였다. 이에 대해 머신러닝 전문가들은 개인적 인맥을 최소한 부분적으로나마 대체할 수 있다고 장담한다. 정교하게 다듬은 알고리즘의 추천은 소비자의 개인적 행동을 이해하고 나아가 예측하는 데 목적을 둔다. 원칙상 추천 알고리즘은 중립을 지켜야 하며, 판매자나 구매자 중 누구의 편도 들어서는 안된다.

대체로 추천 시스템은 몇 가지 이유를 바탕으로 잠재 고객에게 상품을 제안한다. 우리가 한번 판매자 입장이 되어 아래 두 가지 상황을 상상해 보자. 첫 번째, 신제품 잔디 깎는 기계를 출시했다고 해 보자. 당장 필요한 일은 잠재 고객을 찾는 일이다. 그러나 어떻게 찾을 수 있을까? 소비자 중 누군가는 작년에 잔디 깎기를 한 대 샀을 수 있다. 그러면 또 한 대가 필요할까? 절대로 그럴 리가 없다. 그렇지만 그 밖의 자잘한 정원 관리 도구는 필요할 수도 있다. 그렇지 않은가? 두 번째로 리즈라는 이름의 고객이 있다고 해 보자. 그녀에게 추천해 줄 상품을 세 가지 든다면 무엇이 될까? 지금은 옛날보다 취향과 욕구가 다양하므로, 우선 추천할 상품을 자동차 부품 및 용품 분야에서 찾아보고, 그 다음으로는 리그 오브 레전드라는 PC 게임을 추천해 줄 수 있다. 마지막으로 그녀가 애완동물을 좋아한다면 엠바크Embark사의 개 DNA 진단 키트가 꼭 필요할 수 있다!

이것이 바로 추천에 관한 여러 문제 중 하나인 '순위 공식화ranking formulation' 단계이다. 이 과정에서 생기는 양질의 추천은 소비자의 불만을 매우 만족스러운 경험으로 바꾸어 소비자의 장기적 신뢰와 충성도를 불러올 수 있다. 따라서 오늘날 추천 시스템은 여러 필터링을 거쳐 소비자를 사로잡는다. 다음은 추천 시스템에 적용된 대표적인 필터링이다.

- 나와 같은 걸 좋아하는 누군가가 좋아하는 걸 추천하는 방식 (협업 필터링)
- 내가 이전에 좋아한 것과 유사한 콘텐츠를 추천하는 방식 (콘텐츠 기반 필터링)
- 전문적인 지식을 기반으로 필요할 만한 걸 추천하는 방식 (지식 기반 필터링)

우리는 구매와 같은 어떤 선택을 할 때 제안을 받으면 흘려듣지 않는 편이다. "아마존 매출의 35퍼센트는 추천에서 나온다"는 말이 그 사실을 보여 준다. 어떻게 보면 우리는 (그것이 시스템이라 하더라도) 어떤 추천을 받고, 설득되느냐에 따라 마음이 기울어진다. 당장 반응하지 않는다고 해도 우리는 다음과 같은 문구를 보면서 곰곰이 생각한다. '좋아하실 만한 또 다른 상품', '함께 구매하는 빈도가 높은 상품', '이 상품을 사신 분들이 구매한 다른 상품', '귀하를 위한 추천 상품' 같은 문구들이다. 당신이 만약 마케팅에 종사하는 사람이라면, 4장에서 다루었던 선택의 역설을 기억해 보기 바란다. 같은 범주에 너무 많은 상품을 선택지로 제공하지 않는 것이 수익에 큰 도움이 된다. 왜냐하면 너무 많은 상품 목록을 제시하면 소비자들은 금세 질려 하기 때문이다. 또한 클릭이 구매로 이어지게 만드는 기법이 있다. 초창기 알고리즘은 소비자의 과거 구매 목록을 바탕으로 추천 목록을 제공했으나, 실시간 추천 서비스는 고객이 실제로 클릭하는 패턴을 분석한다. 따라서 이 서비스는 소비자가 검색하는 상품 카테고리나 관심을 보이는 배너 또는 광고에만 집중하므로 이를 더욱 부각시켜 처음 방문하는 사람도 금세 사로잡는다.

2017년을 기준으로 전자 상거래는 전 세계 소매 유통 매출의 10퍼센트를 차지할 정도로 크게 성장했다. 이러한 상황에서 추천 시스템의 중요성은 아무리 강조해도 지나치지 않다. 한 연구 결과는 추천 마케팅으로 성공을 거두는 데 가장 중요한 요소가 신뢰라고 말했다. 구매자의 관점에서 보면 추천받는 내용이 유용하고 투명해 보여야 한다. 최근 이 유용성과 투명성을 어떻게 보여 주어야 하는지 분석한 논문이 많아지고 있지만, 홍수처럼 밀려드는 추천에 대처하는 법을 안내하는 문헌은 찾아보기 어렵다.

주변에 물어보면 나와 같은 베이비붐 세대는 추천을 이용해 자신의 필요를 즉각적으로 충족하는 것 같다(호텔을 찾거나 휴가 계획을 세우기, 손주에게 줄 장난감을 사거나 처음 방문한 도시에서 식당을 고르는 등). 연령 스펙트럼의 반대편에 있는 Z세대는 나와는 다른 국면에 놓일 것이다. 그들은 디지털 시대에 태어난 첫 번째 세대로서 온라인 세상에 살고 있다. 그들이 소비자로서 보여 주는 태도에는 아마 다음과 같은 특징이 포함될 수 있다.[1]

- 기업이 제공하는 맞춤형 앱을 사용한다.
- 사용 편의성을 중시한다.
- 보안을 중시한다.
- 주어진 현실을 일시적으로 벗어나기를 원한다.
- 특정 브랜드에 충성하지 않는다.

앞으로 많은 변화가 일어나겠지만 한 가지 확실한 건 점점 더 많은 순위 목록이 소비자들의 눈에 띌 것이라는 점이다. 확실하게 예상할 수 있는 일이 한 가지 더 있다. Z세대가 끝이 아니고 또 다른 세대가 등장할 것이다. (나는 그 세대를 Z+세대라고 지칭하지만)그 세대가 앞으로 어떤 양상을 보일지는 Z세대에 놓인 고민일 것이다.

오, 넷플릭스

필자는 아직 넷플릭스Netflix 구독자가 아니다. 내가 속한 연령대의 넷플릭스 구독자는 26퍼센트에 불과하다. 사실 넷플릭스도 구독하지 않는 사람이 순위에 관한 책을 쓰는 게 어불성설 같기도 해서 앞으로는 생각을 바꿀지도 모른다. 하지만 직접 체험해 볼 필요가 있어서 젊은 사람의 계정을 빌려 사용해 봤다. 넷플릭스는 사람들이 한 콘텐츠에 머무르는 시간이 90초를 넘어갈 동안 흥미를 느끼지 못하면 금방 다른 콘텐츠로 넘어가기 때문에 그 전에 관심을 사로잡아야 한다는 사실을 간파했다. 넷플릭스가 보이는 '개인별 맞춤형 순위Personalized ranking'는 사용자의 재방문을 유도하는 핵심 전략이다.

약간의 (그리 성가시지 않은) 데이터 사이언스

소셜 미디어에는 우리의 소비 습관이 엄청나게 축적되고 있어 필요에 따라 데이터를 추출할 수 있다. 넷플릭스의 경우, 그 데이터는 특히 영화와 TV 프로그램에 관련되어 있다. 데이터에는 명시적 데이터와 암시적 데이터라는 두 가지 종류가 있다. 예를 들어 〈더 포스트〉라는 영화에 좋아요를 눌렀다면 그 의견은 매우 명시적이라고 할 수 있다. 그런데 일주일 동안 같은 영화를 두 번 봤다는 사실은 영화에 대한 나의 인식과 감정 그리고 관계를 말해 주는 암시적인 정보이다.

컴퓨터를 활용한 분석이 가능하려면 영화에서 몇 가지 중요한 특징을 추출할 수 있어야 한다. 두 영화가 얼마나 서로 '비슷한지'는 각 영화의 유사성을 비교 분석함으로써 알 수 있다. 넷플릭스의 연구 이사로 일했던 자비에 아메리안Xavier Amerian은 이렇게 말한다.

> 우리는 여러분이 무엇을 즐기고, 검색하며, 등급을 매기는지 뿐만 아니라 그 시간과 날짜, 사용 기기까지 모두 알고 있습니다. 우리는 심지어 사용자들의 검색 이력과 스크롤 동작과 같은 정보까지 추적합니다. 그 모든 데이터가 서로 다른 목적에 맞게 작성된 몇 가지 알고리즘에 반영됩니다. 넓게 보면 우리가 사용하는 알고리즘은 시청 패턴이 유사한 사용자끼리는 취향도 서로 비슷하다는 가정에 기반을 두고 있습니다. 우리는 서로 비슷한 사용자의 행동을 통해 여러분의 기호를 추측합니다.

두 가지 대상의 거리(즉 차이)를 알면 순위 목록을 만들 수 있다. 그 차이가 작을수록 추천할 기회는 더 많아진다.

최고의 알고리즘

좀 더 정확히 말하면 넷플릭스는 서로 다른 순위 알고리즘을 선택한다. 그중에서도 눈에 띄는 다섯 가지 알고리즘은 다음과 같다.

- 개인화된 영상 순위 알고리즘
- 상위 N번째 영상 순위 알고리즘
- 최신 동향 파악
- 시청 지속 시간
- 영상끼리의 유사성 알고리즘 ("심sim")

다양한 알고리즘의 작용으로 전체 목록이 구성되며 순위 목록도 다양한 기준에 따라 만들어진다.[2]

소프트웨어 엔지니어인 친구 한 명이 자신의 스카이프 계정에 이런 광고 문구를 띄워둔 것을 봤다. "세상의 모든 사람은 10가지 종류로 나뉜다. 이진법을 이해하는 사람과 그렇지 않은 사람." (설명을 덧붙이자면 이진법에서는 0과 1 외에는 사용할 수 없다. 2도 안 된다. 쓸 수 있는 숫자는 0, 1, 10, 11, 100, 101, 110 등등이다. 즉 우리가 통상 쓰는 십진수 2를 이진법으로 표현하면 10이 된다.) 다시 말해 소프트웨어 엔지니어의 눈에는 세상에 두 종류의 사람밖에 없고, 그들을 분류하는 기준은 다른 수 체계를 이해하느냐 여부이다. 그런데 넷플릭스는 이와 달리 약 2,000가지의 '취향 군taste cluster'으로 나뉜 개인별 맞춤 서비스를 제공한다. 그렇다면 같은 군에 속한 사람들은 누구일까? "이웃집에 살거나 우편번호가 같은 사람은 아니다. 심지어 같은 나라 사람이 아닐 수도 있다. 그들은 바로 나와 같은 종류의 콘텐츠를 즐기는 성향의 사람이다."[3] 같은 취향으로 묶이는 기준은 바로 시청 습관이다. 따라서 해당 취향의 누군가가 다른 콘텐츠 또한 좋아한다면 추천에 오른다. 이러한 측면에서 추천은 개인별이라기보다는 '군별'로 맞춤 제공된다고 말할 수 있다.

넷플릭스의 이면 : 중독

'빈지 워칭(Binge watching, 2015년도 올해의 단어)'이란 시청자가 여러 TV 방송을 한꺼번에 몰아서 보는 행위를 말한다. 이것은 시청자의 우울증과 고독의 상관관계를 보여 주기도 하지만, 우리 두뇌가 어떻게 중독에 빠지는지를 알게 해주는 현상이기도 하다. TV 시리즈의 매회 분은 항상 흥미진진한 장면으로 끝난다. 방아쇠를 잔뜩 당겨 놓고 다음 장면은 보여 주지 않는다. 이렇게 손에 땀을 쥐는 상황은 스트레스 호르몬을 고조시키고, 따라서 다음 편의 재생 버튼을 눌러서 볼 수밖에 없고, 이런 식으로 반복된다. 빈지 워칭을 몇 시간이나 계속한 후에는 행복한 감정이 들 수도 있다. "와, 하루 종일 이것만 봤어. 뭔가 대단한 일을 한 기분인데!" 여기에 어떤 신경 화학 작용이 일어나는지 우리는 이미 알고 있다. 두뇌가 도파민이라는 보상과 기쁨에 관련된 물질을 분비하여 강화 신호를 보냄으로써 자가 증폭형 회로를 형성하는 것이다. 그러나 나까지 이런 분위기에 편승해서 '온종일 잠옷족'에 합류하여 〈블랙 미러Black Mirror〉를 몰아 볼 생각은 아직 없다.

가짜 리뷰 : 그러나 걸러낼 수 있다

벨그로브 사건

여행 업계에서 1위를 달리는 트립어드바이저는 숙박소의 리뷰와 비교 기준을 제시한다. 그러나 이 서비스에 조작이 일어날 수 있음을 보여주는 사례가 있다. 이후로 가짜 리뷰를 통해 만들어진 문제에 어떻게 대처해야 하는가를 두고 광범위한 논의가 진행되고 있다.

해당 사례는 바로 스코틀랜드 글래스고의 벨그로브 호텔Bellgrove Hotel 사건이다. 이 사건은 일부러 가짜 리뷰를 만들어 냈다기보다는 일종의 장난에서 비롯된 일이었다. 값싼 숙박 시설에 속하는 이 호스텔은 주로 직업이 없는 노숙자들이 150명이나 묵고 있었고, 그중에는 약물이나 알코올 중독자도 더러 있었다. 그러다 보니 그리 좋은 평의 숙박 시설이 아니었다. 그러나 2013년, 장난을 좋아하는 몇몇 사람들이 이곳에 별점 다섯 개를 주었고, 어느 시점이 되자 벨그로브 호텔은 트립어드바이저에서 최고의 숙박 장소 100위 내에 진입했다! 이때 트립어드바이저 측의 대응은 매우 적절했다. "이 시설은 일종의 노숙자 쉼터에 해당하며, 따라서 우리가 제시하는 순위 목록 지침을 충족하지 않습니다. 실제로 이 목록은 트립어드바이저에서 점차 사라지는 추세입니다." 그러나 이 사건은 다른 뉴스에도 보도되며 일파만파로 번졌고, 마침내 스코틀랜드 의회까지 나서서 이 호스텔의 상황을 논의하기에 이르렀다. "이곳은 아무리 좋게 표현해도 제대로 된 숙박 시설로는 부적합한 곳, 나쁘게 말하면 디킨스 소설에나 나올 법한 음산한 장소나 구소련의 강제 수용소 같은 곳이라고 말할 수 있다."[4]

자선, 날조, 영원한 베타 버전

사람들을 돕는다는 목적으로 공정한 수익을 표방하며 만들어진 시스템은 그 어떤 것이라도 조작의 대상이 될 수 있다. 2015년도에 이탈리아 북부의 모니가 델 가르다Moniga del Garda라는 작은 마을에서 실제로 존재하지도 않는 식당이 트립어드바이저 순위 1위에 올랐다는 뉴스가 보도되었다. 음식 및 와인 정보 분야에서 선두를 달리는 온라인 신문《이탈리아 아 타볼라Italia a Tavola》는 포털 사이트의 순위도 조작될 수 있다는 것을 보여 준다면서 날조를 감행했다. 먼저 그들은 라 스칼레타La Scaletta라는 이름으로 가상의 식당 정보를 만들었다. 그런 다음 공모자를 동원하여 가짜 리뷰를 생산해 냈다. 훌륭한 리뷰를 받은 그 식당은 결국 마을에서 가장 훌륭한 식당 순위로 1위를 차지했다. 그 신문사가 부도덕한 방식을 취했다는 의견이 있는데, 필자도 이에 동의한다. 나는 세상의 부정적인 면을 들추기보다 더 나은 세상을 만들기 위해 직접 나서는 편이 더 효과적인 일이라고 생각한다.

소프트웨어 중에는 이른바 '영원한 베타permanent beta' 상태에 머물러 있는 것들이 있다. '베타'란 원래 소프트웨어가 시장에 출시되기 직전의 최종 단계를 의미하는 말로써, 이 단계에서는 '베타 사용자' 그룹의 피드백이 제공된다. 오늘날 이 단계에 계속 머무르면서 지속적인 개선을 이루어가는 상품이 많이 있다.

사랑이 필요한 거죠

사람과 맺는 관계의 5분의 1이 온라인에서 시작되는 요즘, 온라인 데이트는 사람들을 만나는 여러 방법의 하나로 받아들여지기 시작했다. 최근 성공을 거두고 있는 서비스인 이하모니eHarmony는 자사가 정의한 독특한 범주를 성공 비결로 들었다. 즉 '거의 포기', '아이가 있는 싱글', '재혼', '장거리 지역', '50+', '성공한 가문', '멀고도 가까운', '국제' 등과 같은 내용이다. 만남이 성사된 이야기를 몇 건 읽어 봤는데[5], 대부분은 다음과 같은 상투적인 내용이었다. "2010년 12월 8일에 첫 데이트를 했다. 빌이 나에게 프로포즈한 것은 2011년 12월 8일이었다. 그리고 우리는 2012년 12월 8일에 결혼했다. 처음부터 우리는 너무 많은 공통점을 가지고 있었다."

설마 그 알고리즘은 '너무 많은 공통점이 있었다'는 뻔한 내용을 찾아 헤맸던 걸까? 원래 알고리즘은 사용자들이 서로 얼마나 적합한지에 따라 그들을 중매한다. 그리고 이 적합성은 유사성의 몇 가지 척도를 가지고 파악한다. 일반적으로 적합성은 신념, 가치, 교육 등과 같은 특성이 대체로 유사한 경우를 말한다. 하지만 우리는 '정반대 성향에 끌린다'고 주장하는 사람들의 말을 들어 보지 않았는가? 첫 번째 그룹의 사람들은 문화적 유사성의 중요성을 강조하지만, 반대편 사람들은 배우자가 지닌 문화적 보완성을 이해해야 한다고 설명한다.

매칭 알고리즘은 성 중립적인가?

내 주변의 젊은 사람들로부터 최근 인기를 끄는 소셜 앱 틴더Tinder가 남성 위주의 알고리즘을 채택하고 있다는 말을 들었다. 틴더는 딱 한 가지 특징만 보고 커플을 중매해 주는 온라인 데이트 앱이다. 그것은 바로 서로에 대한 육체적 매력이다. 사용자는 다른 사람의 사진을 보고 마음에 드는지 아닌지를 결정한다. 만약 '예'라고 답하면 내 사진이 상대방에게 전달된다. 둘 다 마음에 들면 두 사람은 서로 적합하다고 인정되어 틴더는 대화를 시작할 수 있게 해 준다. 최근의 데이터를 보면[6] 틴더의 순위 알고리즘은 남성에게 불리하게 나타나므로 틴더가 남성 편향적이라는 가정은 그리 옳아 보이지 않는다.

알고리즘은 나의 이상형 1순위를 찾아줄 수 있는가?

나의 상식과 매일의 경험으로 볼 때 당신이 데이터베이스를 열심히 찾아보고 있다면 낙담할 필요가 없다. 최소한 당신은 자신의 인생을 적극적으로 관리하려고 애쓰는 중이니 말이다. 4장에 나온 내용을 다시 기억할 필요가 있다. "내가 원하는 바로 그 사람을 만날 최고의 기회는 평생 만날 사람 중 처음 37퍼센트를 만나고 헤어진 바로 그 시점이다. 이 법칙의 나머지 부분은 이런 내용이다. 즉 지금부터 만나는 사람 중 이제껏 가장 마음에 드는 사람을 골라야 한다는 것이다." 이 법칙이 여러분에게 얼마나 도움이 될지는 잘 모르겠다. 다음 같은 말이 거절할 수 없는 프로포즈로 들리지는 않기 때문이다. "내가 가진 기회의 37퍼센트는 이미 썼는데, 당신은 지금까지 만났던 끔찍한 여자들에 비하면 좀 나은 것 같아요. 우리 수학 교수님이 그러시는데 당신과 결혼하는 게 좋다더군요!" 그러나 아주 실용적으로 생각해서 이런 조언을 드리고 싶다. 그럭저럭 괜찮은 사람이면 고민하지 말고 결혼하라고!

조심스러운 낙관

추천 시스템은 우리 생활 어디에나 들어와 있다. 거대한 전자 상거래 시스템과 담쌓고는 어떤 구매 활동도 하기 어려운 현실이다. 모든 전자 상거래의 핵심 요소는 추천 시스템이다. 우리에게 그것을 사용하라고 아무도 강요할 수는 없지만, 우리가 그것을 신뢰하는 한 기꺼이 사용한다. 추천 시스템 역시 언제든 조작의 대상이 될 수 있고 실제로 생생한 사례도 있지만, 가짜 리뷰를 비롯한 여러 속임수를 걸러 낼 방법은 얼마든지 있다. 추천 시스템은 우리가 더 나은 선택을 할 수 있게 도와주는 든든한 조력자다.

9

에필로그 :
순위 게임의 규칙

객관성에 관한 현실과 환상 그리고 조작

우리는 좋든 싫든 순위와 함께 살아간다. 순위는 혼돈 속에서 질서를 찾아내는 마법의 총탄이 아니지만, 그렇다고 무작위적으로 이루어진 결과물도 아니다(그림 9.1). 학부모와 학생은 마음에 들건 그렇지 않건 대학 순위 목록을 꼼꼼하게 살핀다. 공식적으로 발표된 순위 목록만 보고 최종 결정을 하면 안 된다는 관점이라면, 여러 대학 순위 시스템은 각각의 목적에 따라 충분히 쓰임새가 있다. 누군가는(분명히 누군가는!) 그로부터 함축적인 수치 정보를 얻을 수 있기 때문이다. 그러나 헝가리의 어떤 스포츠 신문에서 보듯("객관적 숫자에 주목하라!") 객관성이란 단지 환상에 불과한 경우가 많다. 학생과 학부모에게 드리고 싶은 조언은 개인별 맞춤 순위를 작성해 보라는 것이다. 자신에게 중요한 요소가 무엇인지는 본인이 가장 잘 안다. (나는 마침 부다페스트 해외 학생 프로그램의 디렉터 역할을 맡고 있는데, 어떤 학생이 이런 말을 했다. "기숙사에 계속 있고 싶습니다. 인터넷 접속 환경이 너무 뛰어나거든요. 기숙사 건물에 가끔 벌레가 나타나긴 하

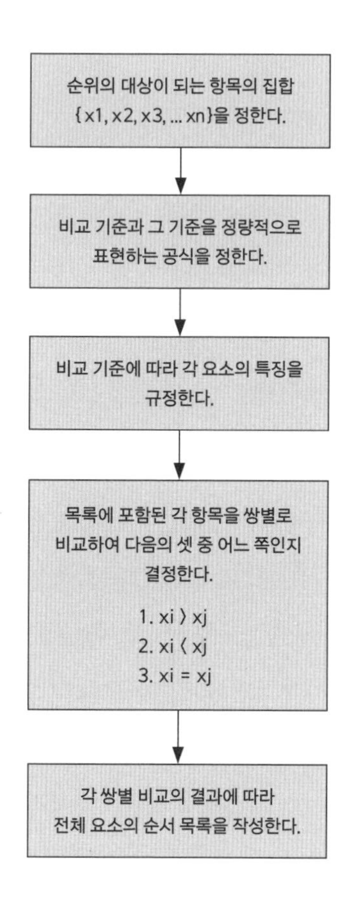
순위의 대상이 되는 항목의 집합
{x1, x2, x3, ... xn}을 정한다.
비교 기준과 그 기준을 정량적으로
표현하는 공식을 정한다.
비교 기준에 따라 각 요소의 특징을
규정한다.
목록에 포함된 각 항목을 쌍별로
비교하여 다음의 셋 중 어느 쪽인지
결정한다.
1. xi 〉 xj
2. xi 〈 xj
3. xi = xj
각 쌍별 비교의 결과에 따라
전체 요소의 순서 목록을 작성한다.

그림 9.1 | 순위 목록 작성 프로세스를 보여 주는 순서도

지만 말이죠.") 인간이 계산하는 순위는 언제나 인지 편향을 드러낼 가능성이 있다. 반면 컴퓨터가 매기는 순위는 데이터베이스와 알고리즘이 그 바탕이 된다. 데이터베이스와 알고리즘도 편향되기는 마찬가지지

만 그렇다고 완전히 무작위적인 것은 아니며, 어떤 면에서는 객관성을 띠는 것도 사실이다.

여러분이나 여러분의 조직이 받은 순위가 마음에 들지 않을 때는 끓어오르는 짜증을 5분만 참았다가 다음의 내용을 고려해 보는 것이 좋다. 즉 ① 순위를 매기는 측이 그저 심술궂은 악인에 불과한지, 또는 ② 그 평가 내용에 진실의 요소가 어느 정도 들어 있어서 나의 성과를 개선하는 데 도움이 되는지를 말이다. 너무 이상적인 말로 들릴 수도 있지만, '마음을 가라앉히고 생각하라'는 조언을 남기고 싶다. 조작에 관해 말하자면 장기적으로는 여러분이 속한 공동체의 의견만이 유일하게 중요할 뿐이라는 게 내 생각이다. 집단 지성이 대중의 광기를 충분히 이길 수 있다고 믿고 싶다. 역사적으로 유명한 사례들만 봐도 이것은 분명히 쉽지만은 않은 일이다.

1711년부터 1722년 사이에 영국에서 남해 버블The South Sea Bubble 사건이 일어났다. 영국 정부는 이 사건에 대한 합의로써 남해 회사The South Sea Company를 향해 스페인 계승 전쟁 기간에 발생한 국가 채무 중 상당액을 부담하라는 제안을 내놓았다. 남해 회사는 남아메리카와 무역업을 운영하던 회사였다(브라질은 당시 포르투갈령이었으므로 교역 대상에서 제외되었다). 남해 회사가 라틴 아메리카 지역의 모든 항구의 사용권을 획득했다는 소문이 돌자, "남해 회사의 주식을 사는 것이 엄청난 유행이 되었다."[1] 어느 시점에 이르러 실제 무역으로 발생하는 수입은 전혀 없는 대신 주식 발행으로 수입의 대부분을 차지하게 되자, 주식 가치가 지나치게 고평가된 상태가 되었다. 마침내 소유주들이 주식을 대거 매각하자 주주들은 공포에 질렸고 시장이 붕괴하는 사태를 맞이했다. 추측과 비현실적인 기대 그리고 부패와 같은 요소들이 버블의 출현을 부추긴다. 과학자이자 조폐국 장관이며 누구나 인정하는 합리적 사고의 소유자였던 아이작 뉴턴 경(Sir Isaac Newton, 1643-1727)조차 처음에는 이 상황이 버블이라는 것을 간파했으면서도 결국은 버블 때문에 많은 돈을 잃었다. 그는 4월에 7,000파운드에 상당하는 주식을 100퍼센트의 수익을 남기고 매각했으나 어떤 이유에서인지 주식 가치가 꼭대기에 오른 시점에 다시 매입에 나서 결국 2만 파운드나 되는 손해를 입고 말았다. 그는 이 일을 겪고 난 후 이렇게 말했다. "나는 행성의 움직임은 계산할 수 있지만, 인간의 광기는 도저히 계산할 수 없다." 조너선 스위프트(Jonathan Swift, 1667-1745) 역시 막대한 금액의 돈을 잃었고, 이 사건에서 영감을 받아 영국 사회를 풍자하는 소설 『걸리버 여행기』를 집필했고 「버블」이라는 시를 썼다.

이 나라는 너무 늦게 깨닫게 되리라
그 모든 비용과 환란을 계산하고
바람의 방향을 미리 가늠한다 해도
남해는 기껏해야 거품에 지나지 않았다는 사실을

내 생각에 스위프트가 오늘날 살아 있었다면 브렉시트에 대한 환상적인 베스트셀러를 썼을지도 모른다.

어찌 됐든 에이브러햄 링컨의 유명한 말처럼, "모든 사람을 잠깐 속일 수는 있고 몇몇 사람을 영원히 속일 수는 있지만, 모든 사람을 영원히 속일 수는 없다."

비교는 인간의 본성

다른 사람과 나를 비교하는 것은 인간의 본성이다. 문제는 그 비교의 결과에 어떻게 대처하느냐다. 여러분이 이 책을 다 읽은 후에 이렇게 질문할지도 모르겠다. "알았어, 이 사람이 순위에 관한 책을 썼군. 그러면 자신은 이 순위 게임을 어떻게 펼치며 자기 자신과 동료를 어떻게 비교할까?" 그래서 개인적인 이야기를 공개하고자 한다. 나의 h 지수는 괜찮은 편이다. 그러나 여전히 많은 동료 학자보다는 낮고 이 지수의 성격상 지금 단계의 내 경력에서 값이 바뀔 일은 결코 없다. 내 h 지수가 상대적으로 낮은 것은 내가 내린 어떤 결정들의 결과라는 사실을 안다. 첫째, 나의 경력 시작은 학계가 아니라 산업계였다(소련산 원유를 정제하는 다뉴브 석유 회사Danube Oil Company의 컴퓨터 센터에서 근무했다). 따라서 출발이 늦었던 셈이다. (1970년대 헝가리 사람들이 택해야 했던 비현실적인 진로를 미국식 사고로는 이해하기 힘들 수도 있다.) 둘째, 내 수학자 친구(평생 차가 없었던 그 친구)와 나는 함께 알고리즘을 하나 발견(또는 개발)했지만(화학 반응을 확률적으로 시뮬레이션하는 내용이었다), 제대로 발표할 생각이나 여건을 갖추지는 않았다. 약 1년 후, 캘리포니아 차이나 레이크에 있는 해군 무기 연구소Naval Weapons Center in China Lake의 한 미국 과학자가 똑같은 알고리즘을 발표했는데, 그 논문은 2만 회 이상의 피인용 횟수를 기록했다. (물론 여우가 신 포도 탓하는 소리라는 걸 나도 안다.) 셋째, 나는 한 가지 분야나 방법론을 깊이 파고들기보다는 화학에서 신경과학, 정치학 그리고 특허 인용 분석까지 다양한 주제를 연구해 왔다. 넷째, 나는 소위 정보 계량학적 관점에서 효율이 높은 논문을 쓰기보다는 단행본 형태의 헝가리어 논문을 쓰는 데 오랜 시간을 바쳤다. 다섯째, 나는 어떤 인문 대학의 명예로운 교수직을 수락하는 바람에 1년에 몇 개월만 헝가리의 연구진과 함께 일하고 있다. 학생을 가르치는 일로 급여를 받고 물론 그 일을 좋아하긴 하지만, 어쨌든 연구에 쓰는 시간이 부족한 것은 사실이다.

나보다 10배는 더 많이 인용된 논문과 4배가 더 높은 h 지수를 가진 동료 학자가 부러우냐고? 물론이다! 하지만 나는 책을 쓸 수 있고, 이 책을 쓰는 데 투자한 지난 2년의 세월이 너무나 즐거웠다. 그래서 성공했냐고? 자신의 책이 베스트셀러가 될 줄 알고 쓰는 사람은 아무도 없다. 나는 상향 및 하향 비교를 적절히 안배한 덕분에 과학이라는 경주에서 내가 어디쯤 달리고 있는지 잘 알게 되었고, 동시에 새로운 창조를 위한 열정도 잘 간수하고 있다고 자평한다.

목록은 입력 정보를 이해하는 데 도움이 된다

우리는 긴 목록을 수월하게 암기할 수는 없지만, 그래도 목록은 감각 정보를 처리하는 데 도움이 된다. 더구나 리스티클을 읽다 보면 어떤 주제에 관해 일목요연한 지식을 얻는다는 느낌을 받는다. 또한 목록을 활용하면 서로 연관된 여러 가지 프로젝트들 사이에 더 중요한 것이 무엇인지 판단할 수 있어서 일상 활동을 질서정연하게 관리하는 데도 도움이 된다.

사회적 순위의 뿌리는 진화 과정

지배 질서는 진화의 다양한 단계마다 나타나는 매우 효과적인 구조다. 이것은 갈등을 최소화하고 사회 안정을 유지하는 데 중요한 역할을 한다. 지배 구조는 공격과 조작에 바탕을 두며 대체로 지배하는 리더의 이익에 이바지하는 경우가 많다. 위신은 다른 사람보다 높은 지위를 얻는 또 다른 수단으로, 그 바탕에는 지식이 있으며 대체로 공동체의 복리 향상에 도움이 된다. 오늘날 우리가 살아가는 사회에는 네트워크 조직의 요소가 어느 정도 존재하지만, 최근 들어 다시 부상하는 계급적 권위주의에 어떻게 대처할지 우려가 있는 것도 사실이다.

인간이 만든 순위 알고리즘

어느 사회에서나 개인의 의견을 바탕으로 집단의 의사 결정을 이끌어내는 건 중요한 일이다. 투표 시스템에는 다양한 종류가 있다. 그 어느 것도 완전하지는 않지만 주관적이고 조작에 능한 개인의 결정에 맡겨 두는 것보다는 낫다. 도덕, 종교 및 사법 체계의 일부 순위 부여 과정은 비전이적인 순환 관계를 보일 수도 있다. 또 우리는 페이지랭크 알고리즘의 결과가 단 하나의 파라미터 값에 좌우되어 순위 역전이 일어나기도 한다는 사실을 알고 있다.

우리는 순위 게임 속에서 살아간다. 산속에 혼자 사는 사람도 순위를 피해갈 수는 없다. 여러분이 취업 지원자이든 조사 위원회 위원이든 간에 점수와 순위에 반드시 연관되어 있다. 스스로 점수를 얻고 순위의 대상이 되거나, 아니면 남의 점수를 매기고 순위를 부여하는 식으로 말이다. 좋든 싫든 점점 더 많은 기관과 사람에게 투명성과 책임 그리고 비교 가능성 등의 덕목이 요구되는 시대다. 완전히 주관적인 평가보다는 측정 지표를 사용하는 편이 더 낫다. 측정 지표도 조작의 대상이 될 수 있을까? 물론이다. 캠벨의 법칙은 객관성이 허상이라는 사실을 가르쳐 준다. 그러나 어떤 기준에 따른 대학, 또는 국가별 목록을 보더라도 그것이 무작위적인 알고리즘에 의해 산출되었다고 말하는 사람은 아무도 없다. 대학이나 국가를 판단할 때 순위 목록이 전문가의 경험에서 우러난 추측보다 나쁘다고는 볼 수 없다. 필자가 제시하는 원칙은 '신뢰하되, 조심하라'는 것이다.

평판, 외적 성공, 내적 평화 사이의 균형

미국 건국의 아버지 중 한 명이며 정치 이론가와 활동가를 겸했던 토마스 페인(Thomas Paine, 1737-1809)은 이렇게 말했다. "평판은 사람들이 우리를 어떻게 생각하느냐에 관한 것이고, 성격은 하나님과 천사들이 우리를 어떻게 생각하느냐에 대한 문제다." 예술가와 과학자는 다른 사람보다 평판에 더 민감한 사람들이다. 사람들은 인터넷에서 읽는 것을 신뢰하는 편이므로 디지털 평판은 매우 중요하다. 성과지표에 대한 우리의 집착 덕분에 거대한 산업이 생겨난 상황이지만 이토록 성공지향적인 사회 속에서도 명성을 얻으려는 싸움, 외적 성공 그리고 내적 평화에 대한 갈구 사이에서 균형을 취하려는 태도가 가장 좋은 전략이 될 수 있다.

인터넷을 장악하라 : 최종 권한은 인간과 컴퓨터 중 누가 가지는가?

컴퓨터 과학자가 순위 알고리즘을 설계하지만, 오늘날 이 알고리즘을 사용하여 거대한 데이터를 처리하는 주체는 당연히 컴퓨터다. 지금까지 살펴봤듯이 이런 결과가 모두 마음에 들지는 않았으며, 따라서 우리는 순위 알고리즘이 내놓은 결과에 과연 콘텐츠 큐레이터가 간섭해야 하는가, 또 그래야 한다면 그 시기와 방법은 무엇인가라는 질문을 던지지 않을 수 없다. 미술관에는 예전부터 큐레이터라는 직종이 있어서 특정 전시회에 출품할 작품을 선정하는 일을 해 왔다. 다가오는 미래에는 알고리즘이 산출하는 결과에도 통제가 필요한지, 그렇다면 영혼 없는 알고리즘이 만들어 낸 순위를 어떻게 조정할 수 있는지가 뜨거운 화두가 될 전망이다.

수학자이자 블로거인 캐시 오닐은 자신의 책 『대량 살상 수학 무기』[2]에서 결국은 구글에서도 사람이 직접 편집자 역할을 맡게 될 것이라고 주장했다. 그녀의 말이 옳을지도 모른다. 그렇다면 이 인간 편집자가 조작이나 지배가 아니라 진정한 지식과 위신을 바탕으로 권력을 발휘하기 바란다. 오래전부터 전해 내려온 "닭이 먼저냐, 달걀이 먼저냐?"는 질문은 지금도 유효하다. 이제 우리는 새로운 질문을 제기한다. "최종 권한은 누구에게 있는가, 인간인가, 컴퓨터인가?" 질문과 해답은 모두 Z세대와 Z+세대에게 미루고자 한다.

저자 후기

이 책은 순위에 관한 책이다. 좋든 싫든 우리는 순위와 함께 살아간다. 지난 2년간 만나 본 주변 사람은 이구동성으로 이 주제가 요즘 관심거리라고 말했다. 우리는 순위라는 놈과 얄궂게 얽혀 있다. 순위는 중요한 정보를 알려주는 데다 객관적이기 때문에 좋다. 반면 편향되고 주관적이며 심지어 조작되기까지 한다는 점에서는 나쁘다. 이 책의 목적은 순위의 이런 역설적인 특성을 설명하고 그 역설에 대처하는 법을 안내하려는 것이다. 순위는 비교에서 시작된다. 우리는 자신을 남과 비교해서 누가 더 강하고 부유한가, 누가 더 낫고 똑똑한 존재인가 가늠하기를 좋아한다. 그리고 그렇게 비교를 좋아하다 보니 순위에 집착한다. 순위를 매기기 위해서는 체계적인 방법을 좋아해야 하는데, 그래서인지 우리는 늘 더 체계적인 방법을 추구한다!

순위는 인간 사회에만 있는 것이 아니다. 그것은 진화의 결과물이다. 닭 무리 속에 '서열'이 존재한다는 사실은 약 100년 전에 발견되었다. 그리고 연구 결과, 같은 닭장 속에 있는 닭들은 사회적 위계질서를 이룬 채 살고 있음을 알았다. 인간의 사회적 순위도 알고 보면 동물의 세계에서 진화한 것이다. 이 책은 우리가 순위를 좋아하고 또 두려워하는 '이유'와 그 '방법'을 이야기한다. 또 현실에 존재하는 다양한 순위의 사례를 객관성의 세 가지 차원, 현실과 환상 그리고 조작이라는 관점으로 살펴본다.

일상의 경험에 과학 이론을 접목한 『랭킹』은 다음의 질문들에 답한다. 대학 순위 목록은 객관적인가? 취약함과 부패 수준, 또는 행복을 기준으로 국가의 순위와 등급을 매기는 방법은 무엇일까? 최적의 웹 페이지를 찾는 방법은 무엇인가? 직원의 순위는 어떻게 매기는가? 끊임없이 자신과 타인에게 순위를 매기고, 또 남들로부터 순위를 부여받는 우리는 다음 두 가지 내용을 명심해야 한다. 어떻게 가장 객관적인 순위를 산출해 낼 것인가, 그리고 순위에 가치와 업적이 반영되는 것만은 아니라는 사실을 어떻게 인정할 것인가의 문제다.

이 책은 사회심리학, 정치학, 컴퓨터 과학 분야의 사례가 등장하지만, 과학자들만 읽을 수 있는 책은 결코 아니다. 사실은 다음과 같은 사람들을 위한 책이다. 나보다 좋은 차를 타는 이웃집이 부러운 사람, 늘 상사가 매기는 순위에 신경 쓰이는 직원, 늘 순위를 매기지만 그 과정에서 마음 한편이 꺼림칙한 관리자, 자신의 회사를 좀 더 눈에 띄게 만드는 방법이 궁금한 기업 운영자, 정상의 자리를 차지하고 싶은 과학자, 작가, 예술가 및 경쟁에 뛰어든 모든 사람, 이제 또 다른 경쟁 사회에 뛰어들기 위해 준비하고 있으면서도 당장은 점수를 올리는 것밖에 눈에 안 보이는 대학생, 사람들의 습관에 따라 제품을 추천하는 알고리즘을 설계하는 컴퓨터 과학자 그리고 늘 원하지 않는 상품을 추천하는 메시지에 귀찮아하는 우리 모두다.

순위의 다양한 측면, 예컨대 수학 알고리즘, 학문 기관 순위, 국가, 선거 후보, 웹 사이트 등을 다룬 뛰어난 책은 이미 출판되어 있다. 수학자 에이미 랭빌과 칼 메이어가 쓴 『누가 1위인가 : 등급과 순위의 과학』이라는 책은 저자들이 인터넷을 분석한 연구를 집필한 것으로, 스포츠 팀과 선거 후보, 상품, 웹 페이지 등에 등급과 순위를 매기는 수학 알고리즘과 방법론에 관해 폭넓은 시각을 제공한다. 이 책은 내 책꽂이의 수학책 칸에 꽂아 두었다. 필자는 이 책에서 배운 내용을 바탕으로 객관적인 순위를 산출하려는 노력을 설명했으며 동시에 객관적인 자세를 유지하는 것이 얼마나 어려운지도 설명했다.

다음으로 언급할 두 권의 책은 대학 순위에 관한 것이다. 『불안의 동력 : 대학 순위, 평판 그리고 책임』은 두 명의 사회학자 웬디 에스펠란드와 마이클 소더가 쓴 책으로, 고등교육기관, 특히 로스쿨의 우수성을 평가하고 순위를 매겨 온 과거부터 현재까지의 관행을 분석한 책이다. 순위는 과거를 반영할 뿐 아니라 미래를 만들어 낸다. 핵심 이해 당사자들이(학생, 학부모, 입학 사무국, 대학 관계자) 순위에 반응하기 때문이다. 이 책은 순위를 대하는 우리의 역설적 태도의 본질을 드러낸다. 즉 성과를 정량화한 결과는 꼭 필요하면서도 불안의 원인이 된다. 글로벌 고등교육기관 분야의 최고 전문가인 앨런 헤이즐콘이 쓴 『고등교육기

관의 순위와 개조 : 세계 최고를 향한 전쟁』이라는 책은 교육기관의 순위를 세계적 관점에서 종합적으로 연구한 내용을 담고 있다.

알렉산더 쿨리와 잭 스나이더가 공동 편저자를 맡은 『세계 순위 : 글로벌 거버넌스를 통해 본 국가 등급』이라는 책은 국가에 대해 순위를 매기는 행위를 복잡한 심경으로 기술하고 있다. 전 세계 국가의 성과별 순위를 도출하는 데에는 약 100여 가지 지표가 동원된다. 그중에는 '인간 자유 지표', '부패 인식 지표', '세계 행복 지표' 등이 있다. 순위를 부여하는 기관이 완전히 독립적인 존재인가의 문제는 끊이지 않는 쟁점이며 중국, 러시아 등의 국가가 자국의 성과를 평가한 내용에 분노의 반응을 보이는 것과 상관없이 그들은 여전히 순위 결과에 지대한 관심을 기울인다. 무엇보다 이 책을 통해 나는 행복 순위가 가장 높은 나라에 사는 사람들은 세금도 가장 많이 낸다는 결론에 도달할 수 있었다.

마이클 발린스키와 리다 라라키의 『다수 판단 : 측정, 순위, 선거』는 선거에 나선 정치 후보의 순위를 다룬 책으로, 저자는 이렇게 주장한다. "이 책은 투표의 모든 방식, 나아가 경쟁에 관해 지금까지 알려진 모든 방법 중에서 왜 다수 판단이 가장 뛰어난 것인지를 보여 준다."

군디 가브리엘의 『검색엔진 최적화 입문』이라는 책은 구글이나 기타 인터넷 관리 기관의 제재를 받지 않으면서 자신이 운영하는 웹 사이트나 블로그를 맨 위의 순위로 올려놓는 기법을 설명한다.

최근에 출간된 두 권의 책은 이 책의 목적과 겹치는 부분이 있어 같이 읽어 봐도 좋다. 글로리아 오리기의 『평판 : 그 정체와 중요성』이라는 책은 '실험적 철학자'의 관점에서 순위 체계가 평판에 미친 영향을 조망한다. 제리 멀러의 『성과지표의 배신』은 사람들의 성과를 측정하고 정량화한 결과가 오늘날 우리 사회의 구성에 지나친 영향을 미친다는 그의 관찰에서 나온 책이다. 역사학자이기도 한 그는 주관적 평가와 객관적 측정 사이에서 균형을 잡기가 너무 어렵다는 점을 지적하며 필자가 원하는 것과는 사뭇 다른 태도를 보인다.

이 책의 집필이 어려웠던 점은 매일 맞닥뜨리는 순위 게임의 규칙을 독자들에게 이해시키기 위해서는 인기 있고, 쉽게 읽히며, 통합적인 내용으로 순위와 등급을 설명하는 책을 써야 한다는 것이었다. 이와 별개로 책을 쓰게 된 가장 큰 동기는 전에 나의 조교였던 진정한 친구 유디트 센트의 도움 때문이었다. 전부터 그녀에게 내가 책을 쓰면 폭넓은 독자층을 확보할 자신이 있다는 말을 많이 해 온 터에, 그녀와 그녀의 남편 바르트 반데어 홀스트가 내 생일에 작문 공부할 기회를 선물했다. 그들은 뉴욕의 '고담 작가 워크샵' 참가권을 주었다. 나는 로잔느 웰스, 프랜시스 플래허티, 쿨런 토마스, 캘리 클래드웰, J. L. 스터머 같은 분들로부터 너무나 훌륭한 수업을 들었다.

칼라마주 대학 구성원분들께 감사를 드린다. 그중 친밀하면서도 지적인 분위기를 조성해 준 가까운 동료들에게 특히 더 감사한다. 부다페스트 헝가리 국립 과학 대학교 위그너 물리 연구 센터의 컴퓨터 과학과 동료들에게도 큰 신세를 졌다. 헨리 루스 특임 교수로 봉직할 기회를 주신 헨리 R. 루스 재단에도 감사를 표한다.

정치학과 수학을 복수 전공한 나탈리 톰슨이 조교로 나를 도왔다. 그는 나의 '헝글리시' 원고를 단순히 복사, 편집하는 데 그치지 않고 각 장의 초고에 대해 전체적인 관점에서 조언을 아끼지 않았다. 그녀의 도움은 이 책의 구조를 잡는 데도 결정적인 역할을 했다. 정말 내가 기대했던 그 이상이었다. 나탈리에게 다시 한번 감사드린다!

부다페스트의 옛 친구들과 계속 연락을 주고받은 것도 큰 도움이 되었다. 특히 피터 브룩, 게오르기 캄피스, 언드라시 슈버트 그리고 야노시 토스가 준 의견에 감사드린다. 2018년 겨울 학기에 순위의 복잡성을 주제로 강좌를 개설했고 거기서 많은 학생과 교류를 나눴다. 그중에서도 알레그라 알제이어, 브라이언 덜루지, 김경호, 티모시 러트리지, 스카일러 노가드 그리고 가브리엘 심코에게 감사의 인사를 전한다.

나에게 의견과 대화, 연락 그리고 감정적인 지지를 보내준 수많은 동료가 있다. 브라이언 카스텔라니, 존 캐스티, 알렉산더 쿨리, 피터 도허티, 기오르기 파브리, 랍비 모데카이 할러, 이스트반 하르기타이, 후앙드 슈앙, 브라이언 D. 존스, 마크 키어, 앤드루 모지나, 스콧 페이지, 피터 프레스콧, 프랭크 리터, 에릭 스타브, 언드라시 텔크스, 얀 토보츠니크, 오수아렌코 비아체슬라브, 라울 와드와 등이 그들이다. 지금 따져보니 이들의 국적은 모두 여섯 개다. 부다페스트와 리버풀 그리고 캠브리지(영국)에서 진행했던 강좌에서 들은 여러 질문과 의견에서도 많은 도움을 받았다. 야노시 토제르, 수자 스베텔스키, 카롤리 타카스, 후앙 드 슈앙, 아비르 후세인, 디야 알 주메일리에게 초청해 주셔서 감사하다는 인사를 전한다.

피터 언드라시, 바삽다타 센바타차리아, 기오르기 바사, 졸탄 자카브, 크리스티앙 르비에르, 언드라시 로린츠, 페렌츠 타트라이, 엠마뉴엘 타그놀리, 이치로 츠다, 타마스 비세크 같은 분들이 블로그에 의견을 남겨준 덕분에 큰 도움이 되었다.

옥스퍼드 대학교 출판부 편집자 조안 보서트가 보내준 친절한 안내와 격려에 감사드린다.

나의 아내 수티는 오랜 세월 동안 인생의 여러 선택지 사이에 순위와 등급을 매기는 일을 나와 함께해 왔다. 아내가 보내준 지지와 사랑, 지혜에 큰 힘을 얻었다. 그녀에 대한 감사를 말로는 도저히 표현할 수 없다.

피터 에르디

2018년 11월, 미시간주 칼라마주와 헝가리 부다페스트에서

| 1 |

1 If you are not familiar with such an image, take a moment to Google "cat lion mirror," and you will not be disappointed.

| 2 |

1 Adam Galinsky and Maurice Schweitzer, Friend & Foe: When to Cooperate, When to Compete, and How to Succeed at Both (New York: Penguin Random House, 2015).
2 Alfie Kohn, Punished by Rewards: The Trouble with Gold Stars, Incentive Plans, A's, Praise, and Other Bribes (Boston: Houghton Mifflin, 1999).
3 Haleh Yazdi, "Intrinsically motivated," Usable Knowledge, September 11, 2016, https://www.gse.harvard.edu/news/uk/16/09/intrinsicallymotivated.
4 Robert Fulghum, All I Really Need to Know I Learned in Kindergarten (New York: Penguin Random House, 1986).
5 Yi Luo, Simon B. Eickhoff, Sébastien Hétu, and Chunliang Feng, "Social comparison in the brain: a coordinate-based meta-analysis of functional brain imaging studies on the downward and upward comparisons," Human Brain Mapping 39, no. 1 (January 2018): pp. 440–458, https://doi.org/10.1002/hbm.23854.
6 "West Germany's 1954 World Cup win may have been drug-fuelled, says study," The Guardian, October 27, 2010, https://www.theguardian.com/football/2010/oct/27/west-germany-1954-drugs-study.
7 Rob Hughes, "Doping study throws shadow over Germany's success," New York Times, August 6, 2013, https://www.nytimes.com/2013/08/07/sports/soccer/Doping-Study-Throws-Shadow-Over-Germanys-Success.html.

8 Figure 9.1 shows an algorithm for generating a ranked list.
9 Stanley Smith Stevens, "On the theory of scales of measurement," Science 103, no. 2684 (June 1946): pp. 677–680, http://science.sciencemag.org/content/103/2684/677.
10 Paul F. Velleman and Leland Wilkinson, "Nominal, ordinal, interval, and ratio typologies are misleading," American Statistician 47, no. 1 (1993): pp. 65–72, https://www.tandfonline.com/doi/abs/10.1080/00031305.1993.10475938.
11 Celia Vimont, "Numbers don't tell the whole story: experts say better pain assessment measures needed," Practical Pain Management, February 7, 2017, https://www.practicalpainmanagement.com/patient/resources/understanding-pain/numbers-dont-tell-whole-story-experts-say-better-pain.
12 Lewis Richmond, "Emptiness: the most misunderstood word in Buddhism," Huffington Post, March 6, 2013, https://www.huffingtonpost.com/lewis-richmond/emptiness-most-misunderstood-word-in-buddhism_b_2769189.html.
13 Robert Kaplan, The Nothing That Is: A Natural History of Zero (New York: Oxford University Press, 2000).
14 Amir D. Aczel, Finding Zero: A Mathematician's Odyssey to Uncover the Origins of Numbers (New York: Macmillan, 2015).
15 Hannah Devlin, "Much ado about nothing: ancient Indian text contains earliest zero symbol," The Guardian, September 13, 2017, https://www.theguardian.com/science/2017/sep/14/much-ado-about-nothing-ancient-indian-text-contains-earliest-zero-symbol.
16 Andreas Nieder, "Representing something out of nothing: the dawning of zero," Trends in Cognitive Science 20, no. 11 (November 2016): pp. 830–842, https://www.ncbi.nlm.nih.gov/pubmed/27666660.
17 Karl Popper, The Self and Its Brain (Berlin: Springer, 1977).
18 "Yehudah HaNasi (Judah the Prince)," Jewish Virtual Library, accessed February 10, 2019, https://www.jewishvirtuallibrary.org/yehudah-hanasi-judah-the-prince.
19 Bert and Kate McKay, "10 tests, exercises, and games to heighten your senses and situational awareness," Art of Manliness, March 15, 2016, https://www.

artofmanliness.com/about-2/.

20 Alexander Luria, The Mind of a Mnemonist: A Little Book About a Vast Memory (New York: Basic Books, 1968).

21 Josette Akresh-Gonzales, "Spaced repetition: the most effective way to learn," NEJM Knowledge+, November 19, 2015, https://knowledgeplus.nejm.org/blog/spaced-repetition-the-most-effective-way-to-learn/.

22 Marc Augustin, "How to learn effectively in medical school: test yourself, learn actively, and repeat in intervals," Yale Journal of Biology and Medicine 87, no. 2 (June 2014): pp. 207–212, https://www.ncbi.nlm. nih.gov/pmc/articles/PMC4031794/#.

23 "Does Anki really work?", Reddit, accessed February 10, 2019, https://www.reddit.com/r/Anki/comments/2w1mgm/does_anki_really_work/.

24 Claudia Hammond, "Nine psychological reasons why we love lists," BBC, April 13, 2015, http://www.bbc. com/future/story/20150410-9-reasons-we-love-lists.

25 https://www.youtube.com/watch?v=qMQj7YZ9eOU.

26 James Clear, "The Ivy Lee Method: the daily routine experts recommend for peak productivity," Accessed February 10, 2019, https://jamesclear.com/ivy-lee.

27 "Warren Buffett's 5/25 rule will help you focus on the things that really matter," Constant Renewal, accessed February 10, 2019, https://constantrenewal.com/buffett-5-25-rule/.

28 Bryan D. Jones and Frank R. Baumgartner, The Politics of Attention: How Government Prioritizes Problems (Chicago: University of Chicago Press, 2005).

29 Julie Compton, "Forget to-do lists: use a might-do list to work smarter," NBC News, April 11, 2017, https://www.nbcnews.com/better/careers/do-lists-don-t-work-use-might-do-list-work-n744831.

30 Brent DiCrescenzo and Adam Selzer, "The 17 most notorious mobsters from Chicago," TimeOut, March 4, 2015, https://www.timeout.com/chicago/things-to-do/the-17-most-notorious-mobsters-from-chicago.

31 James Surowiecki, The Wisdom of Crowds: Why the Many Are Smarter Than the Few and How Collective Wisdom Shapes Business, Economies, Societies and Nations (New York: Doubleday, 2004)

32 Jan Lorenz, Heiko Rauhut, Frank Schweitzer, and Dirk Helbing, "How social

influence can undermine the wisdom of crowd effect," Proceedings of the National Academy of Sciences of the United States of America 108, no. 22 (May 2011): pp. 9020–9025, https://doi.org/10.1073/pnas.1008636108.

33 Scott E. Page, The Difference: How the Power of Diversity Creates Better Groups, Firms, Schools, and Societies (Princeton: Princeton University Press, 2007).

34 Mirta Galesic, Daniel Barkoczi, and Konstantinos Katsikopoulos, "Smaller crowds outperform larger crowds and individuals in realistic task conditions," Decision 5, no. 1 (January 2018): pp. 1–15, http://dx.doi.org/10.1037/dec0000059.

| 3 |

1 https://amboselibaboons.nd.edu/.

2 Eric Bonabeau, Guy Theraulaz, and Jean-Louis Deneubourg, "Dominance orders in animal societies: the self-organization hypothesis revisited," Bulletin of Mathematical Biology 61, no. 4 (July 1999): pp. 727–757, https://doi.org/10.1006/bulm.1999.0108.

3 Mathias Franz, Emily McLean, Jenny Tung, Jeanne Altmann, and Susan C. Alberts, "Self-organizing dominance hierarchies in a wild primate population," Proceedings of the Royal Society B: Biological Sciences 282, no. 1814 (September 2014), https://doi.org/10.1098/rspb.2015.1512.

4 Elizabeth Hobson and Simon DeDeo, "Social feedback and the emergence of rank in animal society," PLoS Computational Biology 11, no. 9 (September 2015), https://doi.org/10.1371/journal.pcbi.1004411.

5 Jon Maner, "Dominance and prestige: a tale of two hierarchies," Current Directions in Psychological Science 26, no. 6 (November 2017): pp. 526–531, https://doi.org/10.1177/0963721417714323.

6 Hemant Kakkar and Niro Sivanathan, "When the appeal of a dominant leader is greater than a prestige leader," Proceedings of the National Academy of Sciences of the United States of America 114, no. 26 (June 2017): pp. 6734–6739, https://doi.org/10.1073/pnas.1617711114.

7 Niro Sivanathan and Hemant Kakkar, "Explaining the global rise of 'dominance' leadership," Scientific American, November 14, 2017, https://www.

scientificamerican.com/article/explaining-the-global-rise-of-ldquo-dominance-rdquo-leadership/.

8 Edward O. Wilson, Sociobiology: The New Synthesis (Cambridge, MA: Harvard University Press, 1975).

9 Jerome H. Barkow, Leda Cosmides, and John Tooby, eds., The Adapted Mind: Evolutionary Psychology and the Generation of Culture (New York: Oxford University Press, 1992).

10 "8 reasons a little adrenaline can be a very good thing," Mental Floss, accessed February 10, 2019, http://mentalfloss.com/article/71144/8-reasons-little-adrenaline-can-be-very-good-thing.

11 Eric A. Smith, "Why do good hunts have higher reproductive success?," Human Nature 15, no. 4 (December 2004): pp. 342–363, https://link.springer.com/article/10.1007 2Fs12110-004-1013-9.

12 Martin A. Nowak and Karl Sigmund, "Evolution of indirect reciprocity," Nature 437, (October 2005): pp. 1291–1298, https://doi.org/10.1038/nature04131.

13 Anna Zafeiris and Tamás Vicsek, Why We Live in Hierarchies? A Quantitative Treatise (Berlin: Springer, 2018).

14 Peter Turchin and Sergey Gavrilets, "Evolution of complex hierarchical societies," Social Evolution and History 8, no. 2 (September 2009): pp. 167–198, http://www.socionauki.ru/journal/files/seh/2009_2/evolution_of_complex_hierarchical_societies.pdf.

15 Jung-Kyoo Choi and Samuel Bowles, "The coevolution of parochial altruism and war," Science 318, no. 5850 (October 2007): pp. 636–640, http://science.sciencemag.org/content/318/5850/636.

16 Thank you to Bryan D. Jones for making this point clear.

17 "Aztec social structure," Jamail Center for Legal Research at Texas Law, accessed February 10, 2019, http://tarlton.law.utexas.edu/aztec-and-maya-law/aztec-social-structure.

18 "Pyramid of feudal hierarchy," Hierarchy Structure, accessed February 10, 2019, https://www.hierarchystructure.com/pyramid-of-feudalhierarchy/.

19 "Toga-ther, we will rule history!", Hello World Civ, April 12, 2016, https://helloworldciv.squarespace.com/blog/toga-ther-we-will-rule-history.

20 Mami Suzuki, "Bowing in Japan: everything you've ever wanted to know about how to bow, and how not to bow, in Japan," Tofogu, https://www.tofugu.com/japan/bowing-in-japan/.

21 Arnold K. Ho, Jim Sidanius, Nour Kteily, Jennifer Sheehy-Skeffington, Felicia Pratto, Kristin E. Henkel, Rob Foels, and Andrew L. Stewart, "The nature of social dominance orientation: theorizing and measuring preferences for intergroup inequality using the new SDO7 scale," Journal of Personality and Social Psychology 109, no. 6 (December 2015): pp. 1003–1028, https://www.ncbi.nlm.nih.gov/pubmed/26479362.

22 Caroline F. Zink, Yunxia Tong, Qiang Chen, Danielle S. Bassett, Jason L. Stein, and Andreas Meyer-Lindenberg, "Know your place: neural processing of social hierarchy in humans," Neuron 58, no. 2 (April 2008): pp. 273–283, https://www.ncbi.nlm.nih.gov/pubmed/18439411.

23 Dharshan Kumaran, Andrea Banino, Charles Blundell, Demis Hassabis, and Peter Dayan, "Computations underlying social hierarchy learning: distinct neural mechanisms for updating and representing self- relevant information," Neuron 92, no. 5 (December 2016): pp. 1135–1147, https://www.ncbi.nlm.nih.gov/pmc/ articles/PMC5158095/.

24 Bebhinn Donnelly-Lazarov, Neurolaw and Responsibility for Action: Concepts, Crimes, and Courts (Cambridge, UK: Cambridge University Press, 2018).

25 Barry Wellman, "Physical place and cyberplace: the rise of personalized networking," International Journal of Urban and Regional Research 25, no. 2 (June 2001): pp. 227–252, https://doi.org/10.1111/1468-2427.00309.

26 Manuel Castells, The Rise of The Network Society (Hoboken, NJ: Wiley, 2000).

27 Niall Ferguson, The Square and the Tower: Networks and Power, from the Freemasons to Facebook (New York: Penguin Random House, 2018).

28 Steven Levitsky and Daniel Ziblatt, How Democracies Die (New York: Penguin Random House, 2018).

29 David Van Reybrouck, Against Elections: The Case for Democracy (New York: Penguin Random House, 2017).

30 Joseph A. Califano, Jr., Our Damaged Democracy: We the People Must Act (New York: Simon and Schuster, 2018).

31 Yascha Mounk, The People vs. Democracy: Why Our Freedom Is in Danger and How to Save It (Cambridge, MA: Harvard University Press, 2018).
32 "Current partisan gerrymandering cases," Brennan Center for Justice, April 26, 2017, https://www.brennancenter.org/analysis/ongoing-partisan-gerrymandering-cases.

| 4 |

1 "10 tallest buildings in the world," World Atlas, February 10, 2019, https://www.worldatlas.com/articles/10-tallest-buildings-in-the-world.html.
2 "The most influential people of all time," Ranker, accessed February 10, 2019, https://www.ranker.com/crowdranked-list/the-most-influential-people-of-all-time.
3 Amy Langville and Carl Meyer, Who's #1?: The Science of Rating and Ranking (Princeton, NJ: Princeton University Press, 2012).
4 Andrzej Wierzbicki, "The problem of objective ranking: foundations, approaches and applications," Journal of Telecommunications and Information Technology, no. 3 (March 2008): pp. 15–23, https://pdfs.semanticscholar.org/4968/788d7bb8570f92c6390fab1ef673f127a500.pdf.
5 Kenneth Arrow, Social Choice and Individual Values (Hoboken, NJ: Wiley, 1951).
6 Milton Friedman, Essays in Positive Economics (Chicago: University of Chicago Press, 1953).
7 John Rawls, A Theory of Justice (Oxford: Oxford University Press, 1972).
8 Amartya Sen, Choice, Welfare, and Measurement (Cambridge, MA: Harvard University Press, 1997).
9 Brian Christian and Tom Griffiths, Algorithms to Live By: The Computer Science of Human Decisions (New York: HarperCollins, 2016).
10 Daniel Kahneman and Amos Tversky, "Prospect theory: an analysis of decision under risk," Econometrica 47, no. 2 (March 1979): pp. 263–292, https://www.jstor.org/stable/1914185.
11 Dan Ariely, Predictably Irrational: The Hidden Forces That Shape Our Decisions (New York: HarperCollins, 2008).
12 Klaus Mathis and Ariel David Steffen, "From rational choice to behavioural

economics: theoretical foundations, empirical findings and legal implications," in European Perspectives on Behavioural Law and Economics, edited by Klaus Mathis (Berlin: Springer, 2016).
13 Eliza Thompson, "13 shark movies that will make you avoid the water forever," April 10, 2018, https://www.cosmopolitan.com/entertainment/movies/a9605910/best-shark-movies/.
14 "'Busiest political betting day in history': bookmakers bet on Britain staying in EU," The Telegraph, June 23, 2016, https://www.telegraph.co.uk/news/2016/06/23/busiest-political-betting-day-in-history-bookmakers-bet-on-brita/.
15 "How bookies blew the Brexit call," MarketWatch, June 24, 2016, https://www.marketwatch.com/story/how-bookies-blew-the-brexit-call-2016-06-24.
16 Sir Francis Bacon, Novum Organum, ed. Joseph Devey (New York: P. F. Collier, 1902).
17 Jonas T. Kaplan, Sarah I. Gimbel, and Sam Harris, "Neural correlates of maintaining one's political beliefs in the face of counterevidence," Scientific Reports Volume 6, no. 39589 (December 2016), https://doi.org/10.1038/srep39589.
18 Hilaire Gomer, "Loss aversion bias in economics and decision making," Capital, September 6, 2017, https://capital.com/loss-aversion-bias.
19 Ine Beyens, Eline Frison, and Steven Eggermont, "'I don't want to miss a thing': adolescents' fear of missing out and its relationship to adolescents' social needs, Facebook use, and Facebook-related stress," Computers in Human Behavior 64, no. 11 (November 2016): pp. 1–8, https://doi.org/10.1016/j.chb.2016.05.083.
20 Marina Milyavskaya, Mark Saffran, Nora Hope, and Richard Koestner, "Fear of missing out: prevalence, dynamics, and consequences of experiencing FOMO," Motivation and Emotion 42, no. 5 (October 2018): pp. 725–737, https://doi.org/10.1007/s11031-018-9683-5.
21 Barry Schwartz, "The tyranny of choice," Scientific American Mind (December 2004), https://www.scientificamerican.com/article/the-tyranny-of-choice/.
22 Richard Thaler and Cass Sunstein, Nudge: Improving Decisions About Health,

Wealth, and Happiness (New Haven, CT: Yale University Press, 2008).

23 Pelle Hansen and Andreas Jespersen, "Nudge and the manipulation of choice: a framework for the responsible use of the nudge approach to behaviour change in public policy," European Journal of Risk Regulation 4, no. 1 (January 2013): pp. 3–28, https://doi.org/10.1017/S1867299X00002762.

24 William Gehrlein, Condorcet's Paradox (Berlin: Springer, 2006)

25 Marianne Freiberger, "Electoral impossibilities," +Plus Magazine, April 9, 2010, https://plus.maths.org/content/os/latestnews/jan-apr10/election/index.

26 Ibid.

27 John Barrow, "Outer space: how to rig an election", +Plus Magazine, March 1, 2008, https://plus.maths.org/content/outer-space-how-rig-election.

28 Justin Wise, "Maine votes to keep ranked-choice voting system," The Hill, June 13, 2018, https://thehill.com/homenews/campaign/392045-maine-votes-to-keep-ranked-choice-voting-system.

29 "Rules governing the administration of elections determined by ranked choice voting," Maine Department of the Secretary of State, accessed February 10, 2019, https://www.maine.gov/sos/cec/elec/upcoming/pdf/250rcvnew.pdf.

30 Michel Balinski and Rida Laraki, Majority Judgment: Measuring, Ranking, and Electing (Cambridge, MA: MIT Press, 2010).

31 Ibid.

32 Shlomo Naeh and Uzi Segal, "The Talmud on transitivity," Boston College Working Papers in Economics 687 (Boston College, 2008), https://ideas.repec.org/p/boc/bocoec/687.html.

33 Barak Medina, Shlomo Naeh, and Uzi Segal, "Ranking ranking rules," Review of Law & Economics 9, no. 1 (2013): pp. 73–96, https://www.bc.edu/content/dam/files/schools/cas_sites/economics/pdf/Uzi-papers/2013 20rle20medina20naeh20ranking.pdf.

34 Amir Salihefendic, "How Reddit ranking algorithms work," Medium, December 8, 2015, https://medium.com/hacking-and-gonzo/how-reddit-ranking-algorithms-work-ef111e33d0d9.

35 Gourab Ghoshal and Albert-László Barabási, "Ranking stability and super-stable nodes in complex networks," Nature Communications 2 no. 394 (July 2011),

https://doi.org/10.1038/ncomms1396.
36 Albert Lázló Barabási and Réka Albert, "Emergence of scaling in random networks," Science 286, no. 5439 (October 1999): pp. 509–512, http://science.sciencemag.org/content/286/5439/509.

| 5 |

1 David Dunning, "We are all confident idiots," Pacific Standard, October 27, 2014, https://psmag.com/social-justice/confident-idiots-92793.
2 Justin Kruger and David Dunning, "Unskilled and unaware of it: how difficulties in recognizing one's own incompetence lead to inflated self-assessments." Journal of Personality and Social Psychology 77, no. 6 (December 1999): pp. 1121–1134, https://www.ncbi.nlm.nih.gov/pubmed/10626367.
3 Elemér Lábos, "A dezinformatika alapvonalai," Valóság 37, no. 5 (1999): pp. 46–67 [in Hungarian].
4 https://www.youtube.com/watch?v=BdnH19KsVVc.
5 https://www.youtube.com/watch?v=Q_UvfESHUjI.
6 William Poundstone, "The Dunning–Kruger president," Psychology Today, January 21, 2017, https://www.psychologytoday.com/us/blog/head-in-the-cloud/201701/the-dunning-kruger-president.
7 David Brooks, "When the world is led by a child," New York Times, May 15, 2017, https://www.nytimes.com/2017/05/15/opinion/trump-classified-data.html.
8 Michael Wolff, Fire and Fury (New York: Henry Holt and Company, 2018).
9 Thank you to Slava Osaulenko for his excellent lecture during his visit to Kalamazoo.
10 Alex Altman, "No president has spread fear like Donald Trump," Time, February 9, 2017, http://time.com/4665755/donald-trump-fear/.
11 Marc Santora, "Orban campaigns on fear, with Hungary's democracy at stake," New York Times, April 7, 2018, https://www.nytimes.com/2018/04/07/world/europe/hungary-viktor-orban-election.html.
12 George W. Bush, "Address to the Joint Session of Congress," September 20, 2001, http://edition.cnn.com/2001/US/09/20/gen.bush.transcript./
13 Andrew Clark, "Murdoch's Wall Street shuffle," The Guardian, June 22,

2008, https://www.theguardian.com/media/2008/jun/23/wallstreetjournal.newscorporation.

14 Nemil Dalal, "Today's biggest threat to democracy isn't fake news—it's selective facts," Quartz, November 16, 2017, https://qz.com/1130094/todays-biggest-threat-to-democracy-isnt-fake-news-its-selective-facts/.

15 Robert Ensor, The Era of Violence, vol. 12, The New Cambridge Modern History, ed. David Thomson (Cambridge, UK: Cambridge University Press, 1960).

16 George Orwell, Animal Farm (London: Secker & Warburg, 1945).

17 Tom Stafford, "How liars create the 'illusion of truth,'" BBC, October 26, 2016, http://www.bbc.com/future/story/20161026-how-liars-create-the-illusion-of-truth.

18 "George Clooney talks sustainability at Nespresso," 3BL Media, September 11, 2017, https://3blmedia.com/News/George-Clooney-Talks-Sustainability-Nespresso.

19 Cass Sunstein, "The Future of Free Speech," The Little Magazine (March–April 2001), http://www.littlemag.com/mar-apr01/cass.html.

20 Zeynep Tufekçi, "It's the (democracy-poisoning) golden age of free speech," Wired, January 16, 2018, https://www.wired.com/story/free-speech-issue-tech-turmoil-new-censorship/.

21 Hannah Arendt, "Truth and politics," New Yorker, February 25, 1967, http://www.hannaharendtcenter.org/truth-in-politics-hannah-arendt/.

22 Ibid., 23.

23 Ibid., 24.

24 Cass Sunstein, Republic.com 2.0 (Princeton, NJ: Princeton University Press, 2009).

25 "The most manipulative characters in film," Ranker, accessed July 16, 2018, https://www.ranker.com/list/most-manipulative-movie-characters/ anncasano.

26 "Who are some of the most manipulative leaders in history?", Quora, accessed February 10, 2019, https://www.quora.com/Who-are-some-oft he-most-manipulative-leaders-in-history.

27 Michael Bratton, Boniface Dulani, and Eldred Masunungure, "Detecting manipulation in authoritarian elections: survey-based methods in Zimbabwe,"

Electoral Studies 42 (June 2016): pp. 10–21, https://doi.org/ 10.1016/j.electstud.2016.01.006.
28 H. James Harrington, quoted in CIO Enterprise, September 15, 1999.
29 Donald Campbell, "Assessing the impact of planned social change," Evaluation and Program Planning 2, no. 1 (1979): pp. 67–90, https://doi.org/10.1016/0149-7189(79)90048-X.
30 C. A. E. Goodhart, Monetary Theory and Practice: The UK Experience (Berlin: Springer, 1975).
31 Paul Craig Roberts and Katharine LaFollette, Meltdown: Inside the Soviet Economy (Washington, DC: The Cato Institute, 1990).
32 Jerry Muller, The Tyranny of Metrics (Princeton, NJ: Princeton University Press, 2018).
33 Robert Merton, The Sociology of Science (Chicago: University of Chicago Press, 1973).
34 "To him who hath shall be given and from him who hath not, shall be take away even what he hath," from the parable of the three servants.
35 Richard Münch and Len Ole Schäfer, "Rankings, diversity, and the power of renewal in science: a comparison between Germany, the UK, and the US," European Journal of Education 49, no. 1 (March 2014): pp. 60–76, https://doi.org/10.1111/ejed.12065.
36 Leanna Garfield, "13 cities that are starting to ban cars," Business Insider, June 1, 2018, https://www.businessinsider.com/cities-going-car-free-ban-2017-8.
37 "The minute you start to measure is the minute it starts to go wrong," mmitII, July 6, 2012, https://mmitii.mattballantine.com/2012/07/06/the-minute-you-start-to-measure-is-the-minute-it-starts-to-go-wrong/.
38 Max Nisen, "Why GE had to kill its annual performance reviews after more than three decades," Quartz, August 13, 2015, https://qz.com/428813/ge-performance-review-strategy-shift/.
39 "Performance development at GE (PD@GE)," Fast Company, accessed February 10, 2019, https://www.fastcompany.com/product/performance-development.
40 Richard Dawkins, The Selfish Gene (Oxford: Oxford University Press, 1976).
41 Amy Graff, "Yahoo slapped with lawsuit for gender discrimination against men,"

SF Gate, February 28, 2018, https://www.sfgate.com/news/article/Yahoo-lawsuit-Marissa-Mayer-discrimination-men-9926263.php/.

42 "History of Equifax, Inc.," Funding Universe, accessed February 10, 2019, http://www.fundinguniverse.com/company-histories/equifax-inc-history/.

43 "What's in my FICO scores," myFICO, accessed February 10, 2019, https://www.myfico.com/credit-education/whats-in-your-credit-score/.

44 Andrew Ferguson, The Rise of Big Data Policing: Surveillance, Race, and the Future of Law Enforcement (New York: NYU Press, 2017).

45 Indrė Žliobaitė, "Fairness-aware machine learning: a perspective," arXiv, August 2, 2017, https://arxiv.org/abs/1708.00754v1.

46 Mark Kear, "Playing the credit score game: algorithms, 'positive' data, and the personification of financial objects," Economy and Society 46, no. 3-4 (2017): pp. 346–368, https://doi.org/10.1080/03085147.2017.1412642.

47 John von Neumann, "Can we survive technology?," Fortune (June 1955), http://fortune.com/2013/01/13/can-we-survive-technology/Rankinggames.

| 6 |

1 Mathew S. Isaac and Robert M. Schindler, "The top-ten effect: consumers' subjective categorization of ranked lists," Journal of Consumer Research 40, no. 6 (April 2014): pp. 1181–1202, https://www.jstor.org/stable/10.1086/674546.

2 Mathew S. Isaac, Aaron R. Brough, and Kent Grayson, "Is top 10 better than top 9? The role of expectations in consumer response to imprecise rank claims," Journal of Marketing Research 53, no. 3 (June 2016): pp. 338–353, https://doi.org/10.1509/jmr.14.0379.

3 Carl Kořistka, Der höhere polytechnische Unterricht in Deutschland, der Schweiz, in Frankreich, Belgien und England. Gotha, 1863.

4 James Cattell, American Men of Science: A Biographical Dictionary (New York: Science Press, 1906).

5 For further analysis, see Ellen Hazelkorn, Ranking and the Reshaping of Higher Education: The Battle for World-Class Excellence (Basingstoke, UK: Palgrave Macmillan, 2011).

6 Wendy Espeland and Michael Sauder, Engines of Anxiety: Academic Rankings,

Reputation, and Accountability (New York: Russell Sage Foundation, 2016).

7 Hazelkorn, Ranking and the Reshaping.

8 https://www.umultirank.org/.

9 Wendy Espeland and Michael Sauder, "Rankings and reactivity: how public measures recreate social worlds," American Journal of Sociology 113, no. 1 (July 2007): pp. 1–40, https://www.jstor.org/stable/10.1086/517897.

10 Ibid., 6.

11 Bryan Jones and Frank Baumgartner, The Politics of Attention: How Government Prioritizes Problems (Chicago: University of Chicago Press, 2005).

12 Alexander Cooley and Jack Snyder, Ranking the World: Grading States as a Tool of Global Governance (Cambridge, UK: Cambridge University Press, 2016).

13 Giorgio Touburg and Ruut Veenhoven, "Mental health care and average happiness: strong effect in developed nations," Administration and Policy in Mental Health and Mental Health Services Research 42, no. 4 (July 2015): pp. 394–404, https://www.ncbi.nlm.nih.gov/pubmed/25091049.

14 Zoltan Rihmer, Xenia Gonda, Balazs Kapitany, and Peter Dome, "Suicide in Hungary: epidemiological and clinical perspectives," Annals of General Psychiatry 12, no. 21 (2013), https://www.ncbi.nlm.nih.gov/pmc/articles/PMC3698008/.

15 Betsey Stevenson and Justin Wolfers, "Economic growth and subjective well-being: reassessing the Easterlin paradox," National Bureau of Economic Research Working Papers, no. 14282 (2008), https://www.nber.org/papers/w14282.

16 Joseph Nguyen, "What are the benefits of credit ratings?", Investopedia, March 6, 2018, https://www.investopedia.com/ask/answers/09/benefits-of-credit-ratings.asp.

17 Denise Finney, "A brief history of credit rating agencies," Investopedia, June 4, 2018, http://www.investopedia.com/articles/bonds/09/history- credit-rating-agencies.asp.

18 "Who rates the credit rating agencies?", Quora, accessed February 10, 2019, https://www.quora.com/Who-rates-the-credit-rating-agencies.

19 Michael Lewis, The Big Short: Inside the Doomsday Machine (New York: W. W.

Norton & Company, 2011).

20 Patrick Bolton, Xavier Freixas, and Joel Shapiro, "The credit ratings game," National Bureau of Economic Research Working Papers, no. 14712 (February 2009), https://www.nber.org/papers/w14712.

21 Alice M. Rivlin and John B. Soroushian, "Credit rating agency reform is incomplete," Brookings Institution, March 6, 2017, https://www.brookings.edu/research/credit-rating-agency-reform-is-incomplete/.

22 Aaron Klein, "No, Dodd-Frank was neither repealed nor gutted. Here's what really happened," Brookings Institution, May 25, 2018, https://www.brookings.edu/research/no-dodd-frank-was-neither-repealed-nor-gutted-heres-what-really-happened/.

23 "The credit rating controversy," Council on Foreign Relations, February 19, 2015, https://www.cfr.org/backgrounder/credit-rating-controversy.

24 "What is grand corruption and how can we stop it?", Transparency International, September 21, 2016, https://www.transparency.org/news/feature/what_is_grand_corruption_and_how_can_we_stop_it.

25 Miriam Goldman and Lucio Picci, "Proposal for a new measure of corruption, and tests using Italian data," Economics & Politics 17, no. 1 (March 2005): pp. 37–75, https://doi.org/10.1111/j.1468-0343.2005.00146.x.

26 Mihály Fazekas, István János Tóth, and Lawrence Peter King, "Anatomy of grand corruption: a composite corruption risk index based on objective data," Corruption Research Center Budapest Working Papers, no. 2 (September 2013), http://dx.doi.org/10.2139/ssrn.2331980.

27 Chikizie Omeje, "Who influenced Nigeria's ranking in TI's corruption perceptions index 2017?", International Center for Investigative Reporting, February 27, 2018, https://www.icirnigeria.org/data-who-influenced-nigerias-ranking-in-tis-corruption-perceptions-index-2017/.

28 Mlada Bukovansky, "Corruption rankings: constructing and contesting the global anti-corruption agenda," in Ranking the World. Grading States as a Tool of Global Governance, edited by Alexander Cooley and Jack Snyder (Cambridge, UK: Cambridge University Press 2016).

29 Staffan Andersson and Paul M. Heywood, "The politics of perception: use and

abuse of Transparency International's approach to measuring corruption," Political Studies 57, no. 4 (December 2009): pp. 746–767, https://doi.org/10.1111/j.1467-9248.2008.00758.x.

30 "Freedom in the world 2018: methodology," Freedom House, accessed February 10, 2019, https://freedomhouse.org/report/methodology-freedom-world-2018.

31 Ibid.

32 Bjørn Høyland, Karl Moene, and Fredrik Willumsen, "The tyranny of international index rankings," Journal of Development Economics 97, no. 1 (January 2012): pp. 1–14, https://doi.org/10.1016/j.jdeveco.2011.01.007.

| 7 |

1 See also the movie Bad Reputation.

2 See the excellent book Gloria Origgi, Reputation: What It Is and Why It Matters (Princeton, NJ: Princeton University Press, 2018).

3 https://www.facebook.com/officialbaddiewinkle/photos/a.763814027069824/1010775902373634/?type=3&theater.

4 Robert Axelrod, The Evolution of Cooperation (New York: Basic Books, 1984).

5 Martin A. Nowak and Karl Sigmund, "Evolution of indirect reciprocity," Nature 437, (October 2005): pp. 1291–1298, https://doi.org/10.1038/nature04131.

6 Eszter Hargittai, "Confronting the Myth of the 'Digital Native,'" Chronicle of Higher Education, April 21, 2014, https://www.chronicle.com/article/Confronting-the-Myth-of-the/145949.

7 Susan Gunelius, "10 ways to successfully build your online reputation," Forbes, December 13, 2010, https://www.forbes.com/sites/rk-in-progress/2010/12/13/10-ways-to-successfully-build-your-online-reputation/.

8 "What is the digital reputation?", Social Digital Mentors, accessed February 10, 2019, http://www.social-digital-mentors.eu/index.php/4-what-is-the-digital-reputation.

9 Elliott W. Montroll and Michael F. Shlesinger, "On 1/f noise and other distributions with long tails," Proceedings of the National Academy of Sciences of the United States of America 79, no. 10 (May 1982): pp. 3380–3383, https://www.jstor.org/stable/12420.

10 Sidney Redner, "Citation statistics from 110 years of Physical Review," Physics Today 58, no. 6 (June 2005): p. 49, https://physicstoday.scitation.org/doi/10.1063/1.1996475.

11 Eugene Garfield, "Citation indexes for science: a new dimension in documentation through association of ideas," Science 122, no. 3159 (July 1955): pp. 108–111, http://science.sciencemag.org/content/122/3159/108.

12 Amy Qin, "Fraud scandals sap China's dream of becoming a science superpower," New York Times, October 13, 2017, https://www.nytimes.com/2017/10/13/world/asia/china-science-fraud-scandals.html.

13 Ben Martin, "Editors' JIF-boosting stratagems: which are appropriate and which not?", Research Policy 45, no. 1 (February 2016): pp. 1–7, https://doi.org/10.1016/j.respol.2015.09.001.

14 Wenya Huang, Peiling Wang, and Qiang Wu, "A correlation comparison between Altmetric attention scores and citations for six PLoS journals," PLoS ONE 13, no. 4 (April 2018), https://doi.org/10.1371/journal.pone.0194962.

15 For the top 100 articles in 2017, see https://www.altmetric.com/top100/2017/.

16 Andras Schubert and Gabór Schubert, "All along the h-index-related literature: a guided tour," in Springer Handbook of Science and Technology Indicators, edited by Wolfgang Glänzel, Henk F. Moed, Ulrich Schmoch, and Mike Thelwall (Berlin: Springer, 2018).

17 Malcolm Gladwell, Outliers: The Story of Success (New York: Little, Brown and Company, 2008).

18 Albert-László Barabási, The Formula: The Universal Laws of Success (New York: Little, Brown and Company, 2018).

19 Dashun Wang, Chaoming Song, and Albert-László Barabási, "Quantifying long-term scientific impact", Science 342, no. 6154 (October 2013): pp. 127–132, http://science.sciencemag.org/content/342/6154/127.

20 George D. Birkhoff, Aesthetic Measure (Cambridge, MA: Harvard University Press, 1933).

21 David W. Galenson and Robert Jenson, "Careers and canvases: the rise of the market for modern art in the nineteenth century," National Bureau of Economic Research Working Papers, no. 9123 (August 2002), https://www.nber.org/

papers/w9123.

22 Susan Stamberg, "Durand-Ruel: the art dealer who liked Impressionists before they were cool", NPR, August 18, 2015, https://www.npr.org/2015/08/18/427190686/durand-ruel-the-art-dealer-who-liked-impressionists-before-they-were-cool.

23 Checked on October 28, 2018.

24 Federico Etro and Elena Stepanova, "Power-laws in art," Physica A: Statistical Mechanics and its Applications 506 (September 2018): pp. 217–220, https://doi.org/10.1016/j.physa.2018.04.057.

25 Jens Beckert and Jörg Rössel, "Art and prices: reputation as a mechanism for reducing uncertainty in the art market," Kolner Zeitschrift fur Soziologie und Sozialpsychologie 56, no. 1 (2004): pp. 32–50.

26 Alessia Zorloni, The Economics of Contemporary Art: Markets, Strategies and Stardom (Berlin: Springer, 2013).

27 Cooper Smith, "Facebook users are uploading 350 million new photos each day," Business Insider, September 18, 2013, https://www.businessinsider.com/facebook-350-million-photos-each-day2013-9.

28 "Art history is exhibition history: the story behind ArtFacts.Net," ArtFacts, September 14, 2018, https://blog.artfacts.net/art-history-is-exhibition-history-the-story-behind-artfacts-net/.

29 "Updated artist ranking for 2014 now online," ArtFacts, April 5, 2014, https://artfacts.net/news/7738.

30 "Kader Attia," The Falmouth Convention, accessed February 10, 2019, http://thefalmouthconvention.com/speakers-3/kader-attia.

31 Alex Lopez-Ortiz, "Why is there no Nobel in mathematics?", University of Waterloo Math FAQ, February 23, 1998, http://www.cs.uwaterloo.ca/~alopez-o/math-faq/node50.html.

32 Andrew Brown, "The ugly scandal that cancelled the Nobel prize," The Guardian, July 17, 2018, https://www.theguardian.com/news/2018/jul/17/the-ugly-scandal-that-cancelled-the-nobel-prize-in-literature.

33 Robert Epstein and Ronald E. Robertson, "The search engine manipulation effect (SEME) and its possible impact on the outcomes of elections," Proceedings of

the National Academy of Sciences of the United States of America 112, no. 33 (August 2015): pp. E4512–E4521, https://doi.org/10.1073/pnas.1419828112.

34 Robert Epstein, Ronald E. Robertson, David Lazer, and Christo Wilson, "Suppressing the search engine manipulation effect (SEME)," Proceedings of the ACM on Human–Computer Interaction 1, no. 42 (November 2017): pp. 1–22, https://cbw.sh/static/pdf/epstein-2017-pacmhci.pdf.

| 8 |

1 Stacy Wood, "Generation Z as consumers: trends and innovation," Institute for Emerging Issues (2013), https://iei.ncsu.edu/wp-content/uploads/2013/01/GenZConsumers.pdf.

2 Carlos Gomez-Uribe and Neil Hunt, "The Netflix recommender system: algorithms, business value, and innovation," ACM Transactions on Management Information Systems 6, no. 4 (January 2016), https://dl.acm.org/citation.cfm?id=2843948.

3 Josef Adalian, "Inside the binge factory," New York Magazine, June 11, 2018, https://www.vulture.com/2018/06/how-netflix-swallowed-tv-industry.html.

4 John Ferguson, "Hellish homeless hostel exposed by Daily Record is condemned as worse than 'Soviet gulag' in Holyrood," Daily Record, December 17, 2014, https://www.dailyrecord.co.uk/news/scottish-news/hellish-homeless-hostel-exposed-daily-4829723.

5 https://www.eharmony.com/success/stories/.

6 "What is the best matching algorithm for dating?", Quora, accessed February 10, 2019, https://www.quora.com/What-is-the-best-matching-algorithm-for-dating.

| 9 |

1 Jonathan Swift quoted in Alan Krueger, "Economists try to explain why bubbles happen," New York Times, April 28, 2005, https://www.nytimes.com/2005/04/28/business/economists-try-to-explain-why-bubbles-happen.html.

2 Cathy O'Neil, Weapons of Math Destruction (New York: Penguin Random House, 2016)

순위 속에 사는 나와 세계

『랭킹』은 '순위'에 관한 책이다. 더 정확히 말하면 '순위 매기기'라는 사회적 게임(social game)에 관한 책이다. 우리는 언제부터 이 게임에 참여하기로 했을까? 아니, 이런 게임이 있다는 사실을 인식이나 하고 있었을까? 질문에 대한 답변과 상관없이, 우리는 이미 순위 속에 파묻혀 살고 있다. 살아가면서 선택해야 하는 모든 일에 순위가 등장한다. 쇼핑, 스포츠, 인터넷 검색, 진학, 승진, 심지어 유권자의 권리인 투표권 행사에도 순위 게임은 숨어 있다. 순위 매기기는 인간의 본성과도 같다. 그것은 인간뿐만 아니라 동물도 마찬가지다. '서열'이라고 번역할 수 있는 'pecking order'라는 단어는 닭 무리를 관찰하다가 발견한 위계질서에 붙여진 이름이다(3장). 벌써부터 순위라는 주제가 결코 만만한 것이 아니라는 느낌이 든다.

이 책의 저자 피터 에르디 박사는 수학자다. 순위를 매기는 일에는 당연히 숫자가 결부되므로 수학자가 '랭킹'이라는 주제의 책을 쓰는 것은 타당한 일로 생각된다. 하지만 순위 매기기의 배경을 제대로 이해하려면 수학뿐만 아니라 인류학, 철학, 심리학, 사회학, 역사학, 심지어 정치학까지 동원되어야 한다. 그리고 저자는 그 모두를 소화할 수 있는 탄탄한 교양을 지닌 믿음직한 안내자임을 이 책을 통해 멋지게 입증해 냈다.

어느 책이나 마찬가지겠지만, 어떤 주제를 이해하기 위해서는 연관된 기본 개념을 먼저 이해해야 한다. 2장에서는 순위와 등급의 차이 그리고 순위를 매기기 위한 기초 작업인 '비교'와 그 결과인 '목록'에 대해 설명한다. 물론 여기서도 다양한 문화적, 역사적 배경이 등장한다. 그리고 현대 문명을 풍자하는 날카로운 위트도 곳곳에서 만날 수 있다. 독자들은 순위라는 한 가지 주제만으로 오늘날 우리가 살아가는 삶의 방식, 우리가 세상과 맺는 관계에 대해 새로운 시각과 통찰을 얻게 된다.

한국인은 왜 유독 서열에 민감한가, 우리가 더 관심을 갖는 순위는 어떤 것인가, 음악 차트에서 프로야구 리그, 정당 지지도 그리고 학부모들에게 특히 중요한 대학 순위까지…… 우리는 다양한 순위에 둘러싸여 있다. 순위 그 자체는 나쁘지도, 좋지도 않다. 어떤 누군가가 인위적으로 부여한 것이 아니다. 그것은 자연스러운 현상일 뿐이다. 이것이 바로 저자가 내린 결론이다. "사회적 순위는 공동체 내에서 개인의 의사 결정과 선택의 결과로 출현한다. 개인의 선택이 모여 공동체의 의견이 되며 순위가 형성된 결과는 하나가 아니다." 그렇다. 순위를 거부할 것이 아니라 다양한 순위가 자연스럽게 형성된다는 사실을 인정하고, 나는 어떤 순위에 관심을 가질 것인가를 결정하는 것이 더 중요하지 않을까?

이 책을 읽는 독자들은 대부분 순위 또는 순위 매기기 게임의 '소비자'일 것이다. 소비자로서 이 책에서 얻는 유익은 랭킹의 이면에 숨겨진 진실을 볼 수 있는 안목을 기를 수 있다는 것이다. 순위에 숨은 위험은 조작 가능성이다. 조작의 주체는 당연히 순위를 생산하는 측이겠지만, 그것이 이루어지는 과정은 실로 다양한 차원으로 존재한다. 그래서 이 책을 단순히 흥밋거리로만 읽기에는 다소 부담스러울 수 있다. 본문 곳곳에서 튀어나오는 수학과 심리학, 사회학, 정치학에 걸친 학술적인 전문지식들이 좀 더 깊은 관심, 좀 더 진지한 태도로 이해해 보려는 독자의 지적 호기심을 요구한다. 저자는 일방적인 결론과 주장을 고집하지 않는다. 여러 현상과 다양한 사례를 공정하게 소개하고 판단은 독자에게 맡긴다. 독서 이후에 더 깊은 공부를 낳는다는 뜻이다.

책을 읽다 보면 독자는 자신이 순위 게임의 소비자일 뿐 아니라 '생산자'이기도 하다는 사실을 깨닫고 깜짝 놀라게 된다. 오늘날 우리가 사는 세상이 쌍방향 실시간 의사소통이 가능한 '인터넷' 기반 문명이기 때문이다. 다시 말해 이제는 개인도 여론 조작의 가담자가 될 수 있다. 이 말은 우리가 지금의 언론 환경, 더 나아가 순위 조작에 일정 부분 책임이 있다는 말이다. SNS가 시작된 지 20년이 채 되지 않았다. 순위를 놓고 벌이는 소셜 게임은 다가올 문명의 본질이라 할 정도로 근본적인 현상이다. 우리가 랭킹의 세계 그리고 순위 조작의 내막을 알아야 하는 이유가 바로 여기에 있다. 여기서 순위 매기기의 두 가지 측면, 즉 객관성과 주관성의 문제가 심각하게 제기된다. 객관성은 비교 대상이 가진 절대적 속성에 바탕을 두며, 엄격한 기준과 측정, 객관적 계산 등과 관련 있다. 반면, 주관성은 순위를 매기는 사람의 판단에 관한 문제다. 오늘날 우리가 접하는 대부분의 순위는 알고리즘에 기반을 두지만, 거기에도 인간의 주관이 개입된다. 왜 그럴까? 알고리즘의 기반은 데이터다. 그런데 데이터를 생산하는 주체는 사람이기 때문이다. 구글이 감쇠 계수값(D)을 조절해서 순위를 조절한다는 것은 잘 알려진 사실이다(4장).

『랭킹』은 순위, 나아가 비교의 대상이 되는 모든 정보를 판단하는 데 도움을 주는 책이다. 저자는 전문분야에 대한 학문적 깊이 외에도 다방면에 걸친 해박한 지식을 갖추고 있다. 교양이 두터운 사람은 자연히 유머 감각도 발달하는지, 번역 작업 중 곳곳에서 문화 장벽을 뛰어넘는 웃음이 터졌다. 굉장히 재미있는 책이 세상에 나왔다.

피터 에르디는 헝가리 이민자 출신 미국인이다. 실제로 이 책에는 헝가리인 또는 헝가리 출신 미국인들의 사례가 많이 등장한다. 조국에 대한 저자의 자부심이 상당해 보인다. 덕분에 난생처음으로 군데군데 포함된 헝가리어까지 번역해야 했다. 물론 어색한 대목도 있겠지만, 그런 내용을 보신다면 모두 옮긴이의 미숙함 탓이라고 생각해 주시면 좋겠다. 좋은 책을 번역할 기회를 주신 출판사에 감사드린다.

옮긴이 김동규

랭킹

초판 1쇄 인쇄 2020년 11월 10일
초판 1쇄 발행 2020년 11월 20일

지은이 | 피터 에르디
옮긴이 | 김동규

펴낸이 | 정상우
편집주간 | 주정림
교정교열 | 장경수
디자인 | 석운디자인
인쇄·제본 | 두성 P&L
용지 | (주)이에스페이퍼
펴낸곳 | 라이팅하우스
출판신고 | 제2014-000184호(2012년 5월 23일)
주소 | 서울시 마포구 잔다리로 109 이지스빌딩 302호
주문전화 | 070-7542-8070 팩스 | 0505-116-8965
이메일 | book@writinghouse.co.kr
홈페이지 | www.writinghouse.co.kr

ISBN 978-89-98075-76-7 (03320)

• 이 도서의 국립중앙도서관 출판예정도서목록(CIP)은 서지정보유통지원시스템 홈페이지(http://seoji.nl.go.kr)와 국가자료종합목록 구축시스템(http://kolis-net.nl.go.kr)에서 이용하실 수 있습니다. (CIP제어번호 : CIP2020044846)